U0781720

知识产权经典译丛

国家知识产权局专利局复审和无效审理部◎组织编译

专利管理

保护知识产权和创新

[瑞士] 奥利弗·加斯曼（Oliver Gassmann）
[德] 马丁·A. 巴德（Martin A. Bader） ◎著
[澳] 马克·詹姆斯·汤普森（Mark James Thompson）
朱 瑾◎等译

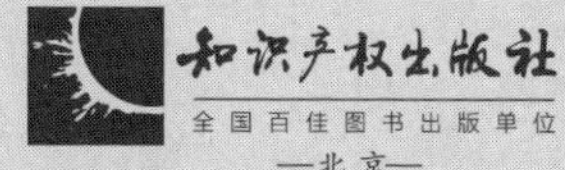

图书在版编目（CIP）数据

专利管理：保护知识产权和创新/（瑞士）奥利弗·加斯曼（Oliver Gassmann），（德）马丁·A. 巴德（Martin A. Bader），（澳）马克·詹姆斯·汤普森（Mark James Thompson）著；朱瑾等译. —北京：知识产权出版社，2024. 8

书名原文：Patent Management：Protecting Intellectual Property and Innovation

ISBN 978 - 7 - 5130 - 8889 - 3

Ⅰ. ①专… Ⅱ. ①奥… ②马… ③马… ④朱… Ⅲ. ①知识产权—保护—研究
Ⅳ. ①D913. 04

中国国家版本馆 CIP 数据核字（2023）第 166136 号

内容提要

本书论述了创新在企业生存与发展中日益显著的重要性，以知识产权为核心与楔入点，从专利数量、专利质量、专利战略性三个方面论述了成功的创新企业在人力、财务、组织、评估、攻防策略、商业运营、组合管理等领域所必需的思维和实践，为处时代变局之中、临全新挑战的企业提供了安然行驶的“航海图”。

读者对象：专利管理者、专利代理师、法律工作者、科技管理人员、财务分析人员及相关领域研究人员。

责任编辑：卢海鹰　周　也　　　　**责任校对：**潘凤越
封面设计：杨杨工作室·张冀　　　　**责任印制：**刘译文

知识产权经典译丛
国家知识产权局专利局复审和无效审理部组织编译

专利管理——保护知识产权和创新

［瑞士］奥利弗·加斯曼（Oliver Gassmann）
［德］马丁·A. 巴德（Martin A. Bader）　著
［澳］马克·詹姆斯·汤普森（Mark James Thompson）
朱　瑾　等译

出版发行：知识产权出版社有限责任公司　　**网　　址：**http：//www. ipph. cn
社　　址：北京市海淀区气象路 50 号院　　**邮　　编：**100081
责编电话：010 - 82000860 转 8740　　**责编邮箱：**zhouye@ cnipr. com
发行电话：010 - 82000860 转 8101/8102　　**发行传真：**010 - 82000893/82005070/82000270
印　　刷：三河市国英印务有限公司　　**经　　销：**新华书店、各大网上书店及相关专业书店
开　　本：720mm × 1000mm　1/16　　**印　　张：**16
版　　次：2024 年 8 月第 1 版　　**印　　次：**2024 年 8 月第 1 次印刷
字　　数：308 千字　　**定　　价：**110. 00 元
ISBN 978 - 7 - 5130 - 8889 - 3
京权图字：01 - 2023 - 4309

《知识产权经典译丛》编审委员会

本书翻译组

主持翻译 朱　瑾

翻　　译 （按姓名笔画为序）

王　琦　缩略词表、原书索引、前言、推荐语、目录、作者简介、第 3 ~4 章

朱霈宇　第 1 ~2 章

刘　佳　第 7 ~8 章

宋蓓蓓　第 6 章（第 6. 1 ~6. 9 节）

段晓政　第 5 章

梁子钦　第 6 章（第 6. 10 ~6. 13 节）

总 序

当今世界，经济全球化不断深入，知识经济方兴未艾，创新已然成为引领经济发展和推动社会进步的重要力量，发挥着越来越关键的作用。知识产权作为激励创新的基本保障，发展的重要资源和竞争力的核心要素，受到各方越来越多的重视。

现代知识产权制度发端于西方，迄今已有几百年的历史。在这几百年的发展历程中，西方不仅构筑了坚实的理论基础，也积累了丰富的实践经验。与国外相比，知识产权制度在我国则起步较晚，直到改革开放以后才得以正式建立。尽管过去三十多年，我国知识产权事业取得了举世公认的巨大成就，已成为一个名副其实的知识产权大国。但必须清醒地看到，无论是在知识产权理论构建上，还是在实践探索上，我们与发达国家相比都存在不小的差距，需要我们为之继续付出不懈的努力和探索。

长期以来，党中央、国务院高度重视知识产权工作，特别是党的十八大以来，更是将知识产权工作提到了前所未有的高度，作出了一系列重大部署，确立了全新的发展目标。强调要让知识产权制度成为激励创新的基本保障，要深入实施知识产权战略，加强知识产权运用和保护，加快建设知识产权强国。结合近年来的实践和探索，我们也凝练提出了“中国特色、世界水平”的知识产权强国建设目标定位，明确了“点线面结合、局省市联动、国内外统筹”的知识产权强国建设总体思路，奋力开启了知识产权强国建设的新征程。当然，我们也深刻地认识到，建设知识产权强国对我们而言不是一件简单的事情，它既是一个理论创新，也是一个实践创新，需要秉持开放态度，积极借鉴国外成功经验和做法，实现自身更好更快的发展。

自 2011 年起，国家知识产权局专利复审委员会* 携手知识产权出版社，每年有计划地从国外遴选一批知识产权经典著作，组织翻译出版了《知识产权经典译丛》。这些译著中既有涉及知识产权工作者所关注和研究的法律和理论问题，也有各个国家知识产权方面的实践经验总结，包括知识产权案

---

* 编辑说明：根据 2018 年 11 月国家知识产权局机构改革方案，专利复审委员会更名为专利局复审和无效审理部。

件的经典判例等，具有很高的参考价值。这项工作的开展，为我们学习借鉴各国知识产权的经验做法，了解知识产权的发展历程，提供了有力支撑，受到了业界的广泛好评。如今，我们进入了建设知识产权强国新的发展阶段，这一工作的现实意义更加凸显。衷心希望专利复审委员会和知识产权出版社强强合作，各展所长，继续把这项工作做下去，并争取做得越来越好，使知识产权经典著作的翻译更加全面、更加深入、更加系统，也更有针对性、时效性和可借鉴性，促进我国的知识产权理论研究与实践探索，为知识产权强国建设作出新的更大的贡献。

当然，在翻译介绍国外知识产权经典著作的同时，也希望能够将我们国家在知识产权领域的理论研究成果和实践探索经验及时翻译推介出去，促进双向交流，努力为世界知识产权制度的发展与进步作出我们的贡献，让世界知识产权领域有越来越多的中国声音，这也是我们建设知识产权强国一个题中应有之意。

申长雨

2015 年 11 月

原作者简介

奥利弗·加斯曼，圣加仑大学（HSG）技术创新管理专业教授和该校技术管理学院委员会主席，担任多个高级管理人员工商管理硕士（EMBA）项目的主讲人，在技术创新管理领域撰写及编著著作20部，发表400多篇国际论文；兼任瑞士知识产权联邦机构委员会成员、多家跨国公司委员会成员以及多家分拆公司的联合创始人，曾任迅达集团研究与预开发部主管。主要研究领域为创新与商业方法的成功要素。

奥利弗在其研究领域获得过诸多奖项和荣誉，包括 RADMA 奖（1998 年，曼彻斯特），2013 年入选德国顶尖经济学家（2013 年，FAZ），2014 年入列 50 强学者（2014 年，IAMOT），获得卓越学术影响力奖（2014 年，《管理杂志》）。根据谷歌学术的统计结果，他是全球“研发管理”领域的最高被引学者（2020 年）。

马丁·A. 巴德，欧洲和瑞士专利代理师，圣加仑 BGW 管理咨询团队（专注于创新与知识产权管理）的联合创始人，自2016年3月起担任英戈尔施塔特应用技术大学（THI）技术管理与创业专业教授。曾任圣加仑大学技术管理学院知识产权管理技能中心负责人、慕尼黑英飞凌科技公司副总裁兼首席知识产权官。

马丁是世界知识产权组织替代性纠纷解决中心调解员。根据《知识资产管理》杂志的 IAM 策略 300 指数，他多年来一直位列全球知识产权策略师前300位。在众多专业出版物上发表或出版论著，也是知识产权管理领域国际范围内广受欢迎的演说家。

马克·詹姆斯·汤普森，澳大利亚专利局卓越数据中心副主任、推理统计咨询机构 Arêté Statistics AG 首席执行官。曾任奥地利专利局首席经济学家，并在瑞士专利局担任过多年专利立法改革方面的经济学家。

马克是关于统计和计量经济学专利估值与竞争领域的博士，在专利增值最大的制药行业运营了长短仓股票基金。

推荐语

本书不仅是每位知识产权专家的必读书目，而且对于非专业人士也是一本令人欣喜的入门书，涵盖了商业领域以及使用专利体系的大量案例和洞见。

——Catherine Chammartin，法学博士，瑞士知识产权联邦机构负责人

读者将通过本书了解成功的专利管理的所有方面：保护、防御、实施、估值和组织。本书的核心内容来源于不同行业的实践案例，应当被纳入每项创新和知识产权管理的指定参考。

——Beat Weibel 博士，西门子首席知识产权律师

IPR 不仅代表知识产权，还意味着“创新”“专利”“关系”。本书深入研究专利管理的所有方面，以管理艺术彰显知识产权的核心价值。

——田力博士，中兴通讯股份有限公司技术规划部部长

本书不仅为企业专利管理提供了全方位的综合指南和最佳实践，还为专利从业者提供了一些有趣的学习机会，例如基于人工智能的商业方法的专利保护以及专利交易的区块链解决方案。总之，这是一本优秀的读物。

——He Sidan，华为海思战略部总经理

一本可以为知识产权的复杂领域提供最佳导航的指南和路线图——无论你是学生还是从业者。

——Carola Weil 博士，加拿大麦吉尔大学继续教育学院院长

一本面向知识产权管理领域专业人士的优秀书籍。

——Michael Kucher 律师，美国达拉斯
Slater & Matsil 代理机构合伙人

本书囊括众多优秀案例，促使读者超越自身的范围进行探索，并始终助力

研究如何管理作为商业核心资产的知识产权。

——Benjamin Mitra - Kahn，澳大利亚知识产权局
首席经济学家兼政策与政府团队总监

这是所有活跃于专利竞赛的技术和创新管理者的必读书。国际化作者团队提供了有价值的见解、丰富的案例以及强有力的管理建议。

——Amir Bonakdar，美国思爱普（SAP）用户创新高级总监

本书为专利管理这一重要议题提供了极佳的、有针对性的见解；尤其是其中的大量案例特别有用。

——Thomas Kropf 教授、博士，博世企业研究与高级工程部总裁

关于专利管理的必读书目。涵盖从企业专利战略的基础到发展的全面而实用的概览。

——Stephen Albrecht，利勃海尔国际集团企业科技部总监

一本侧重专利的知识产权管理全面概览。一本通过参与创造和管理知识产权以获得竞争优势的所有从业者的必读书。

——Matthias Kaiserswerth 博士，阿布拉克萨斯公司董事长

面向商业和创新管理者的知识产权管理优秀入门书。

——Hermann Bach 博士，科思创创新管理与
商业服务部高级副总裁

本书是对于知识产权战略考虑因素的结构化综述，包含对知识产权领域相关基本原则、术语和过程的综合诠释。

——Charles Jeffries，诺华知识产权部高级专利顾问

本书是创新管理领域知识产权保护的优秀教材。其中的论述能够立即被理解，示例证实贴近日常实践。完美适用于工业和学术界。希望所有教材都能像本书这般优秀。

——Thomas Müller - Kirschbaum 教授、博士，汉高创新
与可持续发展部高级副总裁

本书为如何发展和实施整体知识产权战略提供了便于使用的框架。对不同行业的见解以及突破性技术（例如区块链）的影响使它成为一本优秀的指南和参考。

——Thorsten Mueller 博士，ABB 集团全球建筑产品团队总监、
欧司朗公司前首席技术官

这是一本帮助工程师们利用实施他们的知识产权策略、了解最佳实践的优秀图书。

——Oliver Mayer 博士，通用电气研究中心前高级经理

价值导向的知识产权战略是保护商业前景的关键。众多公司都致力于实施合适的战略。本书为实施必要程序提供正确的工具。

——Thomas Jetzfellner 博士，西门子区块链部首席知识产权律师

本书是有助于所有知识产权专业人士利用、实施和提升他们的知识产权战略并学习最佳实践的优秀之作。当今应对知识产权挑战的经验至关重要。

——Jörg Friedhofen 博士，福维克公司专利部联席主管

非常全面的写作，配有充分说明的案例，并且能够直接适用于商业实践。这是每一位专利密集型产业创新者的必读书。

——Nicolas Durville，Zühlke 公司首席执行官兼合伙人

这是一本支持知识产权专业人士开展培训和日常工作的优秀图书。经验丰富的读者也能从本书受益，因为本书包含能够帮助他们优化知识产权战略和知识产权流程的见解和最佳实践。

——Alexander Poledna，奥地利奥钢联钢铁公司
知识产权、标准和期刊部主管

本书是有效进行专利管理的综合实践指南，涵盖了瞬息万变的企业技术环境和日益复杂的专利制度。本书是将常识和实践操作良好融合的佳作。

——Martin Woerter 教授、博士，瑞士苏黎世联邦
理工学院 KOF 瑞士经济研究所教授

将知识产权管理作为企业的核心价值，比知识产权保护更加重要。本书阐

述了知识产权议题对商业成功的重要性和关联性。此外，新颖的示例和基准、所介绍的工具以及框架对知识产权专业人士和申请人非常有用。

——Sevim Süzeroglu - Melchiors 教授、博士，德国东巴伐利亚应用技术大学教授，德尼梅尔集团前全球咨询主管

本书收录了来自主要产业以及新兴技术产业的丰富的实际案例。无论你是想要了解专利业务逻辑的管理人员，还是想要提供更适合客户战略法律建议的知识产权顾问，或者是商学和科技专业的学生，本书都能深入并及时地回答你关于专利管理的问题。

——Marcus Holgersson 教授、博士，瑞典查尔姆斯理工大学知识产权管理专业副教授

这是一本非常及时的书，因为知识产权管理对于管理人员日趋重要。本书不仅包括对保护策略的概述，还提供了对商业化实践的有价值的见解，阐释了如何成功地组织专利管理以及专利管理在不同行业如何变化的重要考虑因素。作者们从实践角度组织写作，对企业从业人员具有特别价值。

——Frank Tietze 博士，英国剑桥大学制造业研究所科技与创新管理专业讲师

本书市场定位清晰，其价值在于专利管理理论与实践的结合。本书提供了专利趋势的全面概述，框架简洁、明晰，融合了众多能够帮助从业者和科学家的实践案例。

——Nikolaus Thumm 博士，欧盟委员会联合研究中心高级研究员

本书是理论和实践的完全融合，对于任何对专利管理的实际图景感兴趣的人来说，这是一本终极读物，一定要读。

——Massimiliano Granieri 教授、博士，意大利布雷西亚大学法学专业教授

这是一本实用且引人入胜的图书，包含丰富的案例，有助于向研究生、创新学者和从业者等广大读者阐释如何保护创新。除了使用通俗易懂的语言解释专利管理的基本理论，本书还向读者们介绍了不同行业和技术领域中专利战略的细微差别。

——Salvatore Torrisi 教授、博士，意大利米兰比可卡大学战略管理专业教授

本书全面覆盖了所有行业领域及其管理和利用这些资产的实践方法，是所有将创新转化为企业无形资产的从业者的必读书。

——Philippe Therias，法国 BCF 国际律师事务所巴黎律师协会律师

本书是一本基于实践管理视角的关于专利基本理论和实践的综合、易懂的著作。它针对目前最重要的产业和技术领域及其重要影响和特色实践进行了综合而深入的分析。我建议读者们既可以将它作为厘清该议题基本概念的参考资料，又可以使用它为特定的发明和科技保护相关专业实践提供借鉴。

——Reyes Campello Estebaranz，西班牙 CEALAW
律师事务所管理合伙人、知识产权仲裁员

本书是对于如何管理和保护专利以及知识产权的优秀之作。本书将成为促进人们在各领域投身创新的重要工具。我期待本书问世，将在日常工作中使用它。

——Ramon Fernandez Aracil Filho，巴西圣保罗
Mourão Campos 律师事务所合伙人

本书是致力于专业管理和规划管理公司以及公共研究机构等其他组织无形资产人士的绝佳工具书。

——Gustavo Schötz 教授，阿根廷
奥斯特拉尔大学知识产权中心教授

本书是关于专利管理的实用综合手册。它就是当我开始研究商业化时希望拥有的参考资料!

——Luke Krieg 博士，新西兰 GHD 公司数字创新部主管

前 言

创新对于获得竞争优势至关重要，因为创新能够创造并获取价值。在2020年新冠疫情危机这样的艰难时期，众多公司已经意识到创新的压力。但是只有能够有效利用其创新的公司才能维持营利能力。在全球创新竞争中，知识产权（IP）管理尤其是专利管理，其价值正变得比工厂管理更重要。对于关键技术和创新的控制不能被轻易取代，而工厂供应商可以。此外，知识产权生成的地点已经向东方转移，中国和韩国现在已与美国、日本和欧洲共同排名前列。中国成为专利申请领域的全球领先者，其2018年的专利申请量超过了排名第二至第十位国家的专利申请量总和。在专利申请量方面领先的公司包括华为（通信）、OPPO（智能手机）、京东方（LCD面板）、联想（计算机）、腾讯（游戏）以及中兴（通信）。尽管就外国专利申请而言，美国公司的申请量是中国公司的三倍多，但是知识产权方面的地理重心已经转移。

除了专利数量的增加，专利的法律效力和战略性质也愈加重要。一方面，公司需要具备与研究和开发领域紧密合作、能够申请并依法实施其专利的专家；另一方面，随着知识产权数量的增加，在特定竞争环境中管理专利组合的挑战也更大。因此，根据公司的具体情况实施全面专利管理以避免技术僵化，显得尤为重要。专利已成为并购的主要原因，这在制药行业最为显著，在通信和计算机科学领域也日益突出。

尽管专利管理对于企业竞争力的重要性急剧增加，但基于管理角度的相关主题文献仍然很少。由于我们的德语著作《专利管理》已经非常成功（现在已出版到第四版），所以我们决定撰写这本书的英文版。我们选取了能更好地反映专利国际层面的例证、案例和轶事，而不仅仅只是翻译。我们还深入研究了主流行业及其具体实践，在专利的背景下，同时也关注了人工智能等未来技术。

我们主要在瑞士圣加仑大学技术管理学院开展研究；我们以欧洲、中国、日本、印度、加拿大和美国的公司和组织为中心，开展合作，研究内容包括：

- 战略技术和知识产权管理的全球标杆研究，以及不同行业专利管理的研究与转让项目。

- 多项关于专利管理、专利聚合公司的功能以及专利价值获取的博士研究。
- 与德国柏格威公司（BGW）、欧盟委员会（EC）、奥迪/大众、德尼梅尔、普华永道（PwC）、瑞士知识产权联邦机构（IPI）、欧洲专利局（EPO）以及世界知识产权组织（WIPO）共同深入研究专利管理、专利申请、许可和专利交易。
- 我们在知识产权战略和管理项目中有众多行业合作者。通过为全球领先的公司处理企业运营中的挑战和提供解决方案，我们收获良多。

本书的关键要素之一还主要基于我们自己在创新和知识产权管理方面的领导力和咨询经验。我们为实现“从洞察力到影响力”的座右铭而努力工作，但也从来自不同行业和世界不同地区的合作者和客户身上获益匪浅。

我们非常感谢位于瑞士伯尔尼的瑞士知识产权联邦机构的 Felix Addor 博士和 Kamran Housang Pour 博士、美国达拉斯 Slater & Matsil 的 Michael Kucher、加拿大蒙特利尔 BCF Business Law 的 Julien Lacheré 和 Tuba Yamaç、瑞士圣加仑 BGW 管理咨询团队的 Christoph Meister 博士和 Ute Konopka 博士，以及 Morris Campbell 和 Lutz Brinkmann 对于此版本的贡献。特别感谢巴伐利亚自由州英戈尔施塔特应用技术大学 THI 商学院和圣加仑大学及其 ITEM - HSG 基金所提供的支持。我们还要感谢斯普林格出版社的 Prashanth Mahagaonkar 博士和 Ruth Milewski 对于本书出版全流程的管理。最后，我们向研究资助者和合作者、项目合作方、访谈合作方以及圣加仑大学的博士研究者和学生们致谢，他们的付出对于本书发挥了重要作用。

我们衷心祝愿读者运用公司或机构的知识产权，通过创新成功创造价值和获取价值。

圣加仑，瑞士　奥利弗·加斯曼（Oliver Gassmann）
英戈尔施塔特，德国　马丁·A. 巴德（Martin A. Bader）
堪培拉，澳大利亚　马克·詹姆斯·汤普森（Mark James Thompson）
2020 年 6 月

目　　录

第 1 章 知识产权基本原理

1.1 通过形成创新创造价值

自 21 世纪初以来，创新就面临独特的情形：创业环境以因全球化而产生的高度动态性、复杂性和竞争导致创新成功的概率降低，或通过不断出现的新利基才得以实现为特征。所有的创新中只有 0.6% 获得了商业上的成功（Stevens et al.，1997）。在医药领域，成功的概率更是低至万分之一（Gassmann et al.，2018；Schuhmacher et al.，2018）。因此，对创新管理的要求日益复杂：全球化竞争、技术知识爆炸、快速且不断加速的技术扩散、知识去中心化、创新成本增加、商业模式创新以及更短的创新周期。

1.1.1 全球化竞争

生产规模经济的影响力，加之急剧下降的运输和信息成本，正在迫使公司参与到全球化进程中。这在 2009 年经济危机后变得尤为明显，尽管有些国家采取了保护主义行为，如 2020 年美国和中国之间的贸易摩擦，但总体竞争已走向全球化。像亚马逊和阿里巴巴这样的公司已经将全球化带进千家万户。又一个新的十年伊始，关键的转型与全球权力转移已近在眼前。

1.1.2 技术知识爆炸

人们可获取的知识量每 13 个月就会翻一番（Fuller，1982），而物联网的发展和扩张更可能很快到达一个点位，自此知识量将每 12 小时翻一番（IBM，2006）。19 世纪初，科学期刊的数量只有 100 种，1850 年就增加到 1000 种，1900 年增加到 10000 种，2010 年增加到约 300000 种。约 80% 的技术知识是以专利说明书的形式公布的。在专利文献中披露的90%以上的信息是不受保护的，因为它（专利）要么已经过期，要么被驳回，要么被撤回，要么没有被维持（Ehrat，1997）。因此，专利说明书中的大部分技术知识不仅可以公开获取，甚至可以自由使用。

1.1.3　技术扩散

绘制和识别人类基因组图谱的重大突破是计算机科学和遗传工程紧密合作的结果。就生物技术领域的专利数量而言，IBM已经位居世界第七。正如《华尔街日报》2012年所大胆宣称的“软件吞噬世界”。软件和算法正在进入每个行业——从医疗保健和机械到汽车行业。随着这些发展，一种新的创新和专利保护行为也逐渐在这些行业中兴起。例如，汽车行业已将2020年定为“车联网之年”，因为汽车行业已被定为创新的三个主要焦点领域之一。因此，汽车行业已经进入了互联领域复杂和动态的专利战，而这在传统上原本是主要信息与通信技术（ICT）参与者的领域。

1.1.4　知识去中心化

信息技术、高技能劳动力的全球自由流动、区域研究专业化和工资套利，催生了具有明确界定的研发能力中心的综合网络结构。欧洲企业将其研发预算的30%投于海外；瑞士企业虽已是创新魁首，但其投入比例甚至更高，超过50%。新的创新热点都位于新兴经济国家，如中国和印度。

1.1.5　创新成本增加

技术的动态发展及其研究需求的提高导致研发成本急剧上升。研发预算中越来越多的份额被用于知识产权（IPRs）。在技术密集型产业中，高达5%的研发预算被用于创造和维护工业产权，以及用于保护或捍卫自己的知识产权。一些行业正在质疑这种知识产权模式，因为所涉成本实在太高。

1.1.6　商业模式创新

在过去的15年里，人们发现，以日益系统化的方式来营造新商业模式创新意味着实现比单纯的产品、技术或工艺创新更可持续、更有前景的竞争优势（例如，Gassmann et al.，2020；Winterhalter et al.，2017）。Skype已成为世界上最大的电信供应商但并没有自己的网络基础设施。亚马逊即使没有经营一家实体书店，也是最大的书商。阿里巴巴、腾讯和微信是中国的商业模式创新者，它们不是仅仅模仿硅谷的公司，而是从根本上发展了自己的商业模式。这对知识产权意味着什么？商业模式本身过去只在美国可以申请专利（如果“具体”和“实用”），而与商业模式相关的产品和技术却可以得到很好的保护（例如，Nespresso 的胶囊原理；见图 1.1）。

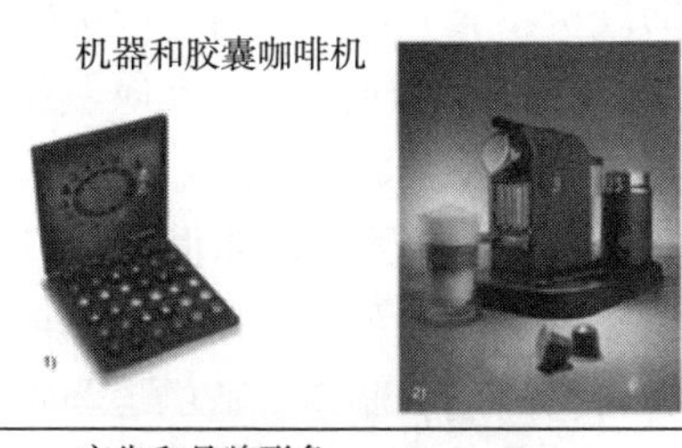

图 1.1　Nespresso 通过品牌进行保护（Brem et al.，2016）

（经 Emerald 出版有限公司授权使用，版权所有）

1.1.7　更短的创新周期与更快的扩散

全球化的竞争、更短的创新周期和不断收紧的成本限制导致创新的扩散加速。例如，机械打字机的创新周期是 25 年，而今天，微处理器控制的打字机的创新周期只有 5 年。在电子行业，例如，现在中国的竞争者仅需几个月的时间便能在市场上推出低成本的模仿产品创新。在玩具行业，这个时间跨度可以缩短到只有几周。尽管研发成本上升，但创新和技术领先已成为决定性的竞争因素。这意味着保护创新对于技术密集型公司摊销产品开发投资变得越来越重要，因为前置期不再是一个进入门槛。延迟推向市场的风险正在增加。

公司创新管理面临的主要挑战可以归纳为复杂性、动态性和成本方面。在经历了近几年密集的重组浪潮之后，具有前瞻性的公司现在正试图通过创新来获得先机。为了摆脱激烈的成本竞争，它们的目标是使自己在客户面前与众不同。电气、电信和软件行业的新产品通常与性能的提高和成本的降低有关。因此，创新管理的一个重要部分是使不断的产品差异化尽可能地可持续并不断地更新它。

1.2 通过保护创新获取价值

由于创新造就了高度工业化国家一半的经济增长，因此具有重要的经济意义。一方面，创新的公司平均比模仿者产生更多的利润；另一方面，如仿制药，在制药业目前显示出最高的年增长率——10%（Gassmann et al.，2018）。因此，创新的一个重要方面不仅仅是创造一个创新，还包括如何获取其价值（Bader et al.，2019）。为了能够负担得起未来的高额投资，所取得的垄断利润必须以临时竞争优势的形式维持。因此，为自己的创新制定合适的、与形势相适应的保护策略是必要的。事实上的保护策略正越来越多地被法律上的策略所补充（见图1.2）。

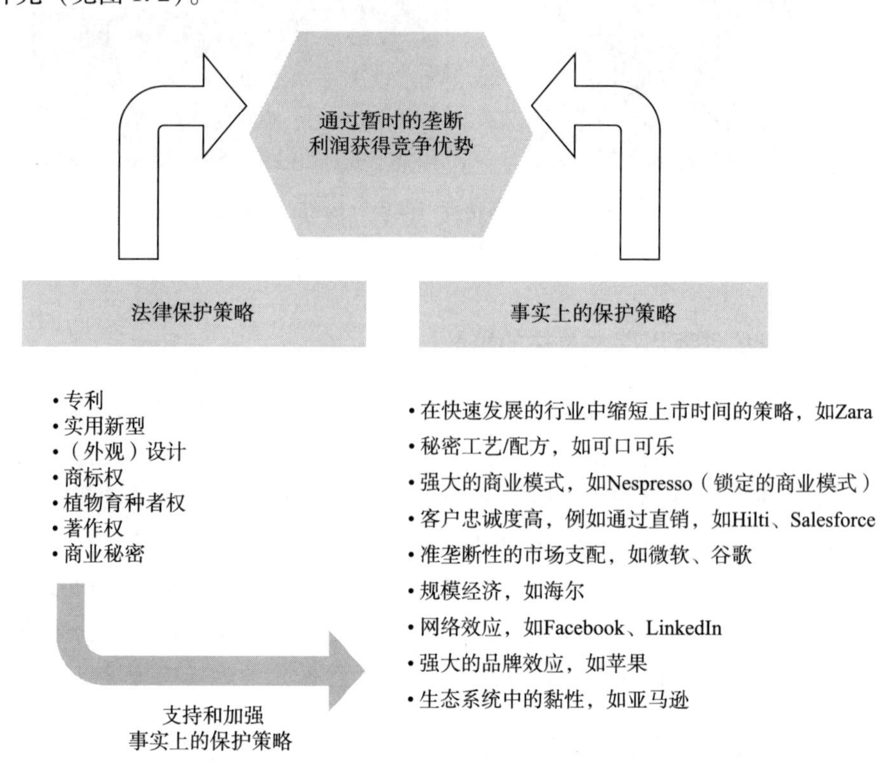

图1.2 法律（正式的）和事实上（非正式的）的保护策略相辅相成

从Teece（1986）开始，研究有了很大的发展——他被认为是最早描述技术创新背景下价值获取机制的人之一。其他研究者的研究也涵盖了产品和流程创新（Chesbrough et al.，2002），并讨论了经济语境下的知识产权保护（Cohen et al.，2000；Dosi et al.，2006）。例如，知识密集型的商业服务企业通过联合使用非正式和正式的保护策略来保护它们的发明（Amara et al.，2008；Bader，2008）。一般来说，正式的（即法律上的）和非正式的（即事实上的）保护机制必须相辅相成，且二者都是获取创新价值的基石（Arora et al.，2006；Hall et al.，2001；McGahan et al.，2006；Pisano，2006；Rivette et al.，2000）。

另外，在商业模式方面，人们发现价值获取是公司具有可持续盈利能力的关键（Chesbrough，2007；Teece，2010；Zott et al.，2011）。这有两个主要原因（Lepak et al.，2007）。首先，价值创造不再仅仅局限于一个公司和行业的边界（Amit et al.，2001），对于单个市场参与者来说，了解价值创造的发生位点也已同样变得至关重要（Gassmann et al.，2020）。其次，出现了如何保护所创造价值的问题。根据从创新中获取利润的理论（Chesbrough et al.，2006；Teece，2006），Desyllas 等（2013）指出，正式的知识产权保护方法和策略应该是互补的。正式的知识产权策略主要对短期目标有效，但需要特定的补充资产来获取长期价值。例如，快速消费品巨头雀巢为其咖啡胶囊业务 Nespresso 在短期内采用了正式的知识产权保护方法，以建立溢价地位，如今则主要长期依赖非正式的知识产权保护策略（Brem et al.，2016）。

选择何种保护策略也取决于创新的类型、公司的规模和市场份额以及公司的研发活动等因素。在这种情况下，Gallié 等（2012）评估了七种形式的正式和非正式的保护策略：专利、设计权、商标和著作权作为正式的保护策略，以及商业秘密，然后是产品和制造流程的复杂度，以及前置期优势作为非正式保护机制。他们对这些保护策略的定义如下。

1.2.1 正式的保护策略

1. 专利：申请专利的发明人获得了在有限时间内禁止他人模仿或使用（除了他/她自己使用或出售）其发明的权利，这使发明人在利用创新时能够实现其垄断价格。然而，在申请专利时，发明人必须披露与创新有关的信息，从而使竞争者能够“围绕”专利进行发明——这一缺点很可能大大掩盖了能够对一项创新实行垄断价格的好处。

2. 设计权：设计权保护物体的视觉外观，如形状、颜色和材料。要申请一项设计，必须满足两个要求：首先，它必须是新颖的，这意味着在申请之前没有相同的设计被公开过；其次，它必须是独特的，这意味着其整体外观必须与其他设计不同。

3. 商标：商标是一种标志、符号、设计或表达方式，可以将一个公司的产品或服务与其他公司的产品或服务区分开来。虽然商标在时间上没有限制，但注册公司需要定期续展商标。

4. 著作权：登记著作权的公司获得了原创作品的专有权，因此获得了决定谁可以从作品中获得经济利益的权利。

1.2.2 非正式的保护战略

1. 商业秘密：商业秘密涵盖了非公开信息，使企业能够获得比未拥有该信息的公司更多的竞争优势。这包括配方、方法、技术、工艺和手段。企业应采取必要措施对这类信息进行保密。

2. 产品和制造工艺的复杂性：产品及其制造工艺的复杂性构成了从创新中获取价值的手段之一。如果某产品或服务，其制造和销售所必需的流程、技术或部件有复杂性，这种复杂性就会给公司带来竞争优势，因为这使其产品或服务更难被模仿。

3. 前置期优势：在这种情况下，如果企业的创新速度快于其竞争对手，那么领先时间优势就确立了——从而产生竞争优势，使企业能够从其创新中获取价值。

知识产权的补充使用也越来越多地影响中小型企业。在欧洲专利局的所有专利申请人中，70%的申请人只拥有一件专利。在以中小企业主导的家具供应业中已形成一个新的竞争要素：自20世纪90年代初以来，专利[1]和实用新型的申请量增加。该行业正处于高价格和性能压力之下，单纯的设计不再有长期优势，更遑论交易展会前不久才制造的原型。如今，对市场动向的及时识别并制定针对性的技术解决方案，在家具和家具供应行业都重要非凡。这给我们提出了一个问题：如何防止复杂的、与销售有关的技术功能被竞争者直接夺走。

除了创建高性能的研发组织，用知识产权合法地保护这些创新过程的成果也因此成为创新管理的核心内容。只有那些能够有效保护其创新成果不受竞争对手侵犯的企业才能维持其竞争优势；相较于不维护这些权利的机会成本，获取和管理这些权利的成本是最低的。

1.2.3 专利与经济

根据现代创新经济学之父约瑟夫·熊彼特（Joseph Schumpeter）的观点，创新型公司申请专利以获得暂时的垄断权，通过这种方式来激励发明和技术发展，而这些行为反过来促进了经济增长和财富的增加（Schumpeter，1934）。从宏观经济的角度来看，专利制度可以促进创新（Landes et al.，2003）。经济合

---

[1] 本书中的“专利”指发明专利。

作与发展组织（Organization for Economic Cooperation and Development，OECD）在一项研究中发现，专利对企业创新能力和经济能力的影响并不明确，因此必须以更细致的方式来看待（OECD，2004）。

研究发现，生物技术、制药以及化学行业因为专利保护在确保其比较优势方面发挥了强有力的作用，受益最大。在某种程度上，计算机和机械行业也是如此。其他行业的公司往往主要使用其他的保护机制，例如使用保密、市场领导地位、技术复杂性和对评论优势的控制（Cohen et al.，2000）。保护策略也可以建立在信誉的基础上，就像消费电子行业经常出现的情况，或者通过控制分销渠道来利用更强的客户关系，就像喜利得的直接分销。

然而，专利保护也会使重要知识的获取变得更加困难，从而掣肘创新。尤其在新兴技术领域，若存在进一步开发所依赖的基础专利，而专利持有人又拒绝以合理条件进行许可时，就会出现这种情况。这种情况部分存在于基因工程领域（Bar－Shalom et al.，2002；OECD，2003），也存在于软件领域（Jaffe et al.，2004）。

不过，专利对竞争和创业有积极的作用，它使小型和新生公司有机会通过使用自己的专利渗透到现有的市场，对大型公司提出自己的主张，或是说服金融投资者（Gans et al.，2002）。戈尔特斯（Gore－Tex™）之所以如此成功，是因为专利和商标为戈尔特斯的透气纺织品保驾护航。专利组合历来是戈尔特斯最有力的竞争因素之一。在生物技术领域，对于大多数初创企业来说，专利是公司价值中最大的、有保障的份额。

通过专利传播知识的积极作用，从大量以获取技术信息为目的的专利文献文献使用中可见一斑：全世界公布的技术知识中，80%只在专利说明书中公布。到目前为止，这些知识的最大部分已不再受专利保护，因为专利已经被放弃或已过期。另外，公司不申请专利的一个常见原因也是专利的后续公开（Sheehan et al.，2003）。

表1.1总结了专利制度在创新竞争和知识使用方面的优势和劣势。

表1.1 专利制度在创新竞争和知识使用方面的优势和劣势

效果	优 点	缺 点
创新	对研发活动的激励	后续创新的交易成本增加
竞争	减少进入障碍，特别是小型和新生企业的进入	暂时的垄断，在网络中往往具有长期影响形成卡特尔的危险
知识扩散	技术信息的披露	已公开的知识在合理条件下是否可以获得以及哪些可以获得的不确定性

来源：基于Hall（2003）。

1.2.4 专利撬动竞争优势

众多研究发现，专利保护对公司的成功有积极的影响（见图 1.3）。这表明，专利保护和专利管理对公司的成功非常重要，尤其是专利和专利组合的质量对成功具有决定性的意义（Gassmann et al.，2017）。

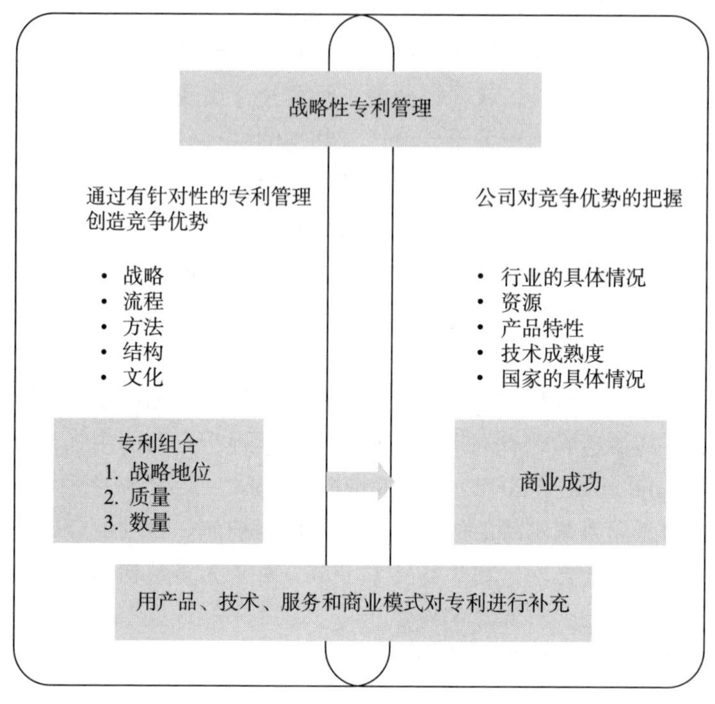

图 1.3 专利组合对企业成功的直接影响

因此，一家公司的专利和经常被引用的专利对其市场价值有积极的影响（Deng et al.，1999）。具有宽泛的技术权利要求的专利也会提高公司的估值（Lerner，1994）。事实证明，具有系统性专利行为的公司比没有系统性专利行为的公司更成功（Ernst，1996），通常在 2～3 年后，前者的销售额会有明显的增长（Ernst，2001）。以创办企业或签订许可协议的形式进行商业化的概率随着基础专利的质量而增加。专利质量可以根据权利要求的广度和引用频率来确定（Shane，2001）。

在专利中，可以看出以下趋势：

- 专利的数量继续增加。
- 专利的质量可能随着时间的推移而下降（Squicciarini et al.，2013），这是因为专利局累积的专利申请越来越多，而且实际费用也相对减少（Thompson，

2017)。

• 个别专利正在达到天文数字的价值，例如 BlackBerry 的制造商 RIM 支付 NTP 6.125 亿美元。

• 个别国家和地区，如中国，仍然表现出特定的特征（Zeschky et al.，2014)。

• 通过定价，专利正变得越来越像商品。

专利管理的目标是为公司的成功作出贡献，不仅要优化简单的专利数量，而且要优化其质量和效益，并获得尽可能强大的专利地位。

有很多影响公司成功的方法是通过专利来实现的。专利可以对公司产生下述影响。

• 确保发明的市场收入：在实践中，专利申请往往来自作为内部开发的“副产品”而产生的发明。在这种情况下，申请人希望通过专利获得的法律保护往往主要集中在确保市场收入上：确保自家产品得到保护，不被仿冒，例如安万特公司的专利通常在 100 多个国家有效。竞争对手的活动领域在发明创造阶段起着次要作用。尽管如此，为使竞争对手更难规避这些发明，公司通常对实现尽可能宽泛的发明保护范围感兴趣。

• 将货物贸易转化为技术贸易的通道：一家公司也可以通过拥有与之相关的专利而获得进入技术专利池的机会——这在交叉许可谈判和技术标准化程序中发挥着越来越重要的作用。20 世纪 80 年代末，西门子巧妙地利用自己的专利组合，在相对较晚的阶段实现了对已经建立的 GSM 标准的超跃——该标准受到众多专利的保护。

• 通过阻止竞争性技术以获得相对竞争优势：从政策的角度看，经济上是有待商榷的，但从商业的角度看，纯粹为阻挡别人而申请的知识产权往往具有其合理性。总部设在莱茵河谷、如今是 Hexagon 集团一部分的 Leica Geosystems 公司活跃在地理信息领域中约 25 个技术领域（如激光测距、GPS 测量和微系统)。国家间竞争环境的活跃也与之规模相当。因此，Leica Geosystems 公司必须越来越审慎地监测和分析，以使自己的产品不被可能仅占很小市场份额的竞争对手的知识产权掣肘和阻碍自己进一步的技术发展。

• 来自外部技术商业化的直接收入：在这种情况下，自己的研究表明，法律保护策略的主旨不仅是保护知识产权不被仿冒，而且是通过外部营销获得许可收入。迅达公司（Schindler）在开发电梯用芳纶绳的过程中申请了 20 多件专利，总共几百万瑞士法郎的前期开发项目费用已经通过授予许可证和在非电梯领域出售专利得到了补偿。如今，每两家公司中就有一家已经对外推销其知识产权。作为先锋的 IBM 每年的知识产权许可收入超过 10 亿美元。

• 形象提升和创新营销：专利往往也被用于营销目的，这在瑞士钟表业尤其如此——技术和营销代表了产品吸引力的核心。例如，在机械工程行业，专利也被用来强调产品或公司的创新能力。纺织纤维制造商戈尔公司（Gore）追求始终如一的品牌和专利政策以增强客户黏性。

1.2.5 专利的战略管理

专利的产生、评估和商业利用是战略性技术和创新管理的一部分。近年来，开放创新过程和外部技术商业化一直是强有力的、未曾中断的一大趋势。同时，开放式创新已经发展成为一种成熟的商业模式，不仅被跨国公司积极使用，也被中小企业积极使用（Gassmann et al.，2020）。

1.2.5.1 专利的产生

一家公司的专利组合可以通过其自身的专利申请在内部产生，也可以通过购买或授权获得外部工业产权或相应权利。内部、外部产生合并的合资和合作是一种特殊情况。

1.2.5.2 专利的评估

专利管理的一个重要组成部分是对专利和专利组合的评估。在产生阶段，评估就为必要的决策打下基础。问题在于，是否应该为一项发明申请专利？或者是否应该继续支付现有专利的维持费？或者是否应该为外部专利组合的许可定价？由于其信息功能，评估方法也可用于技术的早期检测以进行竞争活动。

1.2.5.3 专利的商业利用

公司自己的专利组合可以通过直接支持公司的主要业务，即产品、技术和程序，进行内部开发。另外，外部开发的目的是通过合作的能力而不是通过自己的商业模式来产生价值，因为这会产生额外的财务价值创造。在美国，通过向大学等非营利组织捐赠专利和其他产权，甚至可以申请税收优惠（捐赠）——IBM 向开源社区的捐赠也是一例。此外，专利经常被公司用作交易商品，以“购买”它们的同类或其他技术。在设计技术标准时，公司甚至经常需要贡献自己的相关知识产权，如商标或专利，以便能够在不支付许可费的情况下参与到标准中。

1.2.6 竞争优势的创造

在专利管理的帮助下，公司旨在通过优化专利组合来获得竞争优势。公司系统化和实施专利管理的方式可以从五个类别进行分析，即战略、流程、方法、结构和文化。

1.2.6.1　战　略

一家公司的管理层及其员工是利用知识产权作为护盾，还是用其进军新的商业领域？实际的产权战略是否与专利和商标保护系统结合？是否在考虑成本因素的情况下，对确保经营自由的其他方式进行了研究？专利是否在外部积极商业化？是否有一个与商业和创新战略密切关联的知识产权战略？

1.2.6.2　流　程

一家公司是只依靠几个单子还是能够利用其全部网络进行专利管理？是否有系统的想法和知识管理并与专利管理相结合？在起草发明公告（invention announcements）方面是否有明确的重要时间节点？发明人和工程师是否系统地与专利律师协调？还有哪些其他的接口（例如与市场部的接口）？这些接口是否得到了保持？

1.2.6.3　方　法

是否使用系统的方法来产生专利？根据何种评价标准来选择专利？专利的价值是如何确定的？使用何种软件来管理专利？何种组合技术被用于评估专利？

1.2.6.4　结　构

专利申请是由独立的专利部门处理还是外包给外部专利律师？专利部门在组织中位于何种地位？专利管理系统的组织结构是自上而下还是自下而上？该广泛的组织是否能获得有关专利的相关信息？创造性潜力是否在公司内得到利用？

1.2.6.5　文　化

如何处理常规流程和变革流程？尽早分享知识和申请战略专利的意愿有多大？发明人和专利部门之间的互动如何？公司对知识产权的重视程度如何？

竞争优势

公司可以通过积极的专利管理获得巨大的竞争优势，这涉及前面提到的五个类别：战略、流程、方法、结构和文化。

1.2.7　把握竞争优势

竞争优势的实现和利用受制于各公司许多特有的商业条件。在这种情况下，公司必须考虑专利管理的以下特点。

1.2.7.1　行业的具体情况

该公司在哪个行业经营？有关行业的变化速度有多快？通过知识产权的暂

时垄断是否可行，或者是否存在高度的标准化？该行业的成熟度如何？这个行业的进入障碍是什么？这个行业的竞争结构是什么（二元垄断、寡头垄断、多头垄断）？权力和市场份额的比例是多少？

1.2.7.2 资　源

该公司是一家全球性的公司，还是一家专注于利基市场的中小型公司？该公司内部有哪些资源？复杂程度如何？如果像在美国那样，法律费用必须由专利持有人承担，那么专利是否也能在纠纷中得到维护？

1.2.7.3 产品特性

受影响的产品类型起着重要作用，特别是公司在价值链的哪个阶段活动的问题。产品是否可以高度多样化？存在哪些技术替代品？该产品目前的吸引力如何（时尚、潮流产品）？

1.2.7.4 技术成熟度

根据一项技术、产品或服务的成熟度，所谓的先发或后发优势在利用新兴趋势时具有决定性意义。有多少基础技术已经被竞争对手取得专利权保护？公司在潜在领域是否拥有技术核心竞争力？

1.2.7.5 国家的具体情况

公司及其竞争对手经营或预经营的范围对采取必要预防及相关措施至关重要。是否有市场？如果有，其可能是关键市场吗？竞争者在各自国家是否有生产能力？专利法的执行力度如何，例如在中国？

1.2.8 与产品、技术、服务和商业模式接轨

如果不把产生的知识产权与为公司创造直接价值的实际产品、技术、服务和商业模式结合起来，再好的专利组合也是一只没牙的老虎。换句话说，专利管理所创造的竞争优势也必须被公司所利用。

只有当专利战略始终与公司战略保持一致并积极支撑公司战略时，这才有可能。在创新型企业中，知识产权必须始终如一地与研发和营销战略相结合——戈尔公司特别好地体现了这一点，因为知识产权是该公司的核心价值驱动力。在个别情况下，好运气的专利组合可能是成功的，但是这通常是成本密集型的，且效果不佳。专利战略必须与公司的战略方向和现有的核心竞争力保持一致。特别是研发密集型公司通常通过专利取得重大竞争优势。

1.3 知识产权的类型

表1.2给出了各种类型的知识产权的总体概况，后文将进一步阐明。

1.3.1　发　明

什么是专利?

一件专利授权其所有者阻止他人:

- 不得为生产经营目的制造、使用、许诺销售、储存、进口或销售该发明（独占性）。
- 在一个特定的管辖区（地域性）。
- 在一个有限的时期内（时间性）。

表 1.2　知识产权主要类型概述

知识产权	主题	申请	审查	最大期限
发明	技术发明	是	是	20 年
补充保护证书	药品或监管化学品	是	否	5/5.5 年
实用新型	技术发明（无工艺）	是	否	10 年
外观设计	视觉组合、气味	是	否	25 年
集成电路布图设计	半导体电路	是	否	10 年
植物新品种权	植物品种	是	是	25/30 年
商标	品牌、声音标志、颜色、气味、三维形状	是	是	每 10 年可延长一次
	企业名称	否		
	原产地	否		
原产地地理标志	当地商品、食品和产品	否	否	不确定的（通常法定）
商业外观	包装	否	否	在产品的生命周期内
著作权	软件/写作、建筑、艺术、音乐	否	否	作者有生之年及死亡后 50/70 年
商业秘密	专有工艺和信息	否	否	不确定

在欧洲，法律意义上的发明是用技术解决技术问题。然而，授权专利不一定赋予其所有者无限使用该发明的权利，例如，其他工业产权或其他法规可能阻止发明人或专利持有人使用该发明。因此，专利权也被称为排他性权利或禁止性权利。其他类型的工业产权也具有这一特点。

例如，欧洲专利局授予发明专利，这些发明（《欧洲专利公约》第 52 条）:

- 具备新颖性。
- 具有创造性。

- 在商业上可适用。

新颖性和创造性的标准是“绝对的”，适用于全世界，也就是说，它们与优先权日期时可获得的知识的地域来源无关，即所谓的现有技术。优先权日通常是指向专利局首次提出发明申请的日期。美国仍然是一个例外，因为那里曾经适用的是发明日期（先发明）的原则，而不是先申请原则。在某些情况下，如存在疑问，这可以用来证实优先权日期。

现有技术

在申请日之前以书面或口头形式、通过公开使用或其他方式公布的任何东西。在对象、语言、空间或时间方面没有限制。

在专利申请程序中，专利申请人必须确定其需要在哪些国家进行专利保护。关于后续申请的决定必须在优先权日的一年内作出。由于每个国家或地区都有不同的专利官费和翻译费，对国家或地区的选择通常是基于专利保护在该国可能实现的预期经济利益。专利的期限由专利申请人通过支付年费来控制，年费通常由专利局按年收取（在美国不是）。在大多数国家，专利的最长期限是申请日后20年。在美国，1995年6月8日以后申请的专利也有20年的期限。

如果打算在几个国家进行专利保护，可以通过《专利合作条约》（PCT）提交国际申请，或者通过《欧洲专利公约》在许多欧洲国家提请授权。

专利权是排他性的权利

专利权不是许可权——不幸的是，这仍然是一个普遍的误解，它常常导致数以百万计的错误投资。专利是排他性权利，禁止第三方模仿受保护的发明。

当涉及什么是最终可以获得专利保护的问题——产品、系统、工艺、程序、软件，甚至商业模式——区域性的法律领域发挥着重要作用。

1.3.2 药品补充保护证书

医药产品和某些化学品的销售只有在完成了相对冗长的审批程序后才能进行，这严重缩限了有效专利期限。在基本专利的法定期限届满后，补充保护证书提供了以下可能性：将专利保护的效力延长最多5年，批准上市后总有效专利权期限不超过14年（欧洲共同体第1768/92号条例；美国专利法第155条和第156条）。

1.3.3　实用新型

实用新型或创新专利有时也被称为“小专利”，因为它们的期限相对较短，而且涵盖的发明范围也比较有限。与发明专利相比，实用新型的确切法律定义因管辖区而异。比如说，在德国，“gebrauchsmuster”是基于具有创造性并适于工业应用的技术发明，而不是基于方法。澳大利亚 8 年的创新专利要求有“创新性”而不是“创造性”。实用新型通常有 10 年的期限，就像在奥地利一样，但可以作为优先申请，以便在其他国家提出后续的专利申请。

然而，与发明专利保护相比，实用新型所要求的创造性较低。例如，实用新型申请可以在奥地利、澳大利亚、巴西、中国、捷克、丹麦、芬兰、法国、德国、匈牙利、意大利、日本、墨西哥、波兰、俄罗斯、西班牙和韩国提出。并非每个司法管辖区都提供实用新型保护：瑞士和美国没有实用新型，而澳大利亚正在反思是否要改变其“创新专利”制度。

1.3.4　外观设计

产品的二维或三维表现形式或其部分可以作为外观设计加以保护［德国工业产品外观设计注册法第 1（1）条］。例如，在时尚行业，织物样品经常受到保护，而在消费品行业，包装，如饮料瓶的形状，往往受到保护。可受保护的外观设计必须是新的，而且必须表现出足够程度的特殊性。保护的最长期限为 25 年，从申请日起算。

关于外观设计的法律纠纷：苹果与三星之争

2012 年，技术集团苹果和三星之间因涉嫌侵犯受保护的外观设计而发生了许多法律纠纷。

例如，iPad 制造商苹果在杜塞尔多夫地区法院起诉竞争对手三星，申请对其侵犯欧洲共同体注册外观设计的禁令。据苹果称，三星的平板电脑“Galaxy Tablet 10.1”侵犯了苹果注册的欧洲共同体外观设计（编号为 000.181.607 -0001）。杜塞尔多夫地区法院判决苹果胜诉，理由是 Galaxy 平板电脑的设计甚至给知情的用户都带来了相同的整体印象，因此值得保护。三星提出上诉，但上诉被驳回，因为地区高等法院认为三星的平板电脑是对 iPad 的模仿（见图 1.4）。

作为回应，三星发布了一个后续型号，该型号采用了不同的设计，与其前身型号不同，因此也与 iPad 不同。苹果的反应是再次申请禁令，并再次声称其欧洲共同体外观设计受到侵犯。杜塞尔多夫地区法院驳回了这一要求，理由是后续型号的设计给用户留下了不同的整体印象，因此不在保护范围之内（Bartenbach et al.，2013）。

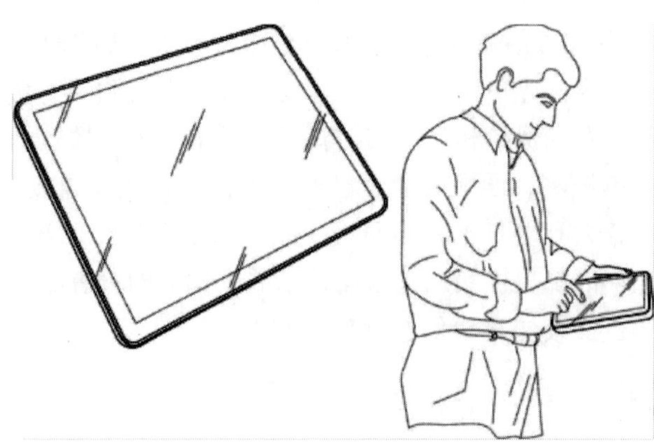

图 1.4　苹果美国设计专利 USD504889S 的节录

除国家程序外，还可以通过《海牙示范公约》（*Hague Model Convention*，HMA）在包括德国和瑞士在内的 50 多个《工业品外观设计国际保存海牙协定》成员国中进行国际设计保存。

如果只想在德国或奥地利等欧盟国家获得外观设计保护，也可以注册对整个共同体领土有效的欧盟共同体外观设计。与德国法律相比，外观设计是否具有美学内质或功能性并不重要。

在美国和日本也可以进行外观设计保护。在这两个国家，由于要进行成本和时间密集的计算机辅助新颖性审查，因此原则上在授权之前不存在针对侵权者的保护。但是，在美国，外观设计的维权在实践中通常被证明是困难的，因为到目前为止有 70% 以上的外观设计在侵权诉讼中被宣布无效。

1.3.5　集成电路布图设计

集成电路布图设计是微电子半导体产品的三维结构，可以像发明一样得到保护。然而，集成电路布图设计只有在具有“特殊性”时才能得到保护。与实用新型类似，集成电路布图设计的注册不涉及专利局的任何实质性审查。尽管到目前为止已有许多集成电路布图设计被注册，但这种产权在执法实践中还没有产生任何重大影响。

1.3.6　植物育种者权/植物新品种权

植物新品种权是类似于专利保护的排他性权利，其目的是保护植物新品种的知识产权，以帮助农业和园艺的育种进展。植物新品种的培育者或发现者可以在各自国家的植物品种保护部门申请对整个“植物王国”的品种进行保护。原则上，如果一个植物品种具备特异性、一致性、稳定性、新颖性，并有适当的可登记的命名，那么它就有资格获得保护。植物品种保护的效果是：只有植物新品种权的所有者或其法定继承人有权为商业目的销售、生产或进口受保护品种的繁殖材料（植物和植物的部分，包括种子）。

1.3.7　商标和类似权利

商标是一种注册权利，适用于将一个实体的产品或服务与其他实体的产品或服务区分开并满足表明来源的目的。商标可以在国家、地区（如欧盟知识产权局）或国际（世界知识产权组织）层面注册。在实践中，最相关的标准是与其他商标的差异性，但它也不应该是描述性的，例如：“苹果”一词可以为计算机注册，但不能为一种苹果注册。然后，保护期限可以根据需要经常延长。可以被保护的商标为：

- 文字，如：宝莹（汉高）。
- 字母组合，如：ABB。
- 数字组合，如：501（李维斯）。
- 图形表示和标志，如：梅赛德斯之星（戴姆勒）。
- 三维形状，如：可口可乐瓶。
- 口号，如：“突破科技，启迪未来”（奥迪的 Vorsprung 商标）。
- 上述文字/图片标记等要素的组合，如：马牌轮胎商标。
- 无轮廓的颜色和颜色组合作为视觉上可感知的标志，如：德国电信的洋红色/灰色。
- 声音标志，如：20 世纪福克斯的旋律。
- 位置商标，如：劳埃德男鞋鞋跟的红色条纹。

除了传统商标，还有一些其他类似的权利，旨在保护组织、团体的标志或实现特殊的保护（下文讨论）。

商标：一些特殊案例

已确立的商标

如果描述性标志作为某一公司的商品或服务在市场上广为人知，如果它们在技术术语中“盛行”，就可以获得保护。例如，在瑞士，“Valser”代表矿泉水。

公共领域

由于多年来的存在，商标可以异化为整个产品类别的名称，进入通用词汇范畴并失去其可防御性——如今没有美国人再说“纸面巾”，预期的表述是“舒洁”（Kleenex，全球最知名的面巾纸品牌之一）；在英国，人们说“to hoover”时是指“to vacuum”（用吸尘器打扫）。是否进入公共领域的法律检测是一般参考文献是否有此术语（德国商标保护法第16条）。

知名品牌（名牌）

例如像雀巢或耐克这样的品牌，在存在被第三方利用的风险时，即便是它们没有注册的商品和服务也享有保护。

互联网域名

域名和主机提供商Swizzonic（以前的switchplus）负责国家代码为CH和LI的域名的分配及其注册。按照通常的原则，域名也可以作为商标注册。

原产地声明

原产地声明将某些商品或服务区分开，但不是针对商品的制造商，而是针对特定的地理来源。原产地声明区分为直接产地标志，如瑞士巧克力；间接产地标志，如威廉-泰勒巧克力；以及合格地理标志，如日内瓦的手表。

受保护的原产地名称（AOP）/受保护的地理标志（IGP）

受保护的原产地名称（如Tête de Moine AOP奶酪）和受保护的地理标志（如St. Gallen Kalbsbratwurst IGP香肠）在瑞士的联邦农业局注册。它们只能作为商标注册，或在某些条件下作为商标组成部分注册。

资料来源：IPI（2020）。

1.3.8 域　名

域名系统（DNS）由互联网号码分配局（IANA-www.iana.org/）和互联

网名称与数字地址分配机构（ICANN – www. icann. org/）协调。分配和注册是通过各自国家的顶级域名中央注册机构进行的，下面是一些例子：

- 德国（. de）：www. denic. de。
- 奥地利（. at）：www. nic. at。
- 瑞士（. ch）：www. switchplus. ch。
- 通用顶级域名（例如，. com，. net）：www. verisign. com。

1.3.9 商业外观

商业外观是一种比商标更窄的知识产权，因为它通常适用于包装、盒子和视觉外观。视觉元素的组合方式是为了在消费者的认知中唤起一种了解来源的感觉。

1.3.10 著作权

此种知识产权的唯一的条件必须是可以通过官能感知的，不要求直接实施或发表。软件本身也受著作权保护。然而，这种保护只适用于软件本身，而不适用于思想。

著作权法

著作权法的法律前提是要有个人的创造性成果。创造和实施保护通常不需要任何法定程序或其他正式要求。[1] 著作权意义上的作品是具有独特性质的创作。这些作品尤其包括：

- 任何类型的文字作品，如小说、科学论文、报纸文章、广告手册。
- 音乐作品和其他声学作品。
- 纯艺术作品，如绘画、雕塑、图形以及实用艺术，如具有实用价值的物品，其作为外观设计专利的存放并不排除著作权保护。
- 源代码或编程文本。

个人智力创造的作品可以标上著作权声明。“©”标签应与著作权持有人的姓名和首次出版的年份一起使用。

---

[1] 此外，在美国国会图书馆自愿登记受保护的作品是有意义的。这一方面使作品得以公开，另一方面，美国版权局也会颁发注册证书。在著作权的司法执行方面，注册甚至是能够按法律规定的速度提出赔偿要求的前提条件，也是能够在胜诉的情况下要求偿还律师费的前提条件。

1.3.11 商业秘密

商业秘密包括为企业提供竞争优势的任何重要的商业信息。商业秘密包括制造或工业秘密和经营秘密。除持有人外，其他人员未经授权使用此类信息被视为不正当竞争行为和对商业秘密的侵犯。根据不同的法律体系，对商业秘密的保护构成了反不正当竞争中一般保护概念的一部分，或者是基于关于保护机密信息的特定条款或判例法。商业秘密的主题通常是广义的，包括销售方法、分销方法、消费者特征、广告策略、供应商和客户名单以及制造工艺。虽然最终确定哪些信息构成商业秘密取决于每个案例的具体情况，但在秘密信息方面明显不正当的做法包括工商业间谍活动、违约和违反保密责任（WIPO，2020）。

参考文献

[1] Amara N. , Landry R. , Traoré N. (2008). Managing the protection of innovations in knowledge intensive business services. Research Policy, 37 (9), 1530 – 1547.

[2] Amit R. , Zott C. (2001). Value creation in e – business. Strategic Management Journal, 22 (6/7), 493.

[3] Arora A. , Ceccagnoli M. (2006). Patent protection, complementary assets, and firms incentives for technology licensing. Management Science, 52 (2), 293 – 308.

[4] Bader M. A. (2008). Managing intellectual property in the financial services industry sector: Learning from Swiss Re. Technovation, 28, 196 – 207.

[5] Bader M. A. , Stummeyer C. (2019). The role of innovation and IP in AI – based business models. In R. Baierl J. Behrens, A. Brem (Eds.), Digital entrepreneurship – Interfaces between digital technologies and entrepreneurship (pp. 23 – 56). Heidelberg: Springer.

[6] Bar – Shalom A. , Cook – Deegan R. (2002). Patents and innovation in cancer therapeutics: Lessons from CellPro. The Milbank Quaterly, 80 (4), 637 – 676.

[7] Bartenbach K. , Jung I. , Renvert A. (2013). Apple vs. Samsung – Zu den Grenzen von Geschmacksmusterschutz und ergänzendem wettbewerbsrechtlichen Leistungsschutz. Mitteilungen der deutschen Patentanwälte, 104 (1), 18 – 24.

[8] Brem A. , Maier M. , Wimschneider, C. (2016). Competitive advantage through innovation: the case of Nespresso. European Journal of Innovation Management, 19 (1), 133 – 148.

[9] Buckminster Fuller R. (1982). Critical path. New York: St. Martin's Press.

[10] Chesbrough H. (2007). Business model innovation: It's not just about technology anymore. Strategy and Leadership, 35 (6), 12 – 17.

[11] Chesbrough H. , Rosenbloom R. S. (2002). The role of the business model in capturing value from innovation: Evidence from Xerox Corporation's technology spin – off companies. In-

dustrial and Corporate Change, 11 (3), 529 – 555.

[12] Chesbrough H., Birkinshaw J., Teubal, M. (2006). Introduction to the research policy 20th anniversary special issue of the publication of profiting from innovation by David J. Teece. Research Policy, 35 (8), 1091 – 1099.

[13] Cohen W. M., Nelson R. R., Walsh, J. P. (2000). Protecting their intellectual assets: Appropriability conditions and why US manufacturing firms patent or not. NBER Working Paper, No. 7552.

[14] Deng Z., Lev B., Narin F. (1999). Science and technology as predictors of stock performance. Financial Analysts Journal, 55 (5), 20 – 32.

[15] Desyllas P., Sako M. (2013). Profiting from business model innovation: Evidence from pay – as – you – drive auto insurance. Research Policy, 42 (1), 101 – 116.

[16] Dosi G., Marengo L., Pasquali C. (2006). How much should society fuel the greed of innovators? On the relations between appropriability, opportunities and rates of innovation. Research Policy, 35 (8), 1110 – 1121.

[17] Ehrat M. (1997). Kompetenzorientierte, analysegestützte Technologiestrategieerarbeitung. Dissertation University of St. Gallen (HSG), St. Gallen, No. 1981.

[18] Ernst H. (1996). Patentinformationen für die strategische Planung von Forschung und Entwicklung. Gabler: Wiesbaden.

[19] Ernst H. (2001). Patent applications and subsequent changes of performance: Evidence from time – series cross – section analyses on the firm level. Research Policy, 30, 143 – 157.

[20] Galliė E. P., Legros D. (2012). French firms' strategies for protecting their intellectual property. Research Policy, 41 (4), 780 – 794.

[21] Gans J., Hsu D. H., Stern S. (2002). When does start – up innovation spur the gale of creative destruction? RAND Journal of Economics, 33 (4), 571 – 586.

[22] Gassmann O., Bader M. A. (2017). Patentmanagement: Innovationen erfolgreich nutzen und schützen (4th ed.). Berlin: Springer.

[23] Gassmann O., Frankenberger K., Choudury M. (2020). The Business Model Navigator. FT Publishing.

[24] Gassmann O., Schuhmacher A., Reepmeyer G., von Zedtwitz, M. (2018). Leading pharmaceutical innovation – How to win the life science race (3rd ed.). Berlin: Springer.

[25] Hall B. H. (2003). Business method patents, innovation and policy. NBER Working Paper, No. 9717.

[26] Hall B. H., Ziedonis R. H. (2001). The patent paradox revisited: an empirical study of patenting in the US semiconductor industry 1979 – 1995. RAND Journal of Economics, 32 (1), 101 – 128.

[27] IBM. (2006). The toxic terabyte: How data – dumping threatens business efficiency. IBM Global Technical Services white paper. Accessed on March 9th, 2020, https://ar-

chive. org/stream/TheToxicTerabyte/The%20Toxic%20Terabyte_djvu. txt.

[28] IPI. (2020). Envisioned. Created. Protected. A concise guide to trade marks, patents and co. (10th ed). Bern: IPI Swiss Federal Institute of Intellectual Property.

[29] Jaffe A. B., Lerner J. (2004). Innovation and its discontents: How our broken patent system is endangering innovation and progress, and what to do about it. Princeton, NJ: Princeton University Press.

[30] Landes W. M., Posner R. A. (2003). The economic structure of intellectual property law. Cambridge, MA: Belknap Press of Harvard University Press.

[31] Lepak D. P., Smith K. G., Taylor M. S. (2007). Value creation and value capture: A multilevel perspective. Academy of Management Review, 32 (1), 180-194.

[32] Lerner J. (1994). The importance of patent scope: An empirical analysis. RAND Journal of Economics, 25 (2), 319-332.

[33] McGahan A. M., Silverman B. S. (2006). Profiting from technological innovation by others: The effect of competitor patenting on firm value. Research Policy, 35 (8), 1222-1242.

[34] OECD. (2003). Genetic inventions, IPRs and licensing practices: Evidence and policies. Paris: OECD.

[35] OECD. (2004). Patents and innovation: Trends and policy challenges. Paris: OECD.

[36] Pisano, G. (2006). Profiting from innovation and the intellectual property revolution. Research Policy, 35 (8), 1122-1130.

[37] Rivette K. G., Kline D. (2000). Discovering new value in intellectual property. Harvard Business Review, 79 (1), 54-66.

[38] Schuhmacher A., Gassmann O., McCracken N., Hinder M. (2018). Open innovation and external sources of innovation. An opportunity to fuel the R&D pipeline and enhance decision making? Journal of Translational Medicine, 119 (16), 1-14.

[39] Schumpeter J. A. (1934). Theorie der wirtschaftlichen Entwicklung (8th ed.). Berlin: Dunker und Humblot.

[40] Shane S. (2001). Technological opportunities and new firm creation. Management Science, 47 (2), 205-220.

[41] Sheehan J., Guellec D., Martinez C. (2003). Business patenting and licensing: Results from the OECD/BIAC survey. In: Proceedings of the OECD Conference on IPR, Innovation and Economic Performance, 28-29 August 2003. Paris: OECD.

[42] Squicciarini M., Dernis H., Criscuolo C. (2013). Measuring patent quality. Paris: OECD.

[43] Teece D. J. (1986). Profiting from technological innovation: Implications for integration, collaboration, licensing and public policy. Research Policy, 15 (6), 285-305.

[44] Teece D. J. (2006). Reflections on "profiting from innovation". Research Policy, 35 (8), 1131-1146.

[45] Teece D. J. (2010). Business models, business strategy and innovation. Long Range Planning, 43 (2), 172 - 194.

[46] Thompson M. (2017). The cost of patent protection: Renewal propensity. World Patent Information, Vol. 49.

[47] Winterhalter S., Zeschky M., Neumann L., Gassmann O. (2017). Business models for frugal innovation in emerging markets: The case of the medical device and laboratory equipment industry. Technovation, 66 - 67.

[48] WIPO. (2020). What is a trade secret? Geneva: WIPO. https://www.wipo.int/sme/en/ip_business/trade_secrets/trade_secrets.htm. Accessed on January 8th, 2020.

[49] Zeschky M., Widenmayer B., Gassmann O. (2014). Organizing for reverse innovation in Western MNCs: The role of frugal product innovation capabilities. International Journal of Technology Management, 64 (2 - 4), 255 - 275.

[50] Zott C., Amit R., Massa L. (2011). The business model: Recent developments and future research. Journal of Management, 37 (4), 1019 - 1042.

第 2 章
保护策略

2.1　专利策略概述

工业产权即便不是控制，也有可能在更大程度上影响企业的战略地位并影响竞争对手的活动。专利策略的指导方针须由公司战略决定，方能确保对整体的贡献。策略应特别明确地处理现有和预期的产品、技术及应用。

策　　略

策略定义了公司运作的基础和准则，显示了公司的方向和目标，并指出了实现这些目标的可能途径。

专利策略为诸如哪些发明领域出于何种目的要寻求专利保护等问题提供答案；又如：哪些市场和生产领域受到专利保护；用什么手段、多少费用和何种风险承受能力来维护这种保护；以及这种保护的风险倾向将达到何种程度。

公司定位与以下方面相关：

- 产品和技术
- 市场
- 财务框架

在中小型企业中，通常的情况是策略隐含在公司运作中。根据 Mintzberg 等（2005）的研究，可以区分出五种实施策略的方式：

- 计划：路径/目标描述——要实现什么目标？如何实现目标？
- 棋步：在与竞争者的竞争中，将战略展示为棋盘上的一着。
- 模式：公司的典型决策和行动模式。

- 定位：公司与其所处环境相关的市场和竞争地位。
- 视角：对环境的认识和重建。

实施策略需要管理，而管理本身又需要反馈（“你无法管理你无从衡量的事物”）。专利策略不仅要考虑公司的整体情况，而且要俯瞰各个业务领域，同时要以生产和产品为导向设定一个财务框架。在这样做的过程中，以下问题接踵而来：

- 我需要从其他战略领域，例如从企业、技术、产品或创新策略中获得哪些详细的计划书？
- 要进行知识产权组合管理，需要哪些最低要求或最低声明？
- 必须作出说明的目标参数是什么，例如，是否有许可的普遍意愿，以及许可收入应该在多大程度上和通过什么方式产生？

专利战略的重新规划可以通过总体战略业务调整或内部结构调整来启动。

专利策略的前提

要想有一个完善的专利策略，对企业战略的明确陈述是一个前提条件。我们如何为客户创造和获取价值？我们的核心竞争力是什么？是什么创造了相对竞争优势？我们在哪些国家活跃？我们想在不久的将来在哪些国家活跃？我们的核心竞争对手在哪些国家活跃？公司的商业模式的核心是什么？

这里的主要问题是：“公司应该如何通过专利策略来创造和获取价值？”

然而，导致启动专利策略的外部压力往往由需对现有方法进行调整和优化的资源和预算调整引发。一方面，这引出了哪些技术和产品应该受到保护的问题。另一方面，也引出了这种保护应该是何种样态的、哪些特征应该被保护、在哪些国家保护、保护多长时间的问题。在开发新一代产品时，成功的方法在于确定对某些技术的专利保护并将产品的特性作为具体的目标，最后根据项目的进展情况不断对其进行调整。

对成功的专利策略的要求是行动自由或实施自由作为公司战略资产的价值，特别是在缺乏实施自由的情况下变得非常明显。例如，当与专利有关或由专利引起的纠纷造成封锁并阻碍当前的商业活动时，就会出现这种情况——这可能导致销售或利润的下降（西门子，心脏起搏器）或市值/市场资本的严重受损（*Adobe vs. Macromedia* 案）。

在启动专利策略时，知识产权部、研发部和企业发展部之间的协调非常重要，其中一致性和最终保持共识是成功的关键因素。虽然专利部门应该是启动专利策略的程序负责人，但也需要管理层的明确支持。

Endress + Hauser 是一家中型瑞士测量仪器和自动化解决方案制造商，自 20 世纪 90 年代末以来就特别重视发明以及通过专利对发明进行保护——这是在成功抵御一家美国竞争对手提出的专利侵权诉讼后达成的。

成功的关键因素是拥有足够的资源、对专利战略的必要性有共同的理解、得到中层管理人员的支持并对目前的情况进行了充分分析。实现这一目标的优选手段是良好的沟通和可视化，例如可能在外部专利数据库的帮助下提供有意义的专利统计数据。公司的管理层、发明人、技术专家和专利律师或专利经理都是应参与到专利策略启动阶段的重要利益相关者。

专利策略

在开办一家科技型公司时，专利策略的启动是至关重要的。对于许多公司而言，只有在自己的自由行动受到竞争对手的专利阻挠或公司遭遇专利侵权时才启动这种专利策略。

证明专利策略成功的重要因素是：

- 与公司战略保持一致
- 明确的市场观点
- 从竞争优势的角度考虑问题
- 内部的技术能力
- 团队中的专利专家
- 管理者的承诺

2.2 进攻性和防御性专利策略

根据专利策略的定位和积极性，其可以细分为进攻性和防御性的专利策略。

2.2.1 进攻性专利策略

这一定位的基础是在公司和商业活动的框架内对知识产权的使用进行策略规划，除此之外还积极主动地实施专利权。这一策略通过积极参与各种利益集团在知识产权立法方面的发展而得到完善。

多年来，美国半导体存储器公司 Rambus 对其专利组合采取了积极的营销策略，对 SDRAM 存储器芯片的特定时钟和总线程序提出了许可要求。数年来，许多专利侵权案件在美国和欧洲悬而未决，在半导体存储器行业内引起了愤怒。例如，Rambus 与三星达成了和解，为该公司争取到了一大笔赔偿金。

作为一种战术手段，一些公司还为引诱其竞争对手误入歧途而申请专利。这些专利几乎不费吹灰之力，而且也不支付审查费。这种措施的唯一预期效果是故意误导竞争者对正采取的技术方向的认识。然而，不应高估此类手段的价值，特别是如果使用太频繁（就会“狼来了”）。

总部设在美国的专利聚集公司没有自己的产品，商业领袖通常称其为“专利流氓”。这些公司的特点是最积极地使用专利策略，因为捍卫专利是其商业模式。这些策略之所以有意义也因为大多数专利诉讼都以和解告终（Krech et al.，2015）。在诉讼成本巨大之地（尤其是在美国），或在法律诉讼中包含披露程序之地，“专利流氓”是最可行的（Thompson，2013）。

2.2.2 防御性专利策略

这一策略旨在将第三方知识产权策略对公司业务的影响降到最低。中等规模的家具供应商 Hettich 奉行积极的防御策略，其通过对现有技术信息的出色处理对竞争性专利进行了大量的对抗性诉讼，并对竞争对手的攻击产生了影响。

2.2.3 进攻性/防御性专利策略

尤其是大公司，它们通常会采取兼具进攻性和防御性的混合专利策略。尽管西门子和微软都奉行上述意义上的进攻性策略。一种特殊的策略始终旨在最大限度地降低第三方对自己公司的影响。在西门子，这是由其产品和服务的广泛多样性所驱动的。例如，一个部门的竞争对手往往是另一个部门的客户。另外，微软对来自第三方的攻击非常敏感——这是由于该公司在相对有限的产品和服务的基础上拥有较高的全球市场份额。

因此，以这种活动和竞争格局为特征的公司越来越多地签订专利交叉许可合同以降低自己的风险。因此，照明制造商欧司朗（Osram）和电子制造商夏普（Sharp）在 2013 年达成了一项意义深远的专利交叉许可协议。该协议涵盖了两家公司在光电半导体元件领域的专利以及包含这些元件的产品，包括了 LED 和激光二极管芯片、模块以及灯具。在此之前，欧司朗已经与其他主要的光电半导体制造商，如日亚、飞利浦、丰田合成、科锐、三星和 LG 签订了专利交叉许可协议，以减少无意中使用其他公司的知识产权的风险（Osram，2013）。

吉博力的十大专利管理原则

吉博力活跃在卫浴技术领域，在全球拥有多家子公司；其专利政策的宗旨如下：

1. 申请政策：吉博力有意识、有针对性地申请可保护的发明。在申请之前，要确定专利的定位。

2. 避免碰撞：对于每个开发项目都要进行专利分析。

3. 组合审查：吉博力的专利组合每年都会根据成本效益进行评估。申请标准可作为放弃或保留每件专利的决策依据。

4. 发明的提供：吉博力从技术和商业可行性的角度对其他公司的发明进行审查。专利法律分析成为企业决策过程的一部分。

5. 竞争对手的监控：吉博力在自己的领域和相邻的技术领域遵循严格的公开政策——这是为了防止竞争对手能够在其“领地”上放肆。

6. 竞争和技术分析：对于特定的竞争对手进行系统的专利和技术分析。

7. 许可：通过吉博力内部的许可系统，研发活动得到了资助，但吉博力并不积极向第三方许可其专利。

8. 维权：吉博力对所有可能的侵权者坚决维护其专利权。

9. 信息系统：吉博力通过提供适合相应级别和业务部门的定期报告，确保其专利的必要信息流。

10. 组织：专利活动集中统一领导和协调；分散的研发单位则自行保护其市场特定的开发。

2.3 专利策略的核心要素

大多数领先的国际技术公司奉行旨在确保其自身行动自由的专利策略，如西门子或IBM。这一策略的另一个侧面是希望防止对其产品的模仿，从而可持续性地强化其竞争差异。特别是在制药和化工行业，如果没有有效的专利保护，新的活性成分的开发是无法负担的。一些公司成功地用专利保护自己的产品，例如 *Bayer vs. Barr Laboratories* 案、*Hoechst - Marion - Rousse* 案。相对而言，只有少数公司仍将其专利策略的重点放在创造许可收入上，如 Philips 公司所为。

旨在保护创新的专利策略展示了以下核心维度（Gassmann et al.，2017；

见图 2.1）。

- 目标 1：确保自由实施
- 目标 2：通过应用自己的知识产权实现差异化
- 目标 3：通过产生许可收入产生倍增效应

一个全面的专利策略本身已经为一种初步的情况做好了准备，即公司可以尽可能少地受到第三方的攻击。公司的脆弱性越低，面对第三方的专利，其自由实施的程度和空间就越大，自己的产品就能得到更有力的保护，且在面对竞争者时知识产权能得到有效维护。图 2.1 区分了三种类型的活动。

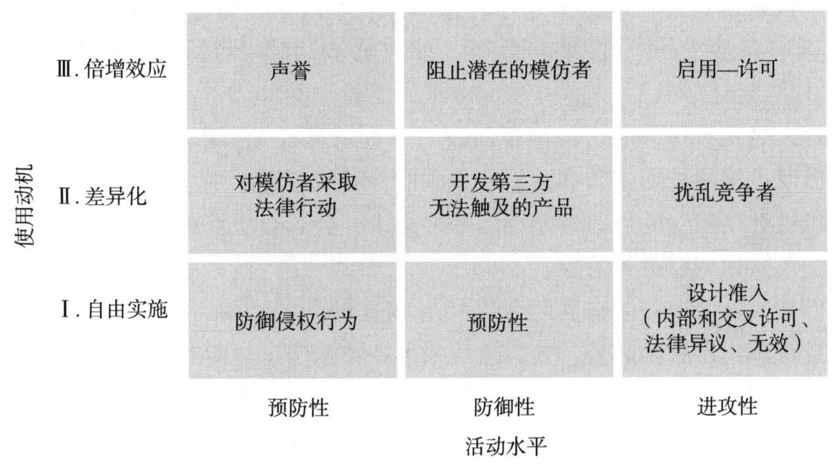

图 2.1　专利策略的核心维度

- 用于预防的预防性措施
- 捍卫自身竞争地位的防御性措施
- 自身发起的竞争攻击的进攻性措施

2.3.1　目标一：确保自由实施

此处的重点是确保自己相对于第三方的自由实施。通常，欧洲公司对这方面非常重视并尝试开发不与第三方知识产权相冲突的产品和技术。自身的行动自由能够得到自己的专利数量和专利申请的支持。一方面，竞争对手可以被阻止；另一方面，产品有可能被潜在的攻击者所覆盖。

因此，在开发自己的产品和技术的过程中，可以通过预防性措施来实现自由实施。

如果一家公司受到另一家公司以专利侵权为由的攻击，就必须启动防御性措施。在实践中，除了采取其他措施，被攻击的公司还会尝试利用自己受保护的权利来对阵攻击公司的产品和商业活动。

为获得或维持行动自由，公司也可以自己主动采取进攻性措施。这尤其包括积极主动地对感兴趣的专利进行许可或交叉许可，也包括通过异议或无效程序等破坏干扰性专利。

瑞士电梯制造商迅达尽力在不侵权的前提下为其产品和服务使用尽可能好的技术，并致力于通过在专利局提出异议程序等成功地破坏第三方的干扰性专利。

2.3.1.1 开发在第三方可及范围之外的产品

一般来说，公司应该追求这一目标。在实践中，这意味着必须对第三方的知识产权活动进行监测和分析，如有必要，必须制订具体的规避解决方案。

这个过程被称为“产品清算”或“专利清算”，通常与时间和金钱的大量耗费以及员工的长期素质有关。在美国的专利侵权诉讼中，对该过程的无视或疏忽可被处以三倍的惩罚性赔偿。一般来说，公司会根据相关市场的具体情况和范围对知识产权进行监控。

例如，电信设备制造商阿尔卡特（现在的阿尔卡特 - 朗讯）监测了不同的信息来源：出版物和公开内容被用来准备技术信息。专利监测主要用于与美国、欧洲和德国相关的风险评估。阿尔卡特利用合同服务、专有数据资料和统计评估方法进行了专利检索。通常，他们查询 Derwent's WPIDS、Inpadoc、EUROPatfull 和 USPatfull 并对收集到的数据进一步分析。此外，还可以使用 CPA 的专利管理系统 Memotech。对数据的进一步处理，包括统计处理，是用 Excel 进行的，并根据业务领域、关键词和其他标准进行结构化处理。这些结果由高级知识产权顾问发布并通过内部的 Quick - Place 网站提供。阿尔卡特使用了一个经过特别调试的 Lotus Notes 数据库。阿尔卡特当时发现，与通过信息服务提供商购买评估报告相比，自己准备数据的做法最终更符合成本效益。此外，研究人员和开发人员还能通过内部网自行开展专利检索。

2.3.1.2 防御侵权行为

经济合作与发展组织早期的一项关于商业专利和许可的研究表明，70% 的受访公司报告越来越多地卷入了专利侵权诉讼。以下内容适用于受影响者：“攻击是最好的防御。”抵御第三方攻击的基本策略基于以下四个方面：

- 通过无效诉讼等方式对涉诉专利的法律有效性进行反击。
- 通过消极地确认赔偿请求等对侵犯产权行为是否存在进行反裁决宣告性救济。
- 以自己的知识产权对攻击者的产品、技术和服务范围进行反击。

• 进一步采取程序性、法律性，甚至可能是政治性的措施，在自身意义上影响侵权诉讼。

然而，应该考虑在知识产权保护方面通常会产生的高额费用：在美国，专利诉讼的成本平均为 120 万美元——在大多数情况下，这是一个零和游戏（Cotropia et al.，2017）。最后，大多数诉讼以和解告终，以避免大额诉讼费用的产生。此外，创新型中小企业必须特别考虑在可能的法律纠纷中所产生的成本和资源投入——这尤其适用于美国。在这方面，法律保护策略不仅必须始终基于法律，而且基于财务和政治考虑。

文化方面也发生了变化。过去，像拜耳制药（Bayer Pharma）或赛诺菲（Sanofi）这样的制药公司通常能够与第三方达成庭外协议，但现在由法院支持的纠纷越来越多——这主要归因于美国公司的影响。

2.3.1.3 设计准入

任何希望避免故意侵犯第三方专利的潜在风险的人都必须积极主动地寻求获得这些权利，或至少试图使其专利无效。

2.3.1.3.1 许可证制度

在许多情况下，完全开发解决方案是不可能的，由于成本太高或其他原因（例如必须遵守技术标准）而不可取。那么，许可或收购知识产权就为权利的利用提供了一个解决方案。

许多公司，如 IBM，已经在推行开放许可策略并以公平、合理和无歧视性的条款向第三方提供许可。然而，作为一项规则，公司没有向第三方提供许可的一般义务。特别是对于大公司来说，向第三方授予许可证往往还与以反向许可证形式提供的安全性相关联。发放许可的公司要防止被许可公司以后以专利侵权的名义找上自己——这时，许可公司只能非常困难地为自己辩护，因为相关专利已被许可，不能再用于反击。

谷歌的许可

谷歌搜索技术的基础是由创始人 Page 和 Brin 于 1998 年在斯坦福大学（加利福尼亚州）学习期间开发的，此后，专利权一直由该大学持有，但是直到 2011 年谷歌都能够获得独家许可权。2002 年，谷歌在美国被雅虎子公司 Overture 告上法庭，附诉专利侵权；所涉核心专利（美国专利 US6269361）保护了一种影响广告市场——谷歌主要收入来源——的基本功能的方法。该方法允许随后改变自动生成的搜索结果的顺序并投放广告。该专利纠纷在 2004 年谷歌首次公开招股前不久得到解决，谷歌获得了许可。作为回报，谷歌支付了 270 万股发行价值约为 100 美元的股票，还向雅虎子公司 Overture 支付了许可费以获得使用权。

更具争议的决定之一是美国联邦贸易委员会（FTC）起诉高通的不公平许可行为。美国联邦巡回上诉法院裁定该公司臭名昭著的“无许可，无芯片”政策是不正当竞争行为。该公司根本是在强迫那些需要其移动网络专用调制解调器芯片形式的硬件的公司许可其技术。高通最大的利润在专利许可而非制造。Koh 法官裁定：专利使用费协议必须依芯片的价格评估（之前是手机价值的 5%）。多年以前，苹果一直在法院与高通就同一问题争执不休（《华尔街日报》2019）。

2.3.1.3.2 交叉许可

如果作为工业产权获得许可的回报是给予反向许可，则形成交叉许可。特别是市场份额大的公司，由于第三方专利的存在，在各自的细分市场上存在高度脆弱性的问题。此外，如果在这些细分市场中存在高水平的竞争和创新并且拥有大量的知识产权，那么许多公司会尝试通过获取其他知识产权组合来提升其自由度，就像西门子和微软一样——这两家公司已经缔结了专利许可交换协议。在过去，经常有纯粹的互换使用权的交易，而在最近几年，相互利益的平衡越来越多地通过货币补偿来实现。

迄今为止，技术集团 OC Oerlikon 主要使用交叉许可协议来解决争端。然而，据 Emch 法律部门的负责人说，在未来，这些程序也将越来越多地用于经济上可行的知识产权采购，例如作为纯粹的产权收购的替代品，用于公司收购或用于预防性地保障某些产权的使用。

思爱普和微软之间的专利许可交换

在与微软就开发互联网服务的联合伙伴关系进行谈判期间，SAP 确认它已于 2003 年与微软就合并的可能性进行了接触。

初步讨论陷入僵局，但在 2004 年双方达成了联合合作开发互联网服务的协议。该协议还包括一项专利许可交换协议以改善两家公司的发展框架。

2.3.1.3.3 异议和无效诉讼

异议程序使以前没有参与专利授权程序的公众有机会让专利局重新审查相关专利。对手参与异议程序，如果异议成功，相关专利将被限制或撤销。相应地，该专利的效力是有追溯力的。在欧洲和德国的程序中，有 9 个月的时间可以提出异议。在美国，可以通过一方程序——单方复审程序和两方程序——双方复审程序对专利进行审查。然后，在许多立法中，只有通常昂贵的无效程序可以在国家层面上使用❶。

有了这些法律武器，可以在早期阶段限制甚至阻止新的保护性权利的出现。在实践中，在诉讼结束前存在的法律不确定性通常是有问题的。如果欧洲的程序涉及两审，则需要大约 4 年的时间才能作出最终的裁决。此外，异议人使专利权人知悉其受到了专利的干扰，否则就不会投入成本走该程序。多年来，在欧洲专利局受到异议挑战的专利比例一直处于较低水平，2018 年为 3.2%（2014 年为 4.7%）（EPO，2019）。然而，在许多领域，如消费品行业或家具供应行业，仍然存在真正的异议文化。仅消费品制造商 Henkel 公司在欧洲每年就提出约 80 起上诉。

2.3.2　目标二：通过应用自己的知识产权实现差异化

威慑需要可信度。只有在维护产权的基本意愿也是可信的情况下，法律保护策略才能保持其对第三方的威慑力。如果竞争者侵犯了专利，而专利持有者有意或无意地容忍这种情况，那么专利的实际价值就会下降。因此，除了专利组合的纯粹预防威慑作用外，公司还必须采取进攻性措施，也要利用自己的知识产权来阻止侵权者。

这种行为从经济角度来看是有问题的，但如果在双头垄断或寡头垄断市场上的公司想获得对竞争对手的比较优势或获得其他第三方技术，那么这种行为就是有意义的。因此，破坏性选择的波及，包括建立限制区域，主要是针对竞争对手的产品、技术和服务的知识产权——不管公司本身的重点落在哪里。如果在系统的逆向工程框架内对相应的竞争产品进行分析，然后为潜在的改进申请专利，就可以以更有针对性的方式接近竞争对手或者开辟未来的市场——这使持续改善自身起点和谈判地位成为可能。通过这种方式，公司可以获得对竞争对手的影响力，例如获得其他技术或控制替代技术的机会。

从顾客的角度来看，如果竞争者必须在技术上规避对方在同一领域的产品，那么产品也会变得更好。波特（Porter）意义上的比较竞争优势不仅是为了提高相对的顾客利益，而且是有意针对竞争对手的。

以戈尔特斯（Gore - Tex）品牌著称的戈尔公司是独特的，它始终通过专利和品牌来确保其产品和技术不被模仿和替代。通过这种方式，公司的价格和利润得以保持，并使得进一步发展成为可能。然而，戈尔公司证实：法律保护的成本

---

❶ 虽然异议程序在欧洲国家和地区层面都存在，但无效程序只在国家层面才有可能。此外，在许多立法中，无效程序不能作为独立的程序，而只能与侵权程序相关联。

在经济上是合理的。

然而，当公司取得突出的市场支配地位时，扰乱市场的动机就会达到极限。这时，公共部门就需要在强制许可的框架内向竞争者们“开放”专利，在相关领域也因此出现了是否应该授予专利的问题。然而，不仅仅只是美国公司受到这种僵局的影响。例如，电信集团 Swisscom 因其在瑞士的市场支配地位以及由此产生的瑞士监管当局“放松管制活动”而受到影响。当时 Swisscom 的首席执行官 Jens Alder 已经警告说：“这种不确定性使得创新投资处于风险中!”

2.3.3 目标三：通过许可收入产生倍增效应

通过许可实现知识产权的商业化体现在收益/损失方面，因此，许可政策对所需的专利生成产生了很大影响：如果独占性是唯一的目标，或者如果公司自己的专利通常可以以适当的许可费提供给第三方，例如由于公司的定位而避免与竞争和贸易管理部门发生冲突。

联盟的形成对专利的产生也有很大影响。在标准化联盟或竞争性联盟的情况下，联盟的参与者通常在处理它们之间的特定知识产权时会比处理非联盟成员的第三方的知识产权更为宽松——后者要么被完全排除在外，要么必须支付（更高的）许可费。

2.3.4 案例研究：Julius Blum GmbH（一家家具配件公司）

奥地利厨房和家具配件制造商 Julius Blum GmbH 的事例表明了有效的专利策略的重要性。这家奥地利公司的销售额接近 20 亿欧元，在总部附近的生产基地和美国、波兰、巴西雇用了 6500 多名员工。该公司拥有 1000 多件专利，在 20 世纪 60 年代因竞争对手的专利阻止其进入市场的负面经历后，其非常重视专利管理。这方面的一个例子是：在世纪之交推出的具有创新性的“Blumotion ®”避震系统现在已成为家具行业的标准。

该公司的专利策略重点是维护行动自由，即确保有关欧洲主要市场及其竞争对手的市场准入不受限制。由于这一策略重点和对专利组合的积极管理，其与亚洲专利侵权者的专利纠纷也得到成功解决（BMWFJ，2013）。

2.4 专利的成本

从法律意义上讲，专利仅能在其已被授权和维持的国家禁止对其创新的模仿（地域性原则）。通过《专利合作条约》程序，只需一份专利申请就可以在超过 148 个国家寻求专利保护。其他地区性专利局，包括欧洲专利局和欧亚专利组织。政府间的非洲地区工业产权组织（ARIPO）和非洲知识产权组织则覆盖非洲。

选择维持专利的管辖区的核心标准是：

- 该公司及其竞争对手的市场定位
- 该公司及其竞争对手的生产定位
- 国家特定的立法，例如，可执行性
- 成本方面，如翻译和维护

对国家的最佳选择取决于行业和公司价值链的具体配置以及灵活性。选择国家的指南来自于竞争策略。重要的标准是竞争对手的定位以及当前和潜在的市场。

在欧洲获得和维护一个为期 10 年且为多国组合的专利族的费用约为 25000 欧元。这些费用是在诉讼过程中产生的，且主要是在诉讼转移时出现高峰，因为发生了律师和翻译费用。当《专利合作条约》专利申请程序（PCT 程序）进入地区或国家阶段以及欧洲专利申请程序进入国家阶段时，情况尤其如此（Gassmann et al.，2017）。

对于已授权的专利，年费的增加取决于所达到的服务年限（见图 2.2）。通过这一规定，立法者意欲增加不使用专利的机会成本。然而，许多公司仍忽视了对现有专利组合的定期审查，忽视了不再需要的专利所致的费用在悄然增加。这些都是隐性成本，并不能创造竞争优势。

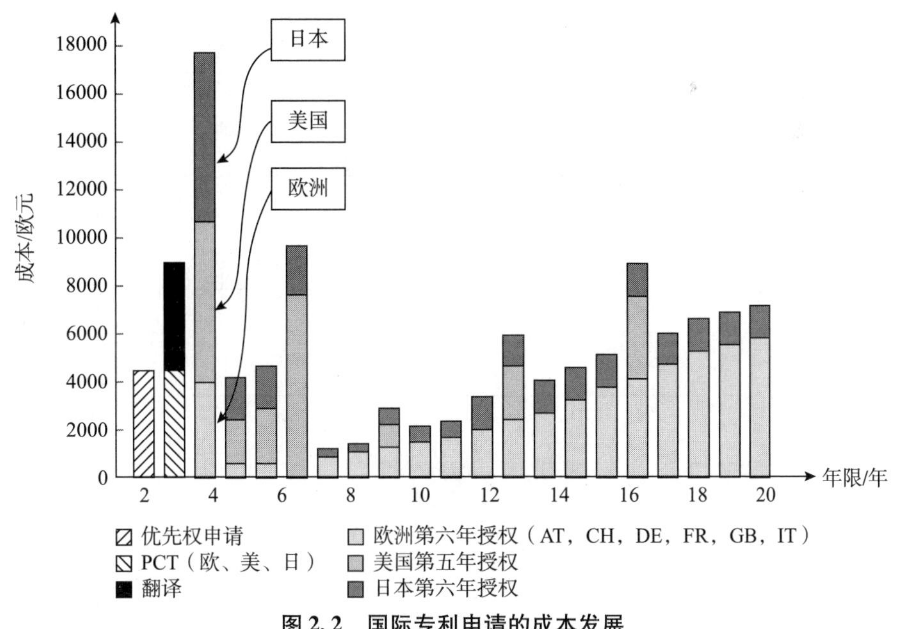

图 2.2　国际专利申请的成本发展

注：20 年间累积成本为欧洲 65000 欧元、美国 19000 欧元、日本 29000 欧元。

由于费用和成本也取决于各个国家的具体情况，因此公司必须仔细考虑专利保护以后需要在哪些国家有效。尽管捆绑式的 PCT 国际程序通常比单独的程序更昂贵，所需时间也更长，但对于大型的专利组合来说，可以节省总费用。由于国际申请和检索程序较长，因此有更多时间来选择那些由于现有技术水平以及公司自身和竞争者的活动而应首先继续进行的程序。该程序的国际阶段使申请人能够在最初进行相对容易管理和捆绑的申请程序，并在产生进一步的翻译和法律费用之前利用这段时间进行最终的国家选择，因此可以避免对不必要的专利申请作出昂贵的错误决定，并且可以在很早的阶段以较低的成本优化组合。

以 10 年为期，一个较大的专利组合在每项发明上的花费在北美（美国、加拿大）约 15000 欧元，在欧洲（德国、奥地利、瑞士、英国、法国和意大利）约 25000 欧元，在亚洲（日本、韩国和中国）约 25000 欧元。这些数额一方面是获得授权专利的费用，另一方面是维持专利保护的费用（见图 2.3）：

● 获得专利授权的成本包括内部成本，如专利部门人员的成本，以及外部成本。后者包括外部专利律师的费用、翻译费和官费。

● 维持专利保护的成本主要是年费。许多公司还利用外部组织或律师事务所的服务在世界各地缴纳年费。一般来说，每个国家的年费都是一次性收取的，作为预付费。

10年累计——以欧元为单位
（场景：欧洲、美国、日本）

维护费	12000
官费	25000
程序性费用（主要是外部律师、翻译服务）	15000
内部成本（管理费和人员费）	（视情况而定）

图 2.3　一个专利族 10 年内的平均专利费用

获得专利授权，从而获得专利保护的费用，除内部费用，大约占累计总费用的 75%。因此，如果在授权后才发现原来申请的专利保护实际上不再需要，这就是一个昂贵的错误。

如果专利在此后被实施，则可能产生进一步的高额费用。例如，在美国，对于争议金额超过 2500 万美元的案件，侵权诉讼的平均费用在批露阶段结束前为 260 万美元，在诉讼结束前为 470 万美元（AIPLA，2019；专利侵权诉讼）。然而，值得注意的是，每一方都必须承担自己的费用。

知识产权外包伙伴通常被用来节省专利管理的成本，同时减少全球申请的风险。在 20 世纪 60 年代初，卢森堡的 Dennemeyer 公司专门为其客户缴纳专利费。如今，Dennemeyer 公司是世界上最大的知识产权服务提供商之一，拥有 180 多名员工并提供全面的知识产权服务，如组合管理、知识产权软件解决方案和知识产权法律咨询。

成本—效益—比率

成本效益的考虑还应该包括专利执法的强度。在专利侵权诉讼中，很大一部分成本往往被用于支付辩护费用。作为一条金科玉律：如果你没有预算在法庭上进行抗争，那么专利就只有一半的价值可言。重要的是：潜在的专利侵权者相信你将在起诉侵权者时保持百分之百的严密。

2.5 专利的补充策略

尽管本书主要侧重于专利，但我们必须强调，在大多数情况下，单独使用知识产权并不是最佳策略。在某些情况下，基于知识产权的策略甚至是错误的选择。英国知识产权局（Athreye et al.，2018）就公司选择进行了一项较好的研究；在一项大型调查中，它发现不申请专利可能是明智之举的一些策略原因是：

- 该创新在市场上并不新颖，
- 申请专利的费用太高，
- 专利会披露太多信息，
- 专利侵权行为不能被很好地发现，
- 专利维权将很难。

比起将创新领先于竞争对手更重要的是确保核心商业模式能够运作。公司自己的专利是确保公司自由实施的一种方法，尽管它不是唯一的方法，甚至不一定是最好的。除了申请专利，还有其他四种替代方法，或者说是对申请专利更好的补充行动：

- 防御性公开（现有技术公开），
- 保密性，
- 上市的速度和时间，
- 精心设计的复杂性。

表 2.1 概述了企业用于保护创新的五种典型策略：专利等知识产权是众所周知的策略；有时也使用防御性公开，这可以使公司迅速获得行动自由；较小的公司经常使用保密措施；速度和先发优势是典型的策略，用于规模经济和网络效应可以创造自身垄断性租金的创新；精心设计的复杂性包括一套集体策略，如黑箱技术、知识密集型应用、工艺诀窍或强大的品牌。

表 2.1　创新保护策略：获取价值

特　性	申请专利	防御性公开	保密性	上市的速度和时间	精心设计的复杂性
排他性	最高 20 年	直至公开	直到秘密被公开	直到被复制为止	有限的
对他人保护权的抗辩	一旦披露，不受限制（最晚在 18 个月后）	不受限制	有时内部不溯及既往的使用情况	无限的	取决于向公众公开披露的程度
	从申请之日开始限制	—	非法使用情况仍然不明	—	—
对先前保护权利的抗辩	通过官方或内部检索进行识别可以尽早进行抗辩	没有	没有	没有	没有
	—	—	非法使用仍然不明	—	—
合作的可能性	交叉许可	没有	交换技术诀窍	产品规格影响标准的可能性	强（通过使用许可）
	专利池	—	—	—	—
	降低专利权许可使用费或单位价格	—	—	—	—
	对标准的影响力	—	—	—	—

续表

特 性	申请专利	防御性公开	保密性	上市的速度和时间	精心设计的复杂性
适用性	通过产品的独占性保证暂时的垄断利润	确保以极低的成本自由实施	以内部知识为基础的程序、流程	具有高度吸引力的产品，如生命周期短的时尚产品或高度动态的技术领域的产品	对有大量补充性知识或知识产权（如设计和商标）的产品有好处
	禁止竞争者和新的市场进入者的可能性	战备基金较少的中小企业	侵犯专利权的行为很难被证明的算法和生产过程	—	—
	—	通过知识传播建立标准	—	—	—

2.5.1 防御性公开

为了尽量减少“不需要的”第三方专利申请风险并确保未来的行动自由，各种类型的公开——在这里也被称为“防御性公开”或“防御性披露”，是有所裨益的。[1] 一旦公开，竞争对手至少不能再就所描述的发明申请专利了。此外，公司作为技术领导者的形象也得到了提升。例如，Swisscom 在互联网上的 ip. com 和技术期刊上公布了不能申请专利的发明。Roche Diagnostics 公司采取了一种高度差异化的策略：在适当的情况下，可以采取每 2 周一次以特别公开清单的形式进行公开。微软和西门子使用技术报告或会议文件的形式——这些报告或会议文件可以送达众多利益集团。还可以使用隐蔽来源但仍可供专利局审查参考的特殊出版媒介，如 priorartpublishing. com。公开是防止竞争对手以后可能的专利申请和封锁企图的保障措施。

现有技术公开可以是明显的，例如在杂志上发表，而有时甚至是隐蔽的。瑞士的制药公司偶尔会在地区性报纸上刊登广告并公布配方——从而确保在不让竞争对手察觉的情况下自由实施！如今，仅以纸质形式出版会是一种很好的方式，因为这样就难以通过互联网进行搜索。

---

[1] 先发制人的公开也必须予以开发和斟酌。这方面有一些成本，而且在一定程度上取决于出版商的斟酌。

2.5.1.1 新颖性的丧失*

问题是，过早披露一项发明会危及其专利化能力。因此，公开、贸易展销会和试验工厂的建设必须与专利申请活动进行策略上的管理和协调。专利在法律上的有效性多次因为公众可进入试验工厂或因为一些口风不紧的项目经理在获得专利之前就在公开演讲中介绍技术革新而遭到破坏。

争取自由实施的“游击策略”

在专业媒体上发表文章在技术进步方面也是有意义的。但缺点是，这种程序往往能使竞争者得出有关专利和产品策略以及当前研发活动的有益结论。还有更多创造性的选择——特别是对中小企业而言。

瑞士公司 Kern 现在是瑞典公司 Hexagon 的一部分，它曾利用 *Aarau Cone* 杂志作为发明的公开媒介。这些发明都比较特殊，它们不足以强大到要应用成本密集型的专利来保护，但又有可能面临（对手）以竞争性专利的形式出现的风险。它们为保证自由实施而采取的游击策略是：以无人阅读的方式出版！主要竞争者不太可能发现它们。然后，该公开被储存在公司自己的档案中，构成一个防止不需要的第三方专利出现的便宜保险。瑞士的制药公司过去也是这样做的，即在当地的免费社区小报上公布它们的配方。

2.5.2 保 密

在保护自己的技术和产品方面，专利申请的一个重要替代方法是保密。事实上，一项可靠而复杂的计量经济学研究发现：“这些分析结果表明，在所有规模的企业中，有较高比例的研发绩效企业认为保密是比专利更有效的占有手段。”（Arundel，2001）

如果很难或不可能确定知识产权的主题已经被使用，或者知识产权的可执行性受到普遍质疑，那么保密就特别有用。

因此，许多制造公司对生产工艺保密，并为那些只在产品或技术上容易证明的发明对象申请专利。可口可乐对著名的可口可乐柠檬水的配方保密，以避免模仿。回顾过去，可以说这是更有效的保护策略，因为如果是专利保护的话，那早已过期了。尽管竞争者进行了无数次尝试，但仍然没有完全相同的可口可乐的模仿品。

---

* 原著只有 2.5.1.1，无后续。为保持原著层级，特此保留。——编辑注

电梯制造商迅达对其电梯系统的控制算法进行保密。要证明专利侵权是很困难的，因为电梯控制算法的源代码一般不会被竞争对手获取——这也是该公司选择保密作为保护措施的原因。

如果要保密，最好采取补充措施，以避免知识通过其他渠道外流。最常使用的技术创新保密方法主要有以下几种：

- 执行内部保密准则❶。
- 对研究人员和雇员的演讲和发表进行控制。
- 对关键文件和计划进行绝对的 IT 安全控制，以确保没有员工可以拿走它们。
- 通过将数据、团队和人员与整个开发过程分离，分散对创新的“访问”（最适用于大型企业）。

商业秘密，或称默会，是用来防止模仿的一种常见策略。即便是核心的技术优势也可以通过这种方式得到保护，而且是有效保护。即使对某些技术有完美的形式知识，如果没有极特殊技能，它也可能无法操作，或者不可能转移。隐性知识能够而且确实通过对技术有深入了解的关键人员的转移在公司之间流动。在这个意义上，必须采取竞业禁止协议和各种法律及合同措施来保护秘密。申请专利会立即警醒竞争对手注意新产品。默会对于高度专业化的安装、非大众市场的产品尤其有效，例如制造专门的叉车附件——申请专利将立即使全球竞争者意识到一项新发明。

2.5.3　速　度

创新周期越快，通过知识产权实现可持续的竞争优势就越困难，因为专利保护只能在一定的时间提供有效的保护，防止被模仿。一家消费电子公司的首席执行官简明扼要地指出：“我们的创新竞争是‘闪电战’——更快地实现它是决定比赛的因素。策略很重要，但专利只在少数平台和关键技术上有帮助。”

专利的效果也取决于一家公司旨在实现的制造范围以及该公司在整个价值链中所占据的位置和份额。一家公司如果通过专利不仅成功地影响了它自己，而且影响了价值链的其他阶段，其专利的效果就强。反之，如果一家公司直接或间接地依赖其他价值链来开发和销售自己的产品，那么依赖性和风险就会增加。

在从半导体到电气工程产品的过渡时期，由于集成电路的功能集成不断进

---

❶ 这些措施尤其应该规定使用保密协议，并在与外部各方开始对话之前达成一致。补充的讨论记录是有用的。

步，半导体公司正在扩展其价值链并与它们当前客户的价值创造阶段发生碰撞。通常情况下，IBM、西门子和英飞凌科技（Infineon Technologies）公司（以下简称“英飞凌”）之间的交叉许可协议是很常见的，以避免相互掣肘。

2.5.4 精心设计的复杂性

工程师的自然目标是以尽可能简单的方式设计事物。简洁性与创造易于制造的精益产品相辅相成。所有同时进行的工程和制造设计理念都赞同简单性。然而，给产品或其相关工艺增加人工设计的复杂性会阻止产品被模仿——将复杂的技术保存在一个关键模块的黑箱里就是这种策略的体现。通常，黑箱模块是在靠近总部的中央研发实验室中设计和制造的，因此，在全球研发文献中它也被称为“国宝策略”（von Zedtwitz et al.，2002）。复杂性也可以通过特别具体的维护要求来实现。奥的斯（Otis）、蒂森（Thyssen）和迅达等电梯公司通过维护和服务挣得了大部分收入——当涉及高层电梯时，这一点尤其明显。在这里，电梯的维护是特别具体的，电梯安装的投资主要通过后续的维护业务来实现货币化。

在机械行业，申请专利已变得更加困难。中国的低成本竞争者往往已经赶上了欧洲公司。然而，保护知识产权的一种方式是有关产品应用和参数化的隐性知识。瑞士食品加工公司布勒（Buehler）是全球市场的领导者，也是该行业的隐形冠军，该公司将工艺流程作为其内部真正的差异化因素。系统优化和参数化的复杂性在于对加工食品的深入了解。这种工艺知识比机器本身更难模仿，因为逆向工程使得部件的制造变得容易。

复杂性

企业经常利用设计复杂性作为保护自己不被模仿的来源。复杂性可以被设计进入：

- 产品，例如，高科技模块作为黑箱，通常在安全的地方开发和生产。
- 流程，例如，服务整合、加密协议。
- 系统，例如，所有层面的IT安全、防火墙、细分的IT网络。
- 组织，例如，高度整合的工作轮换模式、忠诚度计划、关键技术位于总部附近的分散研发团队（von Zedtwitz et al.，2002）。

这些通过设计来创造复杂性的措施通常被应用于中国、印度或俄罗斯等国家（Gassmann et al.，2012）。

2.5.5 价值占有的替代技术

除了上面列出的主要技术，还有一些补充性的替代技术来占有价值并确保自由实施。在对美国和日本这两个拥有强力知识产权制度的技术先进和创新型国家的企业进行的全面调查中，研究人员发现只有大约36% 的公司认为专利对保护和占有创新是有效的（Cohen et al.，2002）。前置期/先发优势更为重要，保密性对美国公司尤其重要。

还有其他一些动机，在重要性上更起辅助作用一些：

- 对互补性资产的控制：可能有一些策略资源是生产一项发明所必需的。一个常见的例子是特斯拉的高容量锂钴电池技术，它可以实现更高的放电率。特斯拉已经确保了大量的供应产品，使得竞争对手想要使用同样的已知技术变得更加困难。
- 保留战略人员：保留忠诚的人员可能是知识产权保护的最关键方面。有一句老话说："专有技术随人而行"。企业间的技术传播主要是通过这一渠道进行的。有关专利的披露是策略性的，而且是故意不透明的；任何有价值的专利律师在对发明进行限定时都只披露必要的内容。然而，关键的研发人员知道如何使用和实施发明的更多细节，因此大部分知识都在员工身上；重要的是激励制度，最重要的是强大的企业文化。
- 保密协议和传统的许可合同在法庭上往往比知识产权更容易执行：在每次关键会议开始时都要签订保密协议；这一点常常被忽视。
- 开放源代码：在软件和硬件领域的一个替代方案是开放关键技术并通过服务和专门的应用来建立商业模式。如果技术有足够的吸引力，人们就会使用它，从而使它发展到企业打算达到的市场规模；使这种成功成为可能则是源于围绕开放核心技术的捆绑式收费服务。
- 与技术结合的服务合同。
- 品牌、命名和广告：一个强大的品牌可能比一项专利技术更强大，例如红牛（Red Bull）。
- 对分销渠道的严格控制：建立自己的分销渠道，例如通过直销，如Hilti、Vorwerk或Nespresso所做的那样。
- 补充性制造是一项重要的技术。据此，某些部分的技术被保留在公司内部。这样，未拥有核心制造技术的任何供应商和其他制造商都无从复制产品。

参考文献

[1] AIPLA. (2019). Report of the Economic Survey. Arlington, Virginia: AIPLA American Intellectual Property Law Association.

[2] Arundel A. (2001). The relative effectiveness of patents and secrecy for appropriation. Research Policy, 30 (4), 611 - 624.

[3] Athreye S., Fassio C. (2018). When do firms not use patents and trademarks to protect valuable innovations? Evidence from the SIPU 2015 survey. UK Intellectual Property Office.

[4] BMWFJ. (2013). Immaterielle Vermögenswerte - geistiges Eigentum als Wachstumstreiber. Vienna: Bundesministerium für Wirtschaft, Familie und Jugend.

[5] Cohen W. M., Goto A., Nagata A., Nelson R. R., Walsh J. P. (2002). R&D spillovers, patents and the incentives to innovate in Japan and the United States. Research Policy, 31 (8 - 9), 1349 - 1367 (p. 1354).

[6] Cotropia C. A., Kesan J. P., Rozema K., Schwartz D. L. (2017). Endogenous litigation costs: An empirical analysis of patent disputes (January 3, 2017). Northwestern Law & Econ Research Paper 17 - 01; University of Illinois College of Law Legal Studies Research Paper No. 17. 14. Available at SSRN: https: //ssrn. com/abstract¼2893503 or https: //doi. org/10. 2139/ssrn. 2893503.

[7] EPO. (2019). Annual report 2018. Munich: European Patent Office.

[8] Gassmann O., Bader M. A. (2017). Patentmanagement: Innovationen erfolgreich nutzen und schützen (4th ed.). Berlin: Springer.

[9] Gassmann O., Beckenbauer A., Friesike S. (2012). Profiting from innovation in China. Heidelberg: Springer.

[10] Krech C. - A., Rüther F., Gassmann O. (2015). Profiting from invention: Business models of patent aggregating companies. International Journal of Innovation Management, 19 (3), 1 - 26.

[11] Mintzberg H., Ahlstrand B., Lampel J. (2005). Strategy safari: A guided tour through the wilds of strategic management. New York: Simon and Schuster.

[12] Osram. (2013). Osram GmbH und Sharp Corporation schließen Patentlizenzaustauschvertrag. Munich: Osram. http: //www. osram. ch/osram_ch/de/presse/pressemeldungen/_fachpresse/2013/osram - gmbh - und - sharp - corporation - schliessen - patentlizenzaustauschvertrag/index. jsp.

第 3 章
专利评估和专利估值

很多企业在专利管理方面所面临的基本问题是：创意数量很多，然而能够应用于实践的专利申请量较少。取得和维持专利伴随着高成本，所以企业需要评估其专利并进行专利估值。所谓“评估”旨在衡量专利的商业逻辑和战略影响，“估值”旨在衡量专利的货币数额。因此，对值得申请专利的技术方案进行可靠的评估和估值并对现有专利申请和专利开展定期监督是至关重要的。因此，评估和估值的重要目标之一是助力聚焦企业内部资源。

评估的一个重要目标在于协助将资源集中投向有望对于取得市场成功作出最大贡献的活动中。一方面，可以通过应用标准化策略来构建和优化专利组合，从而实现可预期的、自上而下的目标；另一方面，可以通过对现有专利组合应用估值法来实现可追溯的、自下而上的目标。评估可以是定性的，即基于价值水平确定和评估专利的优点和缺点，也可以通过赋予专利或专利组合货币价值进行定量评估。

以下因素会影响专利的价值，因此在投资组合和估值法中或多或少会考虑这些因素：

- 市场因素（市场潜力、市场规模、市场增长）；
- 竞争（竞争强度、产品生命周期、其他市场竞争者的产品）；
- 研发标准（技术风险、资源、投资、时间）；
- 产品标准（产能、制造成本）；
- 交叉标准（与其他产品的协同作用、后续项目的可能性、对基础设施和组织的影响、学习效果）；
- 法律标准（有效性、保护范围、依赖性、剩余专利存续期间）。

由于评估强调时间基准，所以在专利过程中需要开展多次评估。在理想状态下，专利申请过程中应当在以下时期作出具有成本效益的决策：

- 为申请工业产权而选择公开发明时；
- 决定续展申请时（在专利优先权年份内）；
- 从国际审查或地区审查阶段向国内审查阶段转换时；
- 年费到期时。

专利策略的关键要素

- 评估：通过不同层次确定保护权的定性值。
- 估值：通过公认的估值法确定保护权的定量值。
- 投资组合管理：从市场和技术角度对权利及投资组合整体相关规范行动进行估值。

3.1 专利评估

专利定性评估，又称专利评估，是对于专利的优势和劣势进行分析。该类评估是基于标准开展的，每项标准都分配了特定的数值。定性评估的结果通常是一份声明，从中可以得出直接的行动建议。例如，对一件专利的定性评估可以这样表述："该专利保护了一项在半吸引力市场上具有战略性的重要技术。它可以被有效地实施。"

因此，定性评估支持专利决策，允许进行投资组合比较，并且支持专利管理决策。

估值法可以被分类如图 3.1 所示。

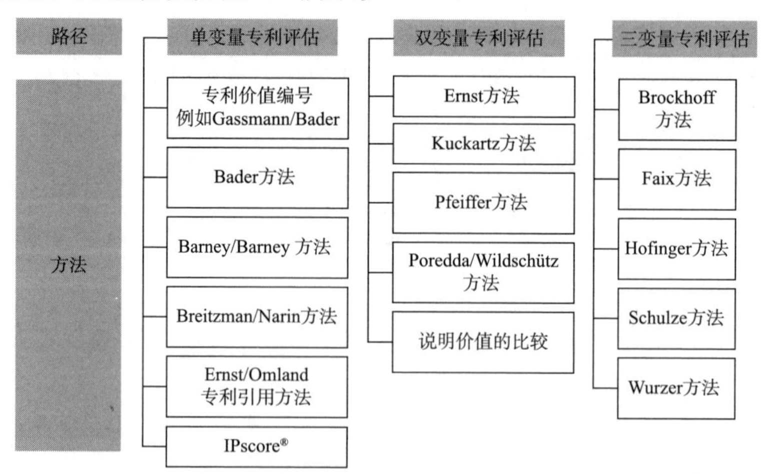

图 3.1　定性专利评估方法

3.1.1　单变量专利评估

一维专利评估的标准是根据被评估的专利质量和价值决定的。这些标准既可以是主观的（例如竞争对手进行专利规避的难度、吸引竞争对手使用专利的强度），也可以是客观的（例如被引率、地理范围）。

在专利估值法下，标准被赋予一个值，例如从 0 至 6 或者从 A 至 E。标准被用作计算专利的价值。表 3.1 是对于实践中发明、专利申请和专利的定性评估经常应用的标准归纳。对于各项标准，估值包括“0”（无价值）至“6”（极好）等级。总体结果可通过对于各项结果求平均值或者加权评估得出。

表 3.1　单变量投资组合评估：专利价值数额

标　准	程度	价值数值（0~6）
规避竞争的难度： 直接的替代品	不能实现 需要努力 容易实现	5~6 2~4 0~1
对竞争者的吸引力： 竞争性利益	强 一般 极小	5~6 2~4 0~1
竞争性使用的发现： 证据	容易获取 难以获取 不能获取	5~6 2~4 0~1
产品的直接使用：	很可能 可能 不太可能	5~6 2~4 0~1
相关专利组合部分的大小：	太小 适当 太大	5~6 2~4 0~1
附加标准： 未来技术或未来产品 确保重要研发成果 配套销售 加强谈判地位 项目的公共资助 为标准作出贡献 其他		…… …… …… …… …… …… …… ……
总价值数额：		……

客观评估法通常在评级中使用。这些客观标准又被称作实证指标（Reitzig, 2002）。统计研究证实了专利价值与这些指标的相关性。这些指标的优势是能够通过数据库被容易地确定。

评级一般是通过专业机构开展。例如 PatentRatings 这样的评级机构（有段时间曾经是 Ocean Tomo 的一部分）将其评级过程获取了专利（US6556992）。另一个获得评级方法专利的是 1790 Analytics（US6175824）。使用德语的国家也有提供专利评级的。根据 Ernst 等（2010）的评述，这种方式能够评估目前全世界专利保护的程度以及专利与后续发展的关联性。

Bader 等（2012）研发的圣加仑专利索引（St. Gallen Patent Index, SGPI）评估专利与专利所申请的市场强度之间的关联性，其特色优势在于既评估个别专利，又评估专利组合的强度，即考虑专利组合的价值超过了各专利价值的总和。

关于专利价值的论述是在上述定义的范围内通过单因素专利评估法或者直接比较多件专利作出的。

3.1.1.1 柯达的专利评估

柯达通过收购、维护和许可来评估专利。它认为知识产权的价值主要在于保护市场优势和许可目的。柯达使用以下标准：

- 已证实或预期的内部使用；
- 已证实或预期的外部使用；
- 专利权利要求的广度；
- 专利技术或产品的使用证明。

内部审查以定性评估为基础，不包括财务评估。

3.1.1.2 迅达的专利评估

迅达已将知识产权管理外包给子公司英万提（Inventio）。后者使用内部开发的知识产权数据库作为评估专利的基础；专利在数据库中被分类；分类工作由研发团队、销售团队和英万提负责开展；分类的关键词是由所有这些主体共同决定的，大约每两年开展一次。

在与产品经理协商后，英万提还会对个人产权和产权束进行评估，借助计分制的统一评估表对专利进行定性评估。该评估表同时考虑了经济角度（市场成功）和法律角度（可持续性），此外，还根据技术方面进行了评估。英万提指导技术过程的专利评估标准包括创造阶段、开发阶段和成熟阶段（见图 3.2）。

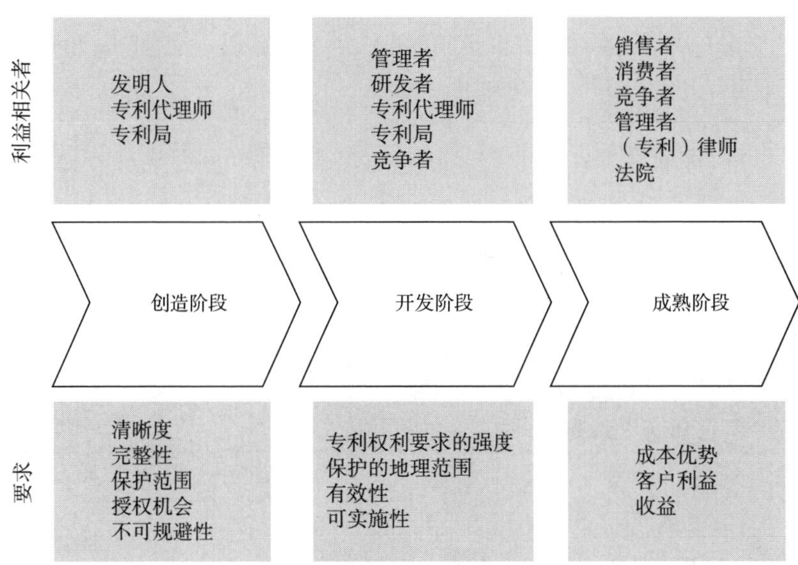

图 3.2　迅达专利评估的数据库概念

评估对象已在上述各阶段说明。在此流程中，每个阶段都有评估标准。市场成功是基于成本优势、客户利益和营业额来评估的。对技术的要求展示了专利权利要求的强度、清晰度、完整性和保护范围。评估可持续性的标准包括被授权的机会、可规避性、保护的地理范围以及专利的有效性和可实施性。

3.1.1.3　文献计量专利质量

专利的价值可以从其表观质量推测出来。专利质量指标包括引用率、国际范围（即国外申请文件）、存续期间以及专利被异议率等。虽然这些指标本身都没有带来专利价值，但高价值的专利一般具有更多的组成部分，更频繁地被引用，并更易受到法律上的攻击（见图 3.3 和图 3.4）。

3.1.2　双变量专利评估

在专利许可谈判的框架内或在其准备过程中通常会进行公司之间的风险和回报评估。一个经过验证的实用概念是比较一家公司与另一家公司各自的风险敞口，反之亦然。

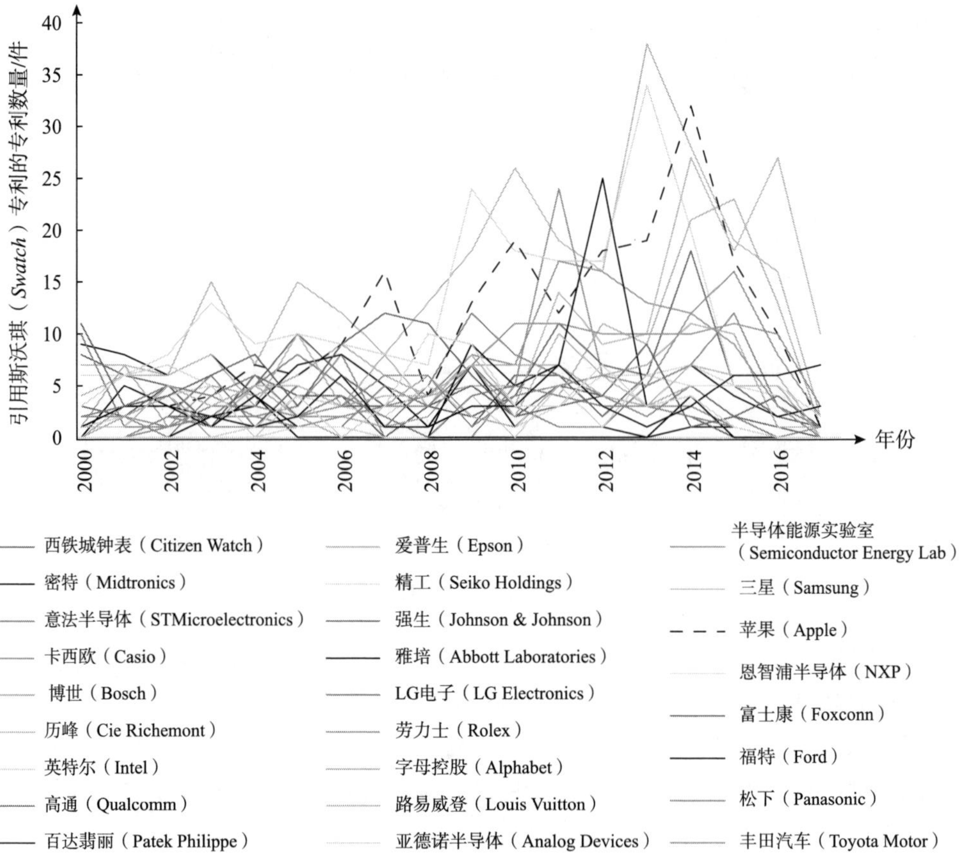

引用斯沃琪（*Swatch*）专利的专利数量/件

40 35 30 25 20 15 10 5 0

2000 2002 2004 2006 2008 2010 2012 2014 2016 年份

西铁城钟表（Citizen Watch） 爱普生（Epson） 半导体能源实验室（Semiconductor Energy Lab）
密特（Midtronics） 精工（Seiko Holdings） 三星（Samsung）
意法半导体（STMicroelectronics） 强生（Johnson & Johnson） 苹果（Apple）
卡西欧（Casio） 雅培（Abbott Laboratories） 恩智浦半导体（NXP）
博世（Bosch） LG电子（LG Electronics） 富士康（Foxconn）
历峰（Cie Richemont） 劳力士（Rolex） 福特（Ford）
英特尔（Intel） 字母控股（Alphabet） 松下（Panasonic）
高通（Qualcomm） 路易威登（Louis Vuitton） 丰田汽车（Toyota Motor）
百达翡丽（Patek Philippe） 亚德诺半导体（Analog Devices）

图 3.3 引用斯沃琪（Swatch）专利的专利数量（Econsight，2020）❶

风险敞口是根据两个变量确定的：一家企业的营业额，以及另一家企业与其营业额相关的专利数量和专利申请量。❷ 在最简单的情况下，风险敞口是两个变量值的乘积。通过比较，可以确定风险和机会是否均衡，或者其中一家公司是否具有更高的风险敞口值并因此与另一家公司相比处于不利地位（见图 3.5）。

---

❶ 原书此图中各条曲线的区分不够明显，中译本无法进一步明晰处理。本书同类图同。——编辑注

❷ 可能还存在其他类型的保护权，例如实用新型，可以纳入此分析。

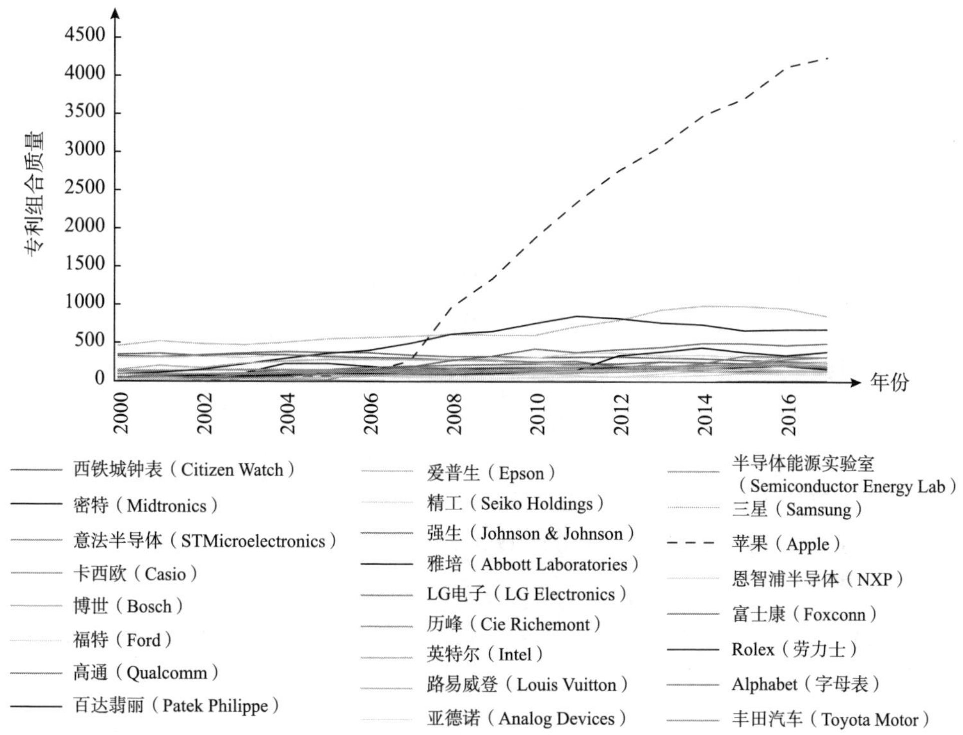

图 3.4　基于专利质量方法的相同专利组合比较（Econsight，2020）

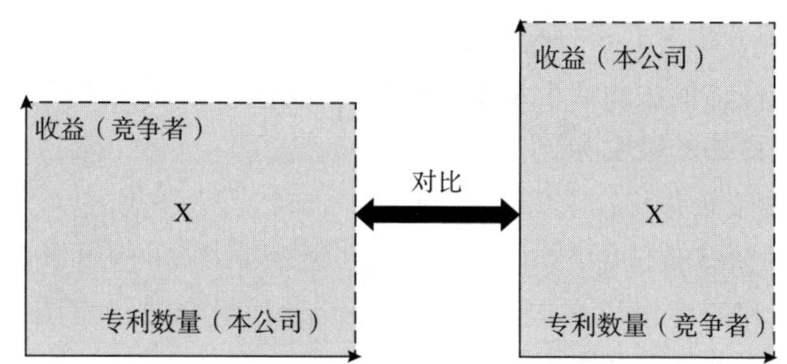

图 3.5　双变量投资组合评估：风险敞口比较

例如，如果两家公司要签订一项交叉许可协议，该协议可以采用财务中立的方式签订以确保收支平衡。在后一种情况下，风险敞口较低的公司可以额外要求经济补偿或其他形式的补偿以弥补这种不平衡。这种方式的优势在于，特别是在专利组合规模很大的情况下，变量值可以在没有谈判伙伴提供信息的情况下初步确定，而风险敞口值可以被定性估算：销售额可以通过市场研究确定，专利数量可以通过专利检索查明。如果双方都接受采用估值法作为谈判的基础，则可以通过双方都能理解的方式研判这些价值。然而，这种方式的缺点是，它通常假定一家公司的销售额会先被另一家公司的知识产权均匀覆盖，反之亦然。所以只有在拥有大量专利组合的情况下，这种方式才显得合理。

因此，一个重要的补充标准是命中率——这是指最终也被谈判伙伴的产品和技术所使用的知识产权的比例，可以由此被引入专利侵权诉讼。只有当双方都假设有一个平衡的命中率并且能够证实这一点时，比较风险敞口值才有意义。对于较小的投资组合，建议计算和比较每件专利或明确定义的投资组合的风险敞口值，然后可以通过总计每家公司的风险敞口值确定风险敞口总值。

例如，A 公司持有 1.5 亿欧元和 20 件专利，而 B 公司持有 200 亿欧元和 1000 件专利。下式中以百万欧元为单位。

A 公司的风险敞口值为：$150 \times 1000 = 150000$。

B 公司的风险敞口值为：$20000 \times 20 = 400000$。

尽管规模较大的 B 公司持有更多专利，在风险敞口值的比较方面，它比规模较小的 A 公司风险敞口值更大。

除了比较风险敞口值，专利组合方法也用于评估专利。已知的双变量专利组合方法有 Ernst（1996）方法、Kuckartz（2007）方法、Pfeiffer 等（1989）方法以及 Poredda 等（2004）方法。

Poredda 等方法考虑了分配给已定义的产品或产品领域的单个专利和专利组合。这种定性估值法的宗旨是专利价值与专利产品的市场份额之间存在相关性。专利价值评估的维度为：

- 专利的市场价值；
- 专利的法律价值。

从单件专利的考量出发，可以生成二维专利组合的示意图（见图 3.6）。此外，还可以为单件专利提出行动建议。

3.1.2.1 专利的市场价值

专利的市场价值指标是指专利技术方案的相对吸引力、产品类别的总利润和有效阻断时间。

3.1.2.2 专利的法律价值

专利的法律价值指标包括可专利性、识别侵犯专利行为的容易程度、对其他保护权利的依赖程度以及地理覆盖范围。这些指标是与专利、市场和技术专家合作构建而成的。

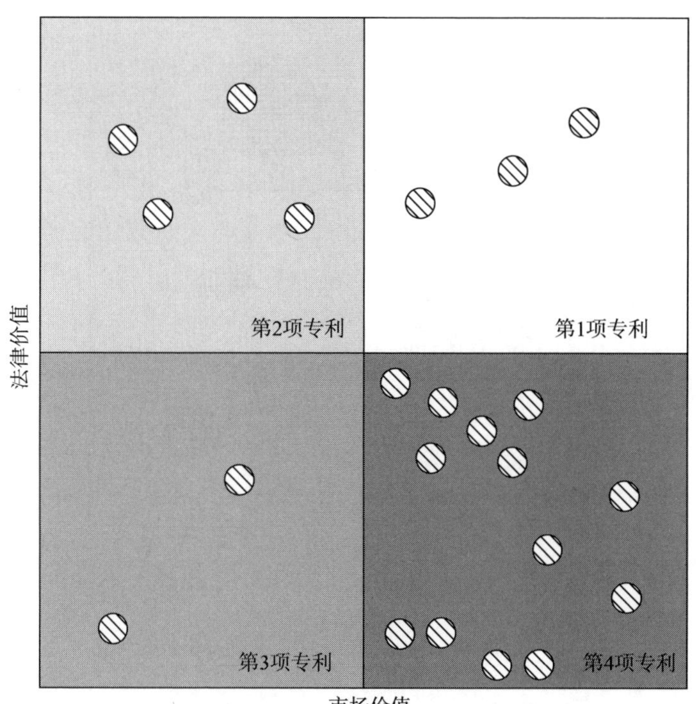

图 3.6 依据 Poredda 等方法的双变量投资组合评估

3.1.3 三变量专利评估

著名的三变量方法是 Brockhoff（1999）方法、Faix（2001）方法、Hofinger（1997）方法、Schulze（2005）方法以及 Wurzer（2005）方法。例如，Brockhoff 方法在以下三个变量的基础上比较了技术和专利组合（Brockhoff，1999；Ernst，1998，1999，2002）：

- 相对专利地位；
- 技术吸引力；
- 技术重要性。

基于公司的特定技术领域可以生成三维专利组合示意图（见图 3.7）。通过这种方式，可以对技术或技术组进行分类并在它们之间进行定性比较，例如横坐标表示相对专利地位，纵坐标表示技术吸引力，圆圈直径表示技术重要性；标准策略可以从这些地位中推导出来。

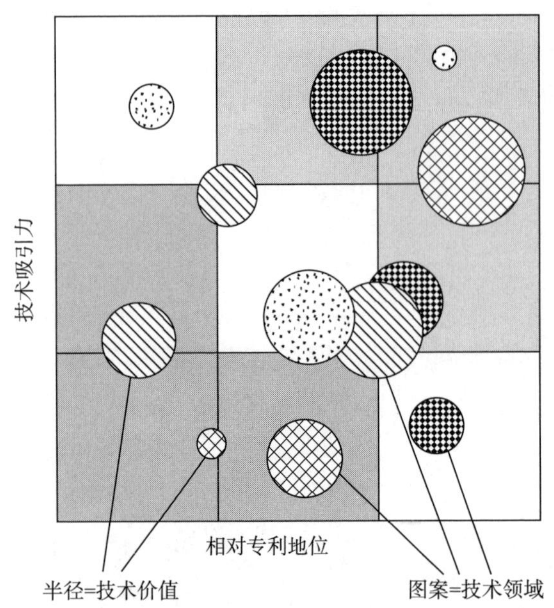

图 3.7　依据 Brockhoff 方法的三变量投资组合评估

3.1.3.1　相对专利地位

计算一家公司相对于其他公司的专利地位，例如计算一家公司持有专利的数量与被调查技术领域的专利总数（经过质量调整）的比率。因此，最大值为 1。

3.1.3.2　技术吸引力

例如，技术吸引力是根据相关技术领域的专利申请增长量与所有观察到的技术领域的专利申请增长量之间的关系来计算的。

3.1.3.3　技术重要性

一项技术对公司的重要性是根据公司特定技术领域的专利数量与公司总体专利数量的关系来计算的。

专利评估

定性专利评估是支持专利管理决策的合适工具，必须考虑以下几点：

- 战略行动建议：为了确定战略行动建议并支持决策，有多种分析方法。
- 结果的可传播性：良好的可传播性是由系统化的量表或结果的图形化准备给出的。
- 主观价值指标：这些指标有助于更现实地描绘价值，但也使评估依赖于作出评价的主体。

3.2　专利估值

虽然评估的目的是分析专利的优点和缺点并根据一定的标准以及后续的行动选择对专利的质量作出声明，但估值决定了专利的货币价值。

然而，公司不能直接从估值中得出任何战略行动建议（Bader et al.，2008）。

尽管有各种各样的方法，但专利价值的确定是复杂的，因为“价值”一词没有明确的定义。根据不同的观点和认知，价值可以呈现出不同的形态：

- 意义方面的价值：事物对某个人有意义。
- 价格方面的价值：卖方对提供货物要求的货币金额。
- 成本方面的价值：交易中实际支付的货币金额。

如果有人以一项发明为例来解释这一点，显然这项产品对发明者来说往往是非常重要的，因为他已经投入了大量的时间——包括他的一些闲暇时间，所以如果这项发明将被转让，发明人可能提出支付 5 万欧元之类的要求，而愿意购买发明的公司对发明的评估与发明人不同，最终双方同意交易价格为 25000 欧元。由于专利依赖于它们在公司中的使用情况、年限和其他因素，它们总是与特定环境相关的，因此，不存在客观的专利价值。

然而，为了估算专利的价值，可以考虑专利的未来收益。经济效益尤其得益于被授予专利的产品，或者在其基础上制造这些产品。专利价值的影响变量分为技术因素、经济因素和法律因素（Moser et al.，2007）。

例如，技术因素包括技术的独特性、新颖性、与之相关的研发状况、创新水平或技术的生命周期。基础发明的技术以不同的方式影响产品的定位。例如，一种产品可以通过专利进行区分。生产商可以对产品收取附加费。新技术的发展可以降低生产成本和获得竞争优势。专利还可以实现独占生产或者保证生产自由。

市场因素反映经济维度，可以用市场潜力、市场规模、市场增长、产业结构或产品生命周期来描述。

然而，只有法律保护才能实现各种形式的专利使用，所以它对专利价值产生很大的影响。法律保护受到以下因素的影响：有效性、保护范围、与其他专利的依赖关系或剩余专利存续期间。如果专利无效或无法实施，产权就没有价值，即使市场呈指数级增长或者产品可以经济有效地生产。另外，能够阻止竞争对手的专利可以确保高销量。

与专利评估不同，专利估值主要是为了优化控制专利的战略管理，是针对大量不同的商业交易进行的。一般条件决定了估值是自愿进行的还是由于外部要求，例如公司收购的情形。在公司并购中，专利评估比单纯的内部考虑更为广泛。这也是估值如此重要的另一个原因。

开展货币化专利评估的理由是：

- 管理导向事项：专利组合维护、预算分配、研发监控、发明人报酬、风险分析、专利决策。
- 公司决议：尽职调查、合资企业、首次公开募股、公司销售、公司估值。
- 融资和资产负债表导向事项：专利作为贷款担保物、会计、债务融资和股权融资、自愿资本市场信息。
- 转让导向事项：授权许可、交叉许可、战略联盟、技术转让。
- 冲突导向事项：清算、破产、转让价格、确定损害赔偿。

目前文献中讨论了100多种定量专利估值方法。由此，通常认为估值法可以分为三种主要方法（包括：Smith et al. , 2019；DIN 77100，2011；IDW S 5，2013），即：

- 成本导向程序
- 市场导向程序
- 收入导向程序

图3.8（也见表3.5）展示了这种三分法的概述和文献中最常被引用的专利估值方法。Smith 等可能是这种三分法最常被引用的代表，他们认为在广泛的文献研究中确定的任何方法基本上可以追溯到上述方法之一。为了公平地对待它们的复杂性或在实践中的应用，除了在此提到的三种方法，本节最后还解释了其他方法。

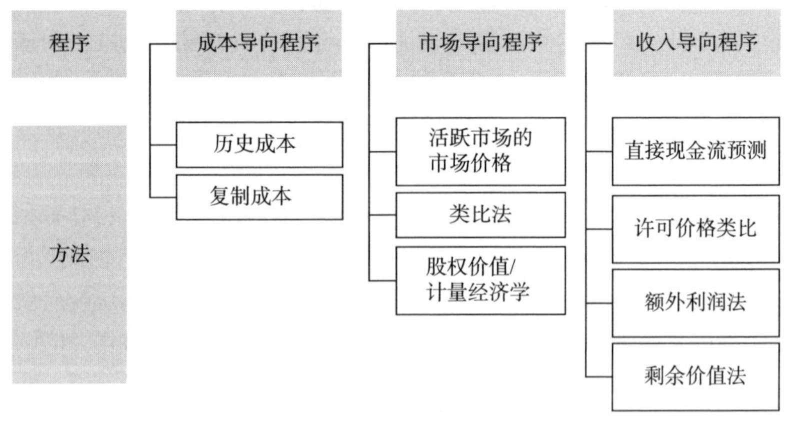

图3.8 定量专利估值程序的三分法

3.2.1　成本导向程序

成本导向程序的基本假设是，专利的价值由专利生命周期内产生的成本所完美呈现。最常用的两种方法是历史成本法和复制成本法。

3.2.1.1　历史成本法

在实践中，当可用的信息量仍然相对较少时，通常使用历史成本法。这一般是专利技术研发阶段的情况（Turner，2000），因为研发项目经历了持续的现金支出流。举个理论层面的案例，Turner 指出历史成本［C］（例如创造和申请专利所涉及的成本）可以从公司资本成本［r］中推导出来：

$$价值 \approx 成本(C) = 投入(I) + 持有的总成本(R)$$

货币的总时间成本是在时间（t）之前所支付的持有成本。

$$R = I_1 \times r + (I_1 \times r + I_2 \times r) + (I_1 \times r + \cdots + I_t \times r)$$

因此，对于一项 300 万美元的项目（$I = 300$），为期 3 年（$I_1 = 100$；$I_2 = 200$；$I_3 = 300$）加上 10% 的公司资本成本（$r = 0.1$），我们可以计算出近似的专利价值：

价值 $\approx 300 + (100 \times 0.1) + (100 \times 0.1 + 200 \times 0.1) + (100 \times 0.1 + 200 \times 0.1 + 300 \times 0.1) = 400$ 万美元

这种方法的另一个缺点是通常很难确定特定技术研发的开始和结束时间，也很难确定研发一件专利在研发总支出中所占的比例。

该案例分为五个阶段；第一阶段是研发阶段，包括在开发专利技术过程中产生的与专利相关的人员、材料和检索成本。这种归因是最难实现的，因为它主要基于估算。后续阶段没有产生进一步的研发成本。在后续阶段定义成本比较容易。专利申请所产生的成本由专利局确定并可以明确归属于专利。这同样适用于专利纠纷可能产生的成本。在表 3.2 中，这些成本已被免除。简单地把所有成本加起来，专利价值为 965100 欧元。

表 3.2　历史成本法的简化示例　　单位：欧元

成本类型	t_4^a	t_3^b	t_2	t_1	t_0^c
研发成本					
人员成本	750000				
材料成本	150000				
检索成本	50000				
研发总成本	950000	0	0	0	0

续表

成本类型	t_4^a	t_3^b	t_2	t_1	t_0^c
申请成本					
申请费		100	0	0	0
审查费		1565	0	0	0
检索费		1035	0	0	0
翻译		0	0	0	4000
年费		0	0	0	400
监督		600	600	600	600
异议		0	0	0	0
程序		0	0	0	0
无效宣告程序检索		300	250	300	250
专利诉讼		0	0	0	0
专利代理师		3000	500	500	500
成本					
专利局总成本	0	6600	1350	1400	5750
专利总成本	950000	6600	1350	1400	5750
专利价值	965100				

注：a 为研发阶段，b 为专利申请时间，c 为估值时间。

3.2.1.2 复制成本法

在这种方法中，专利价值是通过将收回现有专利所产生的所有成本相加来计算的。重置并不意味着完全复制现有专利，而是开发具有与现有专利完全相同功能的专利（Smith et al.，2019）。新专利在某些方面可能比现有专利更有优势。

虽然用于创造新专利的开发和方法可能与现有专利的开发和方法有很大不同，但两项专利技术的基本功能是相同的。应当指出：这里使用的成本是虚拟成本。

3.2.1.2.1 成本导向程序的优点和缺点

以成本为导向的方法的最大优点是易于使用。为了获得专利价值，只需要增加成本。此外，所需要的信息相对较少，通常可以通过研发控制进行查询。另外，所需要的非常具体的信息通常不能一键生成（Enthaler et al.，2006）。

成本导向程序是基于成本等于价值的假设——这种假设一直是一个悬而未决的问题（Smith et al.，2019；Wurzer et al.，2010），也没有实证依据表明专利的价值与成本之间存在相关性（Bertolotti，1996；Dressler，2006）。例如，不产生任何经济附加值，但在研发中花费了大量资金的专利（例如经典的不受欢迎的开发），在这里被归类为非常有价值。相反，开发成本低但市场回报高的专利可能被归类为毫无价值的专利。

3.2.1.2.2　成本导向程序的应用

成本导向法是计算专利销售或许可谈判价格范围的简单工具，也用于基于成本的会计或需要征税的情形。在技术和专利管理中，这种方法特别适用于“制造还是购买”的决策。然而，以专利的未来效用为中心的战略决策不应基于这一程序，因为它在很大程度上是一种会计技术。

3.2.2　市场导向程序

市场导向法依赖于这样一个假设，即专利的准确价值是市场愿意在类似情况下为类似专利支付的价值。在这个过程中有两种方法：专利价值既可以通过活跃市场的市场价格来确定，也可以通过类比来确定。

3.2.2.1　活跃市场的市场价格

市场价格导向专利估值的最简单方法是在公开市场上提供专利，从而找出潜在买家愿意支付的价格。该简单描述还包括适用市场价格导向程序的最重要条件。为了获得精确价值，必须保证市场的存在。ICAP Patent Brokerage（前身为 Ocean Tomo）曾提供专利和专利组合的拍卖。

3.2.2.2　类比法

另一种估值法是收集可比交易的信息（可比专利、技术、参与方情况等），通过详细的比较来确定自身专利的价值。

使用一个简化的数值示例，表 3.3 显示了如何使用类比法评估专利。比对专利要与自己的专利具有可比性，并且应当针对相关产品和市场规模进行审查。

表 3.3　类比法的简化示例　　单位：欧元

项　　目	t_1	t_2	t_3
可比专利			
收益 许可：每年 3%（专利保护：2 年）	100000	100000	
专利价值比			
收益	80000	80000	80000
许可：每年 3%（专利保护：3 年）	2400	2400	2400
贴现率：8%/年	2222	2058	1905
专利价值	6185		

这些变量可以包括专利实际和可能的使用范围，创新的程度，产权状况（例如，无效宣告诉讼），保护的地理范围，通过专利获得的和可实现的竞争优势，剩余使用时间，市场增长、规模、潜力、份额，后续发明的可能性，行业具体情况等（Rings，2000）。在下面的案例中，结算专利交易意味着许可使用费率为3%——该费率3%被适用后便可以使用专利了。专利价值目前是通过预测未来3年的营业额（之前确定的剩余使用时间）来确定的；许可费率是根据收益和许可使用费计算的；虚构的许可证付款被贴现以反映货币的时间价值；专利价值来自所有潜在的贴现许可付款的相加。从案例中可以看出，只有可比专利使用了许可率。剩余的使用时间和可能的收益是基于对自己专利的估算。

3.2.2.3 股权价值/计量经济学

由于本书是管理类书籍，其中大多数估值法是从商业角度出发的。然而，值得一提的是，还有一种计量经济学方法可以用作专利估值。市场价值法的基本前提是用公司的专利作为回归量来预测公司账面价值以外的剩余价值。这种方法最初是由 Griliches 在 1981 年首创的，它使用 Tobin q 作为因变量并利用过去的专利来预测超过账面价值的公司价值。

在该试点研究中，系列论文使用贝叶斯法（Connolly et al.，1988）对同一基本方法进行了完善和扩展并纳入可适用性（Cockburn et al.，1987）；提出技术机会（Connolly et al.，1988）。Hall 等（2005）进一步完善了这种方法，将专利质量添加到混合中。除了这些基于同一基本方法的改变，该技术还被应用于半导体等特定行业（Megna et al.，1993），以及英国（Toivanen et al.，2002）、马来西亚（Ghapar et al.，2014）、澳大利亚（Bosworth et al.，2001）和欧洲（Hall et al.，2007）等本地市场。这种技术之所以如此具有吸引力，可能是因为它简明且使用公开市场定价，在它最简单的形式中只需要三个变量：市值、账面价值和专利。

Thompson（2016）通过纳入所有全球股票来扩展该方法，以便开展专利的本地市场估值——不同的投资者为技术成长型公司支付不同的金额；他发现，申请专利的股票往往比标准的风险调整四因素股票模型高出约 83 个基点。使用这种技术，他估算出专利的中位数价值约为 12.3 万美元，平均价值更高——为 31.6 万美元。

3.2.2.3.1 市场导向程序的利与弊*

基于市场定价法的有效专利估值包括四个基本条件（Smith et al.，2019）：

* 原著只有 3.2.2.3.1，无后续。为保持原著层级，特此保留。——编辑注

首先，最重要的条件是存在一个活跃的市场。除此之外，交易合作伙伴必须按照公平原则行事。这意味着他们不能允许自己追求政治转移价格，而是必须在中立的市场参与者之间协商价格。来自足够多的过去可比交易的充分信息也是必要的。这个条件意味着对信息的访问必须可用。如果根据专利转让市场的现状来评估这里列出的条件，可以发现甚至第一个条件都没有满足。与股票或商品相比，专利仍然没有活跃的市场；大多数专利交易是双边交易，因此与没有交易成本、高流动性、没有套利机会和众多市场参与者的完美市场概念是截然相反的。尽管活跃的市场是应用市场导向方法的核心前提，但对这些方法最重要的要求是交易的可比性和信息的可获得性。上述专利交易的双边性质导致有关专利交易的细节或价格的信息往往无法公开。可比性往往也很难实现，因为专利从定义上讲已经是新的、通常是独特发明的知识产权。目前的专利交易仍然相对较少，数量受到信息必须公开获取和转让专利必须具有可比性要求的严重限制。学术文献中广泛使用的一种方法是利用股票市场价格变化来评估专利价值，要么使用发布日期或授权等关键事件，要么作为股票变量。想要在经济层面捕捉知识产权价值时，从现实世界的股权数据中得出的计量经济学推论是一件好事，但不一定能很好地解释任何特定专利的价值。

市场导向法经常被用来确定销售或许可谈判的估算价格。税务机关特别喜欢这些方法，因为它们在其他资产上的应用已经确立了固定的概念。就专利而言，由于交易价值未知，专利很难确定有意义的价值。

3.2.3　收入导向程序

收入导向法依赖于贴现现金流的概念。在该方法中，价值是由与专利的内部或外部商业化相关的经济效益（现金流）决定的。此外，现金流使用适当的利率贴现，而这个利率也反映了与产生现金流相关的风险。通过贴现现金流，将货币的公允价值考虑在内，专利的最终价值对应于现值概念。

图 3.9 形象地描述了贴现现金流的基本概念。第一步是预测专利带来的现金流有多高以及它们能持续多久，然后确定一个利率（该利率反映了公司的资本成本、专利或产品可能的资本成本）以及与专利相关的风险（包括法律风险、技术风险和经济风险）；为了获得专利价值，每个时期的现金流都使用贴现率进行贴现；最后，所有贴现现金流的总和就是专利价值。

下面介绍的直接现金流预测法、许可价格类比法、额外利润法、剩余价值法均基于此概念（见图 3.9）——它们的区别主要在于确定现金流的方式。

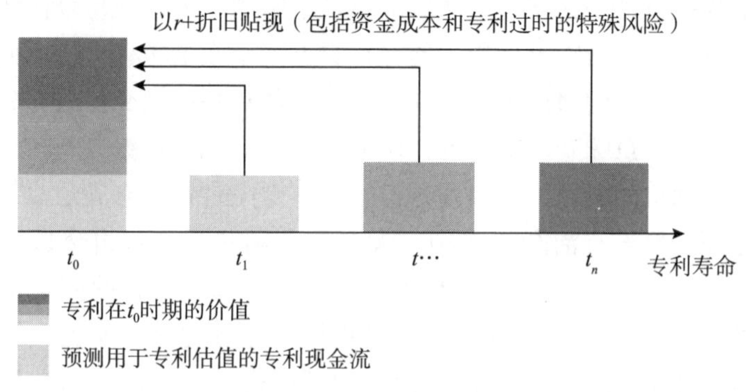

图 3.9 贴现现金流的基本概念

3.2.3.1 直接现金流预测

直接现金流预测法假设专利产品产生的现金流可以归因于某些价值驱动因素，例如商业模式、市场营销或专利保护；为了计算专利价值，直接归因于专利的现金流使用专利特有的、风险调整的贴现率进行贴现。这样做的主要前提是可以确定直接归因于专利的现金流。

3.2.3.2 使用许可价格类比

使用许可价格类比法（也称为许可使用费节省法），专利的支付流通过使用类似专利或发明的许可费来估算。这些许可费是专利所有人不需要支付的费用，因为其拥有专利，不需要授权使用。因此，如果所讨论的专利是由第三方拥有的，则需要确定必须虚拟支付哪些许可使用费。这些名义上的许可使用费根据可比专利的正常市场专利许可使用费计算，例如，这些许可使用费与销售收益有关——在此也选择了根据公平原则商定的可比许可费率，且许可费率的参考值也被公布了（例如，Hellebrand et al.，2007）。然后，许可费率必须乘以计划中可归因于待估价专利的收益。扣除必须考虑的公司税后，确定的虚拟许可付款将使用专利特定风险调整贴现率贴现至估值日。

表 3.4 显示了使用许可价格类比法进行专利估值的简化示例。其中，一件可比专利以 3% 的许可使用费率被授权。为了确定要评估的专利经济效益，对 3 年的特定专利收益进行预测，3% 的许可使用费率是根据这些收益计算的。由于这是公司自己的专利，该公司可以节省 3000 ~ 3600 欧元的许可使用费。这些节省下来的许可使用费现在被用来计算专利价值。首先，税收被扣除，其次将节省的许可使用费折为 8%，最后相加。有几种估算贴现率的方法，例如：一个基本组成部分是跨期无风险利率，通常以政府债券为代表，专利风险包括法律风险和技术风险，这些都可以用发明专利在任何给定年份被淘汰或专

利失效的年化概率来表示（Köllner，2009）。我们还可以考虑公司的机会成本等因素。

表 3.4　许可价格类比法的简化示例　　单位：欧元

项　目	t_1	t_2	t_3
特定专利收益	100000	110000	120000
许可使用费率：3% 每年			
税前许可节省额	3000	3300	3600
税：25%	750	825	900
税后许可节省额	2250	2475	2700
贴现：8% 每年（1% 无风险贴现率 + 7% 法律风险和技术风险）			
现金价值	2083	2122	2143
专利价值	6348		

3.2.3.3　额外利润法

在额外利润法中将比较来自包括待估价专利的公司预期现金流与来自不包括相应专利的虚拟同行公司的相应现金流。假设可比公司不拥有该专利或完全放弃使用该专利。额外的现金流可以来自通过专利实现的额外付款，也可以来自利用专利节省的付款和/或成本。两家公司的现金流之差显示了因被评估的专利而增加的现金流。为了确定价值，使用专利特有的风险调整贴现率将这些额外的现金流贴现到估值日。

3.2.3.4　剩余价值法

一般来说，专利只有与其他有形或无形资产结合才能产生现金流。在剩余价值法中，当确定专利产生的现金流时，对这些支持性资产的虚拟支付将从总现金流中扣除。这些款项可被视为支持性资产的虚拟使用费。

剩余的现金流现在可以归因于专利，使用专利特定风险调整贴现率贴现到估值日。

剩余价值法一般只保留对公司整体现金流影响最大的专利，因此扣除使用费的资产实际上只是支持性资产。如果对多件专利使用剩余价值法，则必须确保排除相同现金流对不同资产的多次分配。

3.2.3.4.1　估值决定参数的识别

应用收入导向法的问题在于确定基本思路本身，因为三项基本输入参数（现金流水平、现金流持续时间和专利相关风险）对于正确计算专利价值至关重要。

收入导向法的第一个挑战是量化现金流的数量并考虑对商业角度有意义的所有开发可能性。计算收入流动有直接和间接两种方法。如果有足够的关于专利所能产生的具体经济利益的信息，则可以使用直接法。通过更高的客户利益获得的价格溢价或更高效节省成本是这种特定经济利益的典型做法。间接法试图通过一般的经济或财务信息来量化经济效益。为使用间接法计算现金流，通常会确定有和没有接受评估的专利法律保护的公司营业额之间的差异（Smith et al.，2019）。

为了获得足够的专利价值，还需要确定经济效益的轨迹。确定一个现实的时间框架与现金流本身的水平同样重要（Parr，1999）。由于专利的法定有效期往往比专利的经济寿命长很多，所以估算起来很复杂。专利的经济寿命终结，要么是由于维持该专利变得无利可图，要么是由于另一件专利变得更有利可图而取代旧专利。经济上有用的存在可以出于各种各样的原因而被终止：最重要的原因之一是技术变革的速度。因此，付款流的持续时间对于以收入为导向的过程非常重要，因为较为初期的专利具有更多的时间产生经济效益。

收入导向法的另一个核心要素是与专利相关的风险包含在专利价值的计算中。风险源于这样一个事实：关于未来的信息只能被估算。作出预测的时间越长，因信息不充分而造成的风险就越高。在使用专利时，文献区分了三种重要的风险：经济风险、技术风险和法律风险。为了在以收入为导向的程序中考量这些风险，本方法对它们进行了估算并将其转化为百分比。特定风险百分比的应用取决于估值模型的设计。特定风险百分比直接贴现确定的现金流或作为公司标准资本成本的溢价被计入。在寻找合适的贴现率时，大多数公司选择资本资产定价模型（CAPM）或加权平均资本成本（WACC）。

3.2.3.4.2　收入导向程序的利与弊

由于价值概念的充分确立和被人们普遍接受，因此收入导向程序可以应用于大多数估值问题。理论上，它们对于专利管理非常有用，因为利用未来的经济利益可以很好地支持专利管理决策。然而，这种方法在专利环境中很容易出错，人们不应该低估需要确定的众多参数和需要作出的假设。

3.2.4　专利估值的其他方法

下面列出的所有专利估值方法都可以追溯到前述方法。由于它们具有很高的实践意义，所以单独列出。

3.2.4.1　25%规则

使用知识产权的公司税前或税后毛利的25%为提成比例。

该程序的优点是它可以作为一个简单的“经验法则”来应用。因此，如果要作出基本估算，只有少量的数据可用或者要公开这些数据，则它是特别合适的。其缺点是这种估值既不包括未来的盈利能力，也不包括许可使用业务模式的机会和风险之间的关系。因此，该方法只适用于低增长的稳定行业。

3.2.4.2 利润分配

估值的形式是确定与利润相关的特定许可使用费率。如果基于基础工业产权的预期收益很容易被估算，则可以按利润比例进行估值。

尽管计算方法简单，但比例因子是必须协商的。出于这个原因，通常会商定一个阈值，预期营业额必须达到最小值。因此，估值结果取决于各自的谈判伙伴。

3.2.4.3 技术因素

这种估值法是由管理顾问 Arthur D. Little 和化学公司陶氏化学（Dow Chemical）开发的。现金流是由技术因素决定的，而技术因素是基于受保护技术对该技术总收入的贡献。

除了商业风险，技术因素还来源于应用、竞争和法律地位，因此可以用于内部估值并与其他估值法相结合。

同时，在评估框架内就技术估值达成一致。然而，来自不同学科的众多专家必须在竞争环境和潜在商业计划的详细知识基础上共同工作。

近年来，基于未来可能发生事件的评估方法变得越来越重要。从基本思想上看，新方法是基于专利价值最好由未来经济效益（现金流）决定的思想。然而，与简单的收入导向估值法相比，实物期权和决策树分析的优势在于它们在利用专利时考虑了专利所有人的行动选择（Rudolf et al.，2002）。

3.2.4.4 实物期权法

这种方法也是基于贴现现金流的基本思路。然而它考虑到一个事实，即如果净现值为负，则所有者可以选择放弃专利或推迟项目。因此，专利所有权也可以与包括专利实施的垄断选项相比较。这种期权的价值基本上来自固有的不对称特性，可以防止价格下跌的风险并同时提供从更高的价格上涨中受益的可能性（Wu et al.，2006）。

实物期权法假设在估值时间和专利期限届满之间有一个恒定的时间轴；它是基于用于金融期权的概念。用于专利估值的参数包括专利实施产生的现金流现值，投资成本，专利的经济寿命，技术、经济和法律风险导致的项目价值标准差以及无风险利息。如果其中一个参数发生变化，就会对期权的价值产生直接影响（Pitkethly，1997）。实物期权法常用于制药行业（Bogdan et al.，

2010，见本书第6.1～6.2节）。

实物期权法的具体优势在于可以将最初薄弱的现金流和高风险都考虑在内，也可以考虑未来的决策，例如在商业条件下的进一步投资。

3.2.4.5 决策树分析

考量专利所有人在关于专利估值决策方面灵活性的另一种可行方法是所谓的决策树分析。决策树分析认可将决策推迟到项目预期的可能性，直到达到特定时期的结束。所有者可以等到达到特定重要时间节点之后再推迟、执行或停止一个项目（例如在制药行业中，重要时间节点可以是临床阶段的结果）。然而，模型中只能包含有限数量的可能性。此外，必须在特定的、预先确定的时间点作出决策。决策树是由专利商业化过程中所有重要时刻和可能的决策所决定的（Razgaitis，2003b）。

然而，与收入导向过程的所有方法一样，参数的确定在决策树分析中不能被客观化。所需的发生概率甚至增加了另一个估算参数。

3.2.4.6 蒙特卡罗法

蒙特卡罗模拟是一种模拟随机系统行为的技术（Howell et al.，2001），其开展了很多随机实验，每个随机实验的结果都被观察并汇总成一个分布。为了获得大量未来可能的专利价值，首先生成一个随机数序列——这构成了不确定性的基础。此外，对于每个变量（剩余专利寿命、周转率、成本）都定义了上限和下限以及在这些限制内的分布。

在此基础上，计算机程序模拟数千个变量组合的单个现金值并将它们汇总成一个分布。这种类型的专利评估不计算专利价值，但给出了一个可能值的范围和它们发生的概率（Razgaitis，2003a）。

这种分布是蒙特卡罗法的一个优势，因为在现实中，未来不太可能完全像用贴现因子和输入参数建模时那样发生。分布的输出还可以让人对各自的项目有一种感觉，因为范围给出了可能的最好和最坏项目开发的值（Brealey et al.，2003）。

尽管蒙特卡罗法更现实——因为生成了一个分布，但它也非常依赖输入参数。由于蒙特卡罗法非常复杂，正确的输入参数是确定正确分布的先决条件，所以该方法更容易出错。由于高度的复杂性，即使在完全信息的情况下，计算工作量也是巨大的，而且相对昂贵。因此，大多数企业很少使用它。专利评估的重要性还在于其实用性。

虽然蒙特卡罗法并不适用于许多情况，但它确实非常适用于制药行业，因为参数是众所周知的，也被反复测量。也许最好的用途是模拟患者的结果，其参数和成本可以很容易地从医疗记录中确定（使用这些数据的模拟可以用于评估替代治疗方案），从而非常直接地评估涵盖新治疗方法的专利价值。

专利估值

若使用定量专利估值法进行专利管理，则必须考虑以下事项（概览见表 3.5）：

● 专利价值：专利价值具有特殊性，也就是说，它很大程度上取决于谁在何种情形下拥有和使用专利。因此，没有“一个”或绝对的专利价值。

● 估值法：选择的估值法和要使用的估值法在很大程度上取决于估值的原因。

● 主观价值：特别对于专利管理，不仅专利的客观价值重要，专利的主观价值或主观输入参数也很重要。然而，这种主观性使评估容易出现误判。

表 3.5　定量专利估值法概览

方　法	描　述
成本导向：	
（1）历史成本	生成专利需要的总成本
（2）复制成本	复制专利需要的总成本
市场导向：	
（3）活跃市场的市场价格	专利估值完全基于在公开市场上愿意支付的数额
（4）类比法	市场上已有类似物的专利价值
（5）股权价值/计量经济学	专利对权益市场价值的边际贡献，通常用计量经济学方法确定
收入导向：	
（6）直接现金流预测	基于直接测算现金流的现金价值
（7）使用许可价格类比	基于许可使用（类似的）付款的现金价值
（8）额外利润法	基于与没有专利保护的虚拟公司差异的现金价值
（9）剩余价值法	基于扣除公司预估成本后付款的现金价值
专利估值的其他方法：	
利润导向：	
（10）25%规则	税前或税后总利润的 25%
（11）利润分配	以许可形式作为利润一部分（%）的价值

续表

方 法	描 述
未来价值导向：	
(12) 技术因素	用于评估技术对现金流贡献的现金价值
(13) 实物期权法	基于一段时间内潜在商业选择价值的现金价值
(14) 决策树分析	包括在预先确定里程碑上未来决策的现金价值
(15) 蒙特卡罗法	基于随机抽取的专利价值模拟

3.3 管理专利组合

专利组合是用于分析和可视化战略定位和推力方向的工具。专利组合技术的种类繁多，每种技术在选择维度时都其缺点。Gassmann 等（2017）提出的圣加仑技术和专利管理方法可以追溯到20世纪90年代初瑞士圣加仑大学技术管理学院开发的一种方法（Boutellier et al.，1995）。通过大量的实践项目不断完善，它被众多欧洲和其他国际公司引入（Boutellier et al.，2008）。

我们开发了圣加仑专利组合管理模式，进一步从战略上管理专利。该模式从公司战略、技术和创新战略中衍生出各个核心维度的专利战略。

通过专利组合管理，行动措施来自被评估的市场和服务于实施公司战略的技术定位。公司战略的愿景和使命构成了评估客户、市场、竞争对手和可替代技术带来的挑战基础。基于公司的资源实力，对公司的能力、技术和产品领域进行评估和定位——这形成了派生标准化战略的基础。在制定战略的基础上，最终得出了在这些领域处理知识产权以建立和保护潜力的必要措施（见图3.10）。

3.3.1 第一步：愿景和使命

愿景和使命是公司战略的规范框架，中期目标和一般企业价值观作为补充。为了能够评估与企业能力相关的挑战，这样一个“指导走廊”是必要的。重要的是，愿景和使命是具体的，因此是具有开创性的。例如“市场第一”“客户导向”“员工发展”的表述一般是不够的。

愿景用来回答“我们何时想去哪里?”这样的问题，以下列要素为基础：

- 关于发展期望的核心思想；
- 可行的蓝图；
- 未来发展方向；
- 与实现相关的时间参考。

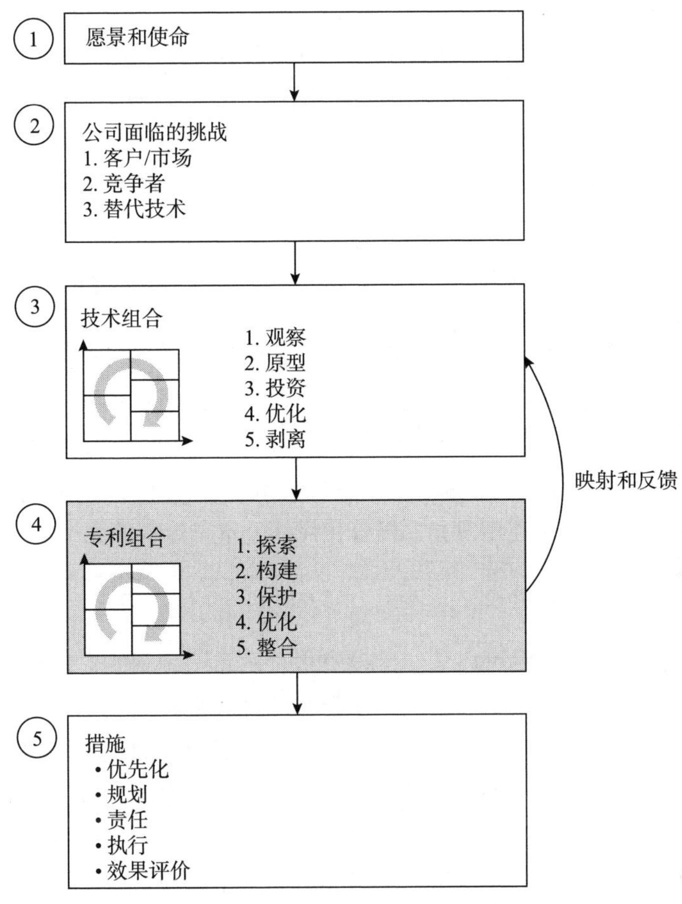

图 3.10 从总体战略中获得专利组合

使命用来处理“怎样以何种方式实现理想”这样的问题，并考量以下方面：

- 保护理想发展的轨道；
- 重点关注执行：以任务为中心；
- 面向当下。

3.3.2 第二步：公司面临的挑战

在这一步中，公司必须面对的技术挑战被确定了。关于企业竞争力有三个方面需要考虑：

- 客户/市场；
- 竞争者；
- 替代技术。

3.3.2.1 客户/市场

客户和市场视角考虑客户和市场对公司所能提供的能力、技能、技术、产品和服务的要求。必须区分个别主要用户的需求和广泛的市场趋势。

3.3.2.2 竞争者

竞争视角将竞争活动的比较相对化并考虑到比较优势和劣势、强项和弱项。例如，如果公司在某个领域不是技术或能力的领先者，那么问题就出现了，即该公司是应该转为快速跟随者还是采用更好的差异化定位。

3.3.2.3 替代技术

一方面，必须评估内部能力的重要性与新的外部技术、产品或服务的可替代性。另一方面，出现了用新的内部技术替代现有技术的问题。即使新技术的引入不能给市场带来新的优势，甚至不能提供不必要的额外功能，如果可以节省内部成本或优化内部物流流程，那么引入替代技术也是有意义的，例如发光二极管制造商 *Huga Optotech* 正在用发光二极管替代办公室里传统的霓虹灯管照明。

3.3.3 第三步：技术组合

技术组合的基本方向可以从二维投资组合示意图中得到。基于要分类的能力，根据客户、市场、竞争和替代技术带来的挑战来确定其战略意义，然后在纵轴上进行映射。对于每一项能力，公司的相对资源实力也被确定和映射在横轴上：基础设施、员工、可用的知识和经验等公司技术能力被考虑在内并与竞争对手进行比较。

圣加仑法区分了五个技术组合部门和由此产生的规范策略，它们按时间顺序对应典型的产品开发生命周期（见图 3.11）：观察、原型、投资、优化和剥离（Boutellier et al.，2008）。

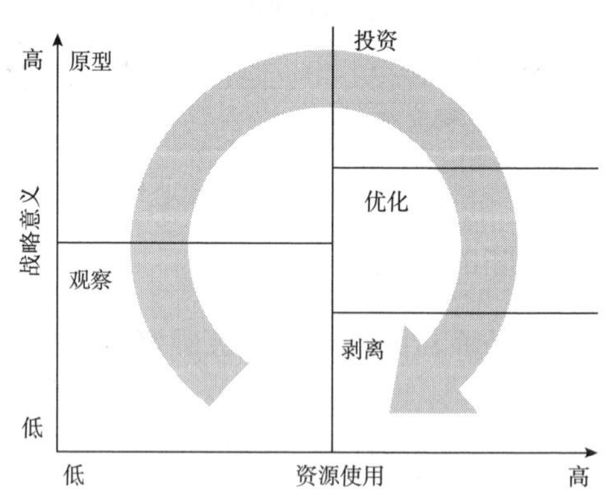

图 3.11 战略技术组合管理的规范策略

来源：Boutellier 等（2008）。

3.3.3.1 观 察

这部分能力的特点是其战略意义仍然被认为很低。应积极监测其能力、技术、产品或服务领域，例如通过参加展览和大会，研究期刊和互联网，以及与大学的合作。

3.3.3.2 原 型

如果战略意义从客户、市场、竞争者或替代技术的角度增加，则必须通过原型开展初步试验并建立技能。此外，还应寻求和整合外部伙伴，以便尽可能有效地发展内部能力。

3.3.3.3 投 资

高内部资源实力与高长期战略意义形成鲜明对比，因此，在核心能力领域的长期投资是必要和合理的，以保障现有技术和投资并进一步扩大竞争优势。

3.3.3.4 优 化

如果尽管内部资源实力雄厚，但战略意义只是中等，或者可以预见战略意义甚至会下降，则更大的投资就不再有意义，必须进行优化。

3.3.3.5 剥 离

如果在未来 5 ~ 10 年没有明显的竞争优势，必须及时减少以前占用的资源，以便实现新的技术潜力。只有在仍能产生收益的情况下，技术和产品的延续才有意义。但是，预计不会在扩大能力方面进一步投资。

3.3.4 第四步：专利组合

从公司战略中衍生出来的专利策略既应用于建立商业潜力，也应用于确保现有和已实现的潜力。因此，根据前述的技术组合结构衍生出适当的专利标准化策略是有意义的。

专利标准化策略在公司战略层面对知识产权的开发和分解进行了总体控制。例如，可以通过提交自己的专利申请、购买或获得知识产权，或获得许可来扩大投资组合。通过放弃专利、转让专利或在分拆的情况下转让专利，可以减少投资组合。

保护的范围往往已经可以从权利要求类别中得出。例如，化学工业将与生产工艺有关的权利要求和与物质组成有关的权利要求进行了区分。虽然通常很难证明侵权的生产工艺，但可以相对容易地证明侵权的物质成分。

在对产品和国家进行分类后，可以考量特定国家的法律要求。此外，必须将国家的战略评估纳入投资组合管理中，例如确定哪些国家与市场和生产相关（不仅从自己公司的角度，还要从竞争者的角度）。

投资组合管理中的另一个标准是自己使用和第三方使用的可能性——这是许可项目的一项重要前提。

特别是在制药行业，生命周期管理发挥着重要作用。在生命周期管理中，人们试图在基本专利之外建立与产品相关的连续保护权利——这通常是在基本活性成分专利过期后保持有效阻断效果的唯一方法。由于仿制药市场增长迅速，因此这种方法是非常重要的。

技术组合的各个阶段是在技术生命周期内对专利策略进行相应衡量的基础。因此，圣加仑专利组合管理模式分为五个阶段（见图3.12）：

- 探索；
- 构建；
- 保护；
- 优化；
- 整合。

规范策略涉及专利策略的三个核心维度。[1] 在投资组合示意图中，战略影响的维度也反映了外部视角（客户、竞争者、替代技术），正如资源强度维度表明了内部视角（能力、竞争力）。

在第一阶段，即探索阶段，可以使用专利扫描来识别跨行业的潜力，例如根据技术投资组合和技术路线图，必须在这一阶段决定是否应申请广泛意义上的专利。然后在专利组合生命周期的发展阶段，即构建阶段，启动有针对性的专利检索，对选定的竞争者进行分析，以便在提交专利申请时能够考虑战略竞争优势。在下一个阶段，即保护阶段，应系统地形成专利集群，以便提供尽可能好的保护；在技术组合和技术路线图的基础上，可以考虑广泛的基本专利和特定设计变体的专利（“生长”和“修剪”）以便进行更好的保护；在其他应用领域，对外许可以获得长期财务回报的潜力是可以考虑的，应予以审查。为了优化专利组合，即在优化阶段，也可以考虑在自己领域的许可机会，以获得短期的财务回报；此外，应特别根据成本效益考虑对专利集群进行审查；根据竞争形势的不同，阻碍专利可以防止替代。在专利组合生命周期的最后阶段，即整合阶段，可以考虑放弃或独占实施专利（转让、独占对外授权、可能的捐赠）。

---

[1] 专利战略的核心维度见本书第2章。

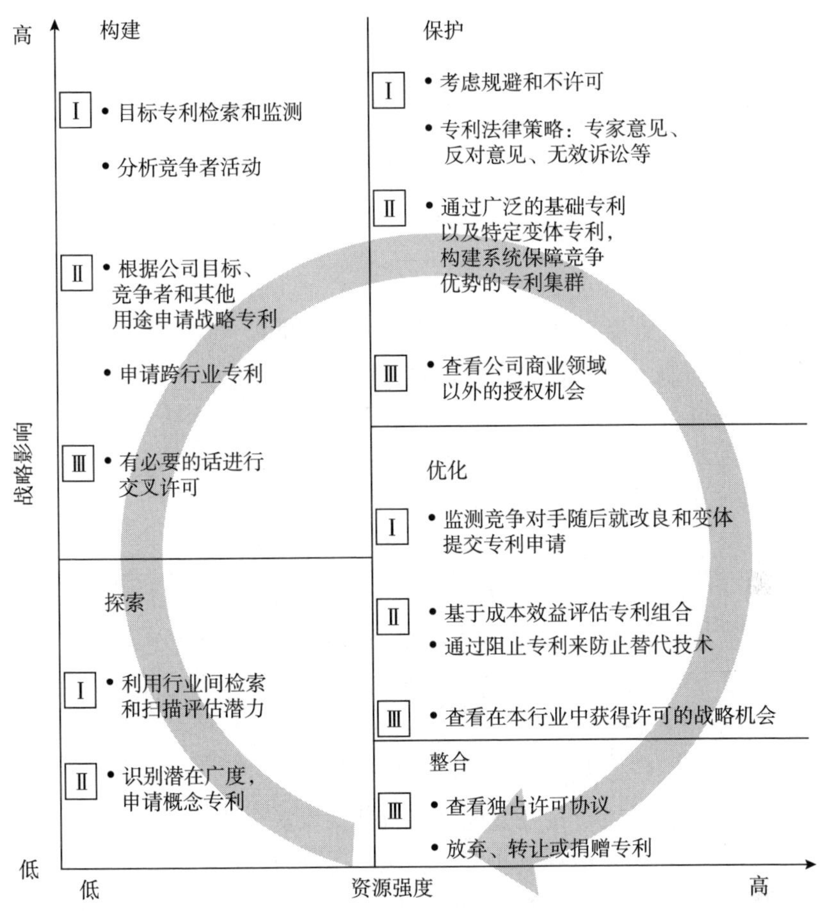

图 3.12　战略专利组合管理的规范策略

注：Ⅰ为自由实施，Ⅱ为差异化，Ⅲ为增速。

3.3.4.1　探　索

在技术生命周期的这一阶段，专利策略的贡献主要集中在广泛的检索方面，目的是检查早期发明是否存在（专利扫描）。

应继续进一步开发基础发明，并应考虑对改进和变型的保护。

帝斯曼营养（前身为罗氏维生素，以下简称“罗氏”）系统地使用专利检索来识别生产工艺技术的趋势并及时识别有效的替代技术；研究人员和营销专家根据关键字确定检索范围，以聚焦感兴趣的相关领域；趋势分析特别聚焦生命周期曲线，时间范围是 5 ~ 10 年。

可公开访问的平台可用于初步研究，可以获得相对快速的概述，下载单独的文档，还可以回答简单的问题。

探索阶段清单

- 通过跨行业专利检索（专利扫描）评估风险和潜力。
- 使用进一步的分析方法，如场景技术或道路制图。
- 了解趋势和未来市场，例如服务创新。
- 在已确定潜力的情况下，在广泛意义上进行专利注册。

3.3.4.2 构 建

一旦确定了战略意义日益增长的对象和能力领域，就必须进行有重点的专利检索（专利监测），其目的是监测特定技术领域的进一步发展并通过专利检索监测特定竞争者。应该指出的是，大多数专利文件只在优先权申请后18个月才公布。在公司里，建议为特定竞争者和竞争领域确定专家，他们将进行这些检索并分析任何可用的原型。

中型企业 Erbe Elektromedizin 系统地监测其竞争者：

- 专利部门每月从知识产权监测部门收到上月的新出版物。对知识产权的监测主要是由外部专利代理师通过检索部门开展的，他们使用特定的过滤程序来准备这些信息。在紧急情况下，也可以自行检索。
- 专利部门查看并预选文件。然后将这些文件发送给相应的研发专家。工程师收到的正是与其技术领域有关的文件。
- 技术专家们为提交给他们的出版物提供简要介绍——三分钟就能完成。
- 在月度专利会商的框架内展示技术专家们的简要介绍，随后进行简短的讨论，然后决定下一步的策略，例如决定提出异议或将其列入出版物的监测范围。由于专利会商每月举行一次会议，原则上对会议上讨论的所有文件都有可能提出异议。[1]
- 专利部门起草会议记录并分发给专利会商的参与者。

该程序的优点：专利会商的固定日期保证了高度的规律性，这反过来又确保了专业工程师对知识产权情况的持续了解。简要介绍的义务保证了工程师们按时处理专利说明书（异议截止日期），而将其直接反馈给专利部门和同事们则带来了对文件的热烈讨论，并能为每个研发工作组提供具体建议，还避免了重复开发和应用。

极具创新精神的瑞士助听器制造商峰力（现为索诺瓦）大量使用专利信息来支持其内部技术预警系统，收集西门子听力集团等所有相关竞争者的专利

[1] 德国和欧洲的异议期限是授权意向公布后的9个月。

公开文件，在研发部门负责人的监督下，按技术和核心竞争力领域进行了细分和分析；趋势识别的时间范围为 3 ~5 年。

重点不仅要放在公司自身的活动上，还要放在现有和潜在竞争者的预期方向上——这是及时通过知识产权建立有效拦截潜力的唯一途径。

专利权利要求应以尽可能广泛的保护范围为目标，处理解决方案架构和概念，并以跨部门的方式制订。这一阶段为以后的专利许可交换选项奠定了基础。即使与竞争者的直接对抗只发生在能力进一步成熟的阶段之后，突破性的知识产权通常可以追溯到这一技术阶段。Endress + Hauser 专门开发知识产权，以避免以后与主要竞争者的纠纷。

如果研发活动是与外部合作伙伴共同开展的，就有必要权衡以后将寻求哪些开发和商业化需求。因此，必须适当进行合作谈判。

CeramTec 是 Dynamit Nobel Group 旗下的数家公司集合，它们与一家汽车供应商合作开发了一种用于发动机的气缸盖并对由此产生的工业产权的处理进行了谨慎的谈判。虽然双方同意共同使用于发动机领域，但 CeramTec 获得了陶瓷领域的独占使用权。

构建阶段清单

- 进行有针对性的专利检索（专利监测）。
- 竞争者活动分析。
- 申请具有战略意义的专利。
- 充实同族专利。
- 有针对性地申请专利来阻止竞争者。
- 活动领域之外的其他领域。
- 申请多个行业的专利。
- 调查交叉许可的可能性。

3.3.4.3　保　护

在这个阶段，公司已经在具有高度战略意义的能力领域建立了自己的资源，然而与此同时自己的活动也增加了与竞争者专利冲突的风险。因此，确保自己能够自由实施专利在这一阶段非常重要。然而，如果第三方出现干扰专利的迹象变得更加频繁，就应该尽快优先调查这些专利——只有这样，才能及时出台相应的对策并作出相应的投资决策：

- 可对干扰专利申请进行监测，必要时可在授予专利时准备专家意见或考虑异议程序。

- 仍然可以开发技术规避解决方案。
- 制造还是购买的决定可以基于成本效益考虑。如果有必要，还可以审查和处理内部或交叉许可以及合作方案。

申请广泛基础专利的可能性正在下降，因为所有领域的公共知识，即最先进的技术水平，都有了相当大的增长。专利申请的重点越来越多地放在更加详细、非常具体的执行形式上。因此，系统地检查对象领域以获得解决方案和执行变量或变通方法是很重要的。

在专利组合优化的框架内，公司越来越多地努力在具有战略意义的技术领域创建专利集群：最初，广泛覆盖的专利组合被建立起来（生长），但在稍后的时间点，当更容易评估哪些技术方案在技术和商业上相关时，它们又被削弱（修剪）。根据现行专利申请程序中已经存在的利益方面进行成本效益决策是有利的。德国消费品制造商汉高成功地使用这种方法在早期阶段保护了尽可能多的变体并避免了后来专利组合的过高成本（见图3.13）。

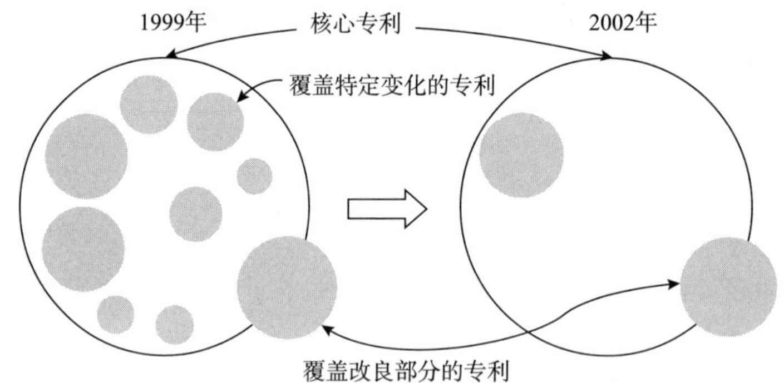

图3.13 生长和修剪：汉高的“Megaperls©”专利组合

特别是在与外部合作伙伴发展的能力方面，应审查在其他技术领域或市场有多大程度的对外许可可能性，以便能够长期产生许可收入。

宝马与加州小型软件公司Immersion合作开发了中央多功能控制元件“iDrive”。后者已经开发了力反馈技术领域的相关技术——该技术用于控制杆、设计部门的操作设备和医疗技术。双方同意：宝马将被授予有限的独占权利用于汽车领域的开发成果，但Immersion将有权在汽车领域之外独立使用和营销。

保护阶段清单

有第三方知识产权干扰迹象时：

- 检查规避、内部许可和交叉许可的方法。
- 专利程序措施（意见、反对意见）。
- 开发专利丛林，以便系统地保护战略优势。
- 广泛的基础专利。
- 针对特定改良和特性的专利。
- 检查其他领域和行业的许可。
- 长期投资回报。

3.3.4.4 优　化

在这个阶段，公司在这些领域具有很高的能力，但从客户、市场、竞争或技术的角度来看，其战略意义正在下降。现在至少必须彻底审查现有的专利集群，以考虑成本效益——这包括对竞争活动中有关改良和变化的（再）登记的监测。如果甚至可能存在能力在早期被替代技术取代的危险，则应考虑使用自己的专利，将与这些领域相关的专利作为阻碍型专利权，以防止现有核心技术价值单方面下降。

例如，跑车制造商保时捷以针对性的方式使用替代技术的知识产权，以避免价值过早下降和被现有技术稀释；如有必要，甚至会为此目的获取并保存独占许可。

除此之外，还必须审查对外许可的机会——这与潜在的保护不同，它还包括集团自己的技术领域或市场，以便在短期内产生许可收入。有时也可以借由更大程度的开放来刺激市场细分，以至于通过更大程度的标准化和降价来进一步推迟替代趋势。

例如，在与 3M 公司的专利纠纷之后，丹麦助听器制造商 ReSound 购买了一个强大的专利组合。ReSound 为助听器专利池“助听器制造商专利伙伴关系”（HIMPP）作出了贡献，而这个专利池是与 Danavox、Oticon、Phonak、Starkley 和 Widex 等其他公司共同组成的，现在可以让愿意支付会员费的公司加入——实际上，这为潜在的新竞争者制造了准入壁垒。

优化阶段清单

- 通过专利检索进行竞争监测。
- 根据成本效益考虑审查专利集群。
- 通过阻止专利来防止替代技术。
- 在本领域调查对外许可的可能性；短期回报投资。

3.3.4.5 整　合

如果一项技术或能力的战略意义已显著降低，则必须审查专利权利要求是否允许重新评估并将其分配到其他能力或竞争领域。由于已有其他许可协议，应尽可能考虑独占对外许可的可能性，否则可以认为收益低——这将被高成本所抵消。如果没有其他原因，例如需要大量的专利组合，这些专利则可以被放弃、转让、让与或捐赠。[1]

以 Endress + Hauser 为例，如果相关对象领域在大约 7 年内没有被纳入其产品或制造工艺，Endress + Hauser 将拆分或转让所有专利。

整合阶段清单

- 检查一家活跃公司的独占许可。
- 调查专利池的部分许可。
- 放弃、转让，或转让/捐赠专利。

3.3.5 第五步：措施

一旦获得了技术和专利策略，最后一步就是实现组合措施。为了在负担过重的专利部门实施已制定的策略，第一步是优先确定行动方向。就最重要的措施（关键的少数行动），必须与业务人员或开发人员一起详细计划并与他们共同实施。

3.3.5.1 案例研究：戴姆勒的专利组合管理*

通过其知识产权策略，戴姆勒追求以下两个主要目标：

① 确保自己的垄断地位。

② 防止第三方垄断地位。

据其前知识产权主管 Einsele 先生介绍，戴姆勒致力于项目集成专利工作

---

[1] 在美国，将专利捐赠给大学或慈善机构可以享受税收减免。

* 原著只有 3.3.5.1，无后续。为保持原著层级，特此保留。——编辑注

以实现这些目标："在开发项目伊始，检索相关的技术水平和外部产权并记录和评估各自的产权状态。"

每个开发项目都定义了单独的专利策略。在项目实施过程中，定期更新产权状况评估并提供与项目相关的第三方产权信息——这减少了重复开发和可能的冲突。此外，该阶段用于确定可保护的结果。在项目过程中，第三方知识产权的获取是一个越来越重要的方面，但自己的专有技术营销和许可也愈加重要。在合作或研发伙伴关系中，寻找合适的合作伙伴也从专利组合分析开始。知识产权部门随后陪同起草合作和开发协议，并签署保密协议以保护专有技术。在项目结束时，进行最终项目评审，其中记录了关于技术水平、第三方产权、自有产权地位、合同情况和标准的最终陈述。

戴姆勒的专利管理包括九个要素：

- 知识产权部门早期参与创新过程；
- 为知识产权部门的研发项目提供支持，特别是重要的项目评审；
- 策略优先级的定义；
- 支持现场开发人员；
- 监测竞争者的活动；
- 避免和最小化风险；
- 保护可保护的结果；
- 检查开发成果的可转让性和市场性；
- 为针对第三方而实施自己的知识产权。

"BAS"制动助手的引入表明了主动专利管理的重要性。戴姆勒（当时的戴姆勒-奔驰）在1989年启动开发自己的制动辅助系统，在德国基础专利申请的基础上，在知识产权部门的大力支持下，在BAS功能、开关标准、制动系统和车辆属性等领域陆续产生了30多件专利申请。

约十年后，这些早期专利申请对戴姆勒的决定性意义变得显而易见：1997年，丰田找到戴姆勒，申请了戴姆勒系列引进制动辅助系统的基础专利许可。事实上丰田于1990年也在日本申请了一件刹车辅助系统的基本专利——尽管这是在丰田向戴姆勒提出前述申请的5天后被发现的。戴姆勒同意授权：丰田支付了德国和美国的基本专利许可以及法国、意大利、英国甚至日本的后续专利许可的费用。然而，作为回报，戴姆勒也获得了丰田在日本市场的基本专利许可。

3.3.6　管理专利组合

最后将专利策略的三个核心维度（见本书第2.3节）及其与圣加仑专利

组合管理模式的五个专利管理过程阶段的联系总结如下。重要的是，公司要意识到五个标准策略：探索、构建、保护、优化和剥离。比起在实践中不可能存在的完美分类，更重要的是其实施的规律性以及与公司战略的一致性。

专利组合管理清单

自由实施的措施：

- 专利检索（专利扫描，专利监测）。
- 开发规避解决方案。
- 引入许可、专利许可交换、设计权限。
- 专利法方面的措施（例如专家意见、异议、无效程序）。

针对模仿者的措施：

- 建立专利集群，系统地确保竞争优势。
- 广泛的概念性基础专利注册。
- 特定设计变体的保护。
- 分析竞争产品或流程并基于其改良解决方案进行注册。
- 为替代技术申请专利或引入许可。
- 对侵权行为采取持续的法律行动。

商业化措施：

- 将专利视为“真正的实质性产品”（包括商业模式）。
- 从竞争吸引力的角度开发公司自己的专利组合，即第三方使用的潜力。
- 根据技术生命周期审查对外许可的可能性（在其他领域或自身领域的长期或短期定位）。
- 考虑将交换交易作为现金许可支付的替代或补充（例如交换许可协议、购买或销售义务、设计权限）。

参考文献

[1] Bader M. A., Beckenbauer A., Gassmann O., et al. (2008). One valuation fits all? – How Europe's most innovative companies valuate technologies and patents. Pricewaterhouse-Coopers: Munich.

[2] Bader M. A., Vogel H., Tobias M., et al. (2012). Intellectual property right valuation index and a method and a system for creating such an index. US 20120303537A1.

[3] Bertolotti, N. (1996). The valuation of intellectual property. Geneva: World Intellectual

Property Organization (WIPO).

[4] Bogdan B., Villiger R. (2010). Valuation in life sciences. Heidelberg: Springer.

[5] Bosworth D., Rogers M. (2001). Market value, R&D and intellectual property: An empirical analysis of large Australian firms. The Economic Record, 77 (239), 323 - 337.

[6] Boutellier R., Hallbauer S., Locker A. (1995). Technologiestrategie für kleinere und mittlere Unternehmen. St. Gallen: University of St. Gallen (HSG).

[7] Boutellier R., Gassmann O., von Zedtwitz M. (2008). Managing global innovation (3rd ed.). Berlin: Springer.

[8] Brealey R. A., Myers S. C. (2003). Principles of corporate finance (7th ed.). New York: McGraw - Hill.

[9] Brockhoff K. (1999). Forschung und Entwicklung: Planung und Kontrolle (5th ed.). Munich: Oldenburg.

[10] Cockburn I., Griliches Z. (1987). Industry effects and appropriability measures in the stock market's valuation of R&D and patents. American Economic Review, 78, 419 - 423.

[11] Connolly R. A., Hirschey M. (1988). Market value and patents: A Bayesian approach. Economics Letters, 27, 83 - 87.

[12] DIN 77100. (2011). Patentbewertung - Grundsätze der monetären Patentbewertung. Berlin: DIN Deutsches Institut für Normung e. V.

[13] Dressler A. (2006). Patente in technologieorientierten Mergers & Acquisitions. Nutzen, Prozessmodell, Entwicklung und Interpretation semantischer Patentlandkarten. Wiesbaden: DUV.

[14] Econsight. (2020). Difference between quantitative and qualitative patent analysis - Citation of Swatch patents by third parties (number of cited patents vs. cumulative value of cited patents), 2000—2017. In: Green Technologies - A new approach for investment strategies, Basel.

[15] Ensthaler J., Strübbe K. (2006). Patentbewertung. Ein Praxisleitfaden zum Patentmanagement. Berlin: Springer.

[16] Ernst H. (1996). Patentinformationen für die strategische Planung von Forschung und Entwicklung. Wiesbaden: Gabler.

[17] Ernst H. (1998). Patent portfolios for strategic R&D planning. Journal of Engineering and Technology Management, 15 (4), 279 - 308.

[18] Ernst H. (1999). Evaluation of dynamic technological developments by means of patent data. In K. Brockhoff, A. K. Chakrabarti, J. Hauschildt (Eds.), The dynamics of innovation. Strategic and managerial implications (pp. 107 - 132). Berlin: Springer.

[19] Ernst H. (2002). Patentmanagement. In D. Specht & M. G. Möhrle (Eds.), Lexikon Technologiemanagement (pp. 214 - 218). Wiesbaden: Gabler.

[20] Ernst H., Omland, N. (2010). The patent asset index - A new approach to benchmark

patent portfolios. World Patent Information, 33 (1), 34 –41.

[21] Faix A. (2001). Die Patentportfolio – Analyse – Methodische Konzeption und Anwendung im Rahmen der strategischen Patentpolitik. Zeitschrift für Planung, 2, 185 –208.

[22] Gassmann O., Bader M. A. (2017). Patentmanagement: Innovationen erfolgreich nutzen und schützen (4th ed.). Berlin: Springer.

[23] Ghapar F., Brooks R., Smyth, R. (2014). The impact of patenting activity on the financial performance of Malaysian firms. Journal of the Asia Pacific Economy, 19 (3), 445 –463.

[24] Griliches Z. (1981). Market value, R&D, and patents. Economic Letters, 7, 183 –187.

[25] Hall B., Jaffe A., Trajtenberg M. (2005). Market value and patent citations. RAND Journal of Economics, 36 (1), 16 –38.

[26] Hall B. H., Mairesse J. (2007). Empirical studies of innovation in the knowledge – driven economy. Economics of Innovation and New Technology, 15 (4 –5), 289 –299.

[27] Hellebrand O., Kaube G., Falckenstein R. (2007). Lizenzsätze für technische Erfindungen (3rd ed.). Cologn: Carl Heymanns.

[28] Hofinger S. (1997). Portfolio – Analyse als Instrument unternehmerischer Patentpolitik. epi Information, No. 4, pp. 100 –104.

[29] Howell S., Stark A., Newton D., et al. (2001). Realoptions. Evaluating corporate investment opportunities in a dynamic world. London: Financial Times Prentice Hall.

[30] IDW S 5. (2013). IDW Standard: Principles of the Valuation of Intangible Assets (IDW S 5) (p. 5/2011). Düsseldorf: IDW.

[31] Köllner M. (2009). Due diligence or discount monetary effect of legal aspects in patent valuation. LES Nouvelles, March 2009, 24 –37.

[32] Kuckartz M. (2007). IPC – Patentportfolio – Bewertung: Patentmanagement speziell für den Mittelstand. 5. Patentforum Nordbayern 2007.

[33] Megna P., Klock M. (1993). The impact of intangible capital on Tobin's q in the semiconductor industry. The American Economic Review, 83 (2), 265 –269.

[34] Moser U., Goddar H. (2007). Grundlagen der Bewertung immaterieller Vermögenswerte am Beispiel der Bewertung patentgeschützter Technologien. Finanzbetrieb, 10, 594 –609.

[35] Otto Toivanen P. S., Bosworth D. (2002). Innovation and the market value of UK firms, 1989—1995. Oxford Bulletin of Economics and Statistics, 64 (39), 0305 –9049.

[36] Parr R. L. (1999). IP valuation issues and strategies. Geneva: World Intellectual Property Organization (WIPO).

[37] Pfeiffer W., Schäffner G. J., Schneider W. et al. (1989). Studie zur Anwendung der Portfolio – Methode auf die strategische Analyse und Bewertung von Patentinformationen. Nürnberg.

[38] Pitkethly R. (1997). The valuation of patents. Working paper, University of Oxford, Said Business School.

[39] Poredda A., Wildschütz S. (2004). Patent valuation – A controlled market share ap-

proach. Les Nouvelles – Journal of the Licensing Executives Society, 34 (2), 77 – 85.

[40] Razgaitis R. (2003a). Dealmaking using real options and monte carlo analysis. Hoboken, NJ: Wiley Finance.

[41] Razgaitis R. (2003b). Valuation and pricing of technology – based intellectual property. Chichester: Wiley.

[42] Reitzig M. (2002). Die Bewertung von Patentrechten. Eine theoretische und empirische Analyse aus Unternehmenssicht. Wiesbaden: DUV.

[43] Rings R. (2000). Patentbewertung – Methoden und Faktoren zur Wertermittlung technischer Schutzrechte. GRUR, 10, 839 – 848.

[44] Rudolf M., Witt P. (2002). Bewertung von Wachstumsunternehmen: Traditionelle und innovative Methoden im Vergleich. Wiesbaden: Gabler.

[45] Schulze A. (2005). Patent – Portfoliomanagement für große Unternehmen. Mitteilung der deutschenPatentanwälte, No. 9/10, pp. 416 – 421.

[46] Smith G. V., Parr R. L. (2019). Intellectual property. Valuation, exploitation and infringement damages (5th ed.). Hoboken, NJ: Wiley.

[47] Thompson M. (2016) Estimating global patent rents from public market data. Paper presented IP Statistics for Decision Makers, OECD, Sydney 2016.

[48] Turner J. (2000). Valuation of intellectual property assets; valuation techniques: parameters, methodologies and limitations. Geneva: World Intellectual Property Organization (WIPO).

[49] Wu M., Tseng C. (2006). Valuation of Patent – a real options perspective. Applied Economics Letters, 13 (5), 313 – 318.

[50] Wurzer A. (2005). Wertorientiertes Patentportfolio. Mitteilung der deutschen Patentanwälte, No. 9/10, pp. 430 – 439.

[51] Wurzer A., Reinhardt D. F. (2010). Handbuch der Patentbewertung (2nd ed). Cologn: Carl Heymanns.

第4章 专利商业化的成功实践

在专利申请方面，很多公司的战略重点是保护产品和工艺不被模仿并确保自己的行动自由——使公司能够在市场上创造准垄断并产生回报。本章展示了专利的另一面，即通过积极的商业化来创造价值，而不是建立一个针对技术和商业侵犯的静态防御。当专利被用于商业用途时，重点就从单纯保护产品转向了通过专利以各种方式创造附加价值。

传统上，专利被嵌入公司销售的产品之中。日益复杂的供应链、跨境贸易、税收规则和竞争格局导致了许多不同的专利商业利用方式。本章对这些技术进行了概述并为知识产权管理者提供了一个工具箱。确切地说，公司如何创造价值是相当特殊的，因为技术和竞争环境往往是高度具体的。创造价值有许多常见的策略，如转让、授权、交叉许可等。然而，在半导体行业中行之有效的交叉许可，在制药行业可能就行不通了。因此，我们希望展示专利成功商业化的基本技术，而不是特定技术。

概括地说，商业化有两个主要动机即货币动机和战略动机——但它们是有区别的。货币动机是指直接可测算的经济收入，包括创造收入、增加回报和降低成本。战略动机更为多样化，可以分为聚焦公司外部的动机，即具有外部效应的动机和聚焦公司内部效应的动机。商业化通常涉及商业模式的深层次战略问题以及“放弃”获得的知识和专利所带来的影响。

最常见的专利实施方式是许可。其他类型的专利实施方式包括交叉许可、转让专利、建立分拆或合资企业、形成战略联盟开展联合研究，以及开发和营销一项创新（Parr et al.，1996；Ziegler et al.，2011；Bader et al.，2013）。虽然“专利保护”通常不会改变核心商业模式，但商业化具有广泛的影响，因为（交叉）许可、融资、分拆往往涉及核心商业模式。

以下分别对专利商业化的不同形式进行阐述。

- 许可
- 交叉许可
- 销售
- 战略联盟
- 分拆和回调
- 合资企业
- 为获得融资而申请专利
- 价值诉讼
- 复杂策略

我们没有从理论上讨论影响，而是提供了一系列案例研究，说明企业究竟如何在不破坏原有商业模式的情况下平衡从专利中获得的价值。

4.1　许　可

原则上，许可意味着专利权人授予一方或多方使用专利所描述的技术许可。作为回报，被许可方向专利权人（许可方）支付许可费。专利仍为许可人所有。但是，许可具有不同的特征。下面描述了许可的三个重要特征。

首先，许可的独占排他程度不同：独占许可意味着专利权人只将专利的使用权许可给一个被许可人。如果一件专利的许可被授予多个被许可人，它被称为非独占许可。

其次，许可在交易的范围和内容上有所不同。如果只是以专利说明书的形式转让专利，那就是没有知识转让的许可。在包含知识转让的许可中，除专利说明书外，还转让技术诀窍和专业技能。

- 不含技术诀窍的许可协议涵盖专利或专利申请，全球或区域、独占或非独占性使用，以及许可期限。

- 包含技术诀窍的许可协议涵盖研究和测试报告、样品、原型、市场研究和竞争分析，甚至可能包括合作伙伴和客户。此外，经常需要技术专家来支持知识转让和进一步开发。这就提出了哪些部分能够通过何种方式商业化的问题：一方面，完备的商业模式可以被用于对外许可；另一方面，内部预热可以促进更加快速、可持续地交付利润。尽管一些专利能够被对外许可，但它们将不得不在其他市场上被以巨额费用积极实施。

最后是许可的类型，即授权许可与强制许可。

- 授权许可，又称机会许可或主动许可，其目标是对许可使用对象感兴趣的被许可人。由于只有在获得许可后才能开始使用，因此谈判通常以设计联合商业模式为特征。

- 强制许可，也称为投机许可或被动许可，其目标是被许可的知识产权的潜在侵权人，所以假定在实际许可之前知识产权已由第三方使用。由于潜在侵权人通常已经投资并活跃在市场上，谈判的重点通常在于查明是否发生了侵权、知识产权是否合法有效，以及如果合法有效的话，许可使用费应该多高。

在美国和欧洲，一种新的商业模式已经出现：专利律师按照该模式追踪专利侵权行为，买下存在争议的专利，起诉侵权人，并要求支付许可使用费。然而，从经济角度来看，这类模式一定会受到强烈质疑。

4.1.1 许可大师：高通*

美国移动技术公司高通的很大一部分收益来自许可收益，其三大业务部门之一专门从事知识产权的市场营销，仅与美国移动通信标准 CDMA 有关的专利就有 130 件。此外，高通专利组合的显性用户认为“有必要”获得许可，其专利组合也向潜在的被许可方开放。

4.2 交叉许可

交叉许可是指合作伙伴要求获得的不是许可使用费，而是另一项许可的许可协议类型。合作伙伴由此相互授予对方使用各自专利的权利，用于进一步开发或产品营销。根据不同协议的情况，可能还需要支付额外的许可使用费。交叉许可协议尤其有助于确保诉讼自由以及保持外部知识的开放获取。

原则上，交叉许可协议可分为两种类型。

- 协议涉及的知识产权在其生命周期内维持相互许可状态。
- 合同涉及的知识产权仅在一定期限内维持相互许可状态；期限届满之后，许可到期，可能需要进行新的谈判（终止方式）。

4.2.1 交叉许可：西门子和微软**

在 2004 年，西门子和微软签署了一项专利许可交换协议，允许对方扩大对各自专利组合的访问权限——这也使两家公司有机会向客户扩大销售范围并为其提供全面的解决方案。尽管两家公司同样花费了约 50 亿欧元的庞大研发预算，但微软不得不向西门子支付额外的许可使用费。

---

* ** 原著只有 4.1.1 和 4.2.1，无后续。为保持原著层级，特此保留。——编辑注

4.3 销　售

当专利被出售时，所有的权利都转移至买方，买方也就成为新的专利所有人。如果开发的技术不在公司的业务范围内，出售专利可能是合适的。如果没有开拓新业务领域的计划，仍然可以通过出售专利组合来产生附加价值。销售过程通常在合同签署时完成，这意味着卖方不会以监督或执行技术转让或许可使用费的形式产生任何其他费用。

4.3.1 知识产权市场：国际知识产权交易所（IPXI）*

国际知识产权交易所的例子展示了为建立知识产权市场所必须克服的障碍。根据 Ocean Tomo 的声明，该市场由 Ocean Tomo 于2008 年创建，是全球首个知识产权许可和交易市场，为以市场为基础的个人许可和知识产权商业化提供选择。通过引入单位许可权（ULR）的概念，国际知识产权交易所希望以顺应市场的价格和标准化条款确保非独占许可，可以在电子交易平台上进行交易。国际知识产权交易所的目标是为专利所有人提供一个有效和透明的货币化机会。对投资者来说，这个市场的附加价值在于能够对未来技术进行预测，并直接向知识产权而不是持有知识产权的公司投资。该市场的资金来源是会员年费和 20% 的交易份额，以支付运营成本（Bader et al. , 2012a，b）。

在 2013 年获得美国司法部批准后，该市场于 2014 年首次开放，交易对象为摩根大通的专利。然而一年以后，国际知识产权交易所于 2015 年 3 月停止交易。在一份新闻稿中，国际知识产权交易所指责潜在被许可方的要求等各种市场障碍，并抱怨实现其想法的时机尚未成熟（IPXI，2015）。众多声望高的公司一直是知识产权市场的一部分，包括来自各技术领域的许多公司以及大学和研究机构，这表明人们对这种制度化的知识产权市场抱有很大的兴趣。其中，国际知识产权交易所的客户包括摩根大通、飞利浦、惠普以及索尼等 70 多家公司。

4.4 战略联盟

特别是对于尚未准备好进入市场的早期开发和技术，公司和/或研究机构之间的战略联盟可以使所有相关方受益。联盟伙伴为联盟贡献互补的专有技术

---

* 原著只有 4. 3. 1，无后续。为保持原著层级，特此保留。——编辑注

和专利以更有效地推进研发活动，实现进入市场或扩大市场份额的目标；与此同时，风险和成本是共同分担的。与合资企业相比，联盟伙伴在法律地位上是独立的，也就是说，在合同中没有资本承诺。

4.4.1 战略联盟：IBM 和飞利浦*

IBM 从 20 世纪 80 年代开始制定许可战略。IBM 现已建立了以向第三方发布非独占许可为策略目标的许可项目；此外，还将与被许可人建立互补关系。近年来，该公司拥有超过 4 万件有效专利，每年的许可收益约为 10 亿美元。

飞利浦将其在许可方面最重要的战略目标定义为：制定标准。自 1924 年以来，飞利浦的知识产权已被纳入一家名为飞利浦知识产权和标准（IP & S）的控股公司。如今，IP & S 拥有约 450 名员工和 55000 多件专利。在其许可项目中，该公司提供专利、技术和服务，并向广泛的目标群体授予非独占许可。

直至数年前，微软还将其许可活动的重点放在通过被动许可来实施知识产权方面。随着战略的改变，微软目前正专注于交叉许可合作方式。此外，知识产权开发项目“微软知识产权风险投资”诞生了。微软希望新方法能够强化网络并降低风险。

4.5 分拆和回调

分拆是应用研发成果的另一种方式。分拆过程还能使公司进一步开发现有业务部门不感兴趣的创新并通过股权投资或许可从中产生收入。罗氏和诺华的两个案例说明了这一点。

4.5.1 分拆：罗氏和 Actelion

作为 20 世纪 90 年代中期重组措施的一部分，罗氏决定在Ⅱ期试验后不再进行“Bosentan”的研究和开发。尽管罗氏作出了这一决定，但囊括 4 名罗氏前经理的衍生公司 Actelion 的成立是为了开发这种物质的潜力；这种物质被作为治疗心脏缺陷的潜在活性成分进行交易。1998 年，罗氏将 Bosentan 授权许可给 Actelion，但保留了回调权。在Ⅲ期试验中，Actelion 改变了 Bosentan 的原始适应证：Actelion 没有治疗充血性心力衰竭，而是专注于肺动脉高压，而这一变化增加了药物获批的可能性。最终，Actelion 以 Tracleer ® 品牌成功推出该产品。在Ⅲ期试验之后，罗氏决定不使用回调权，以换取约 10% 的收益（见图 4.1）。

* 原著只有 4.4.1，无后续。为保持原著层级，特此保留。——编辑注

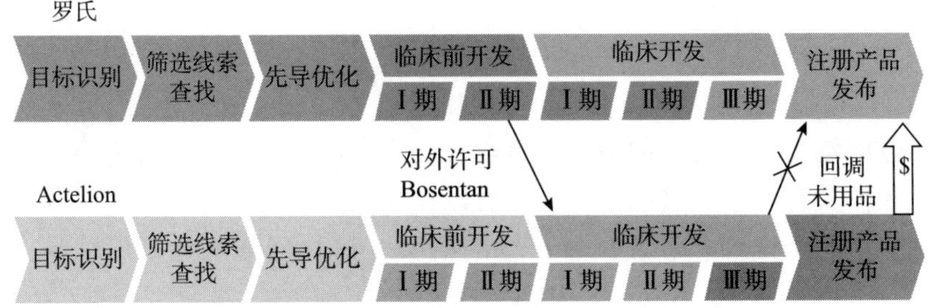

图 4.1 罗氏和 Actelion 之间的许可协议（Gassmann et al.，2016）

通过分拆，罗氏能够从一个原本被放弃的项目中获得收入。Ⅲ期试验和上市风险被转移给 Actelion。Actelion 有机会推出一款新产品，而无须在开发的早期阶段承担风险（Gassmann et al.，2016，2018；Gassmann et al.，2017）。

4.5.2 回调：诺华和 Speedel

为了进一步开发一个不适合该投资组合的项目，诺华于 1998 年成立了衍生公司 Speedel。诺华在临床前阶段结束后，停止了一个使用 Aliskiren 治疗高血压的项目。通过许可外包给 Speedel，诺华将Ⅰ期和Ⅱ期试验转让给 Speedel（见图 4.2）。2002 年，随着Ⅰ期和Ⅱ期试验的成功完成，诺华利用其回调权将该化合物转入Ⅲ期试验并最终推出该产品。诺华和 Speedel 都从该药物的销售中获得了收益。此次分拆使诺华可以在不承担Ⅰ期和Ⅱ期试验的成本和风险的情况下推出一种新药，使 Speedel 能够从一个没有早期开发风险、不需要付出生产和营销费用的项目中产生收益（Gassmann et al.，2016，2018；Gassmann et al.，2017）。

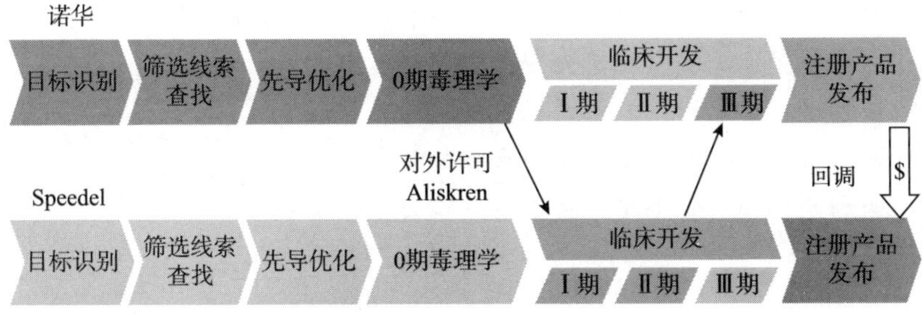

图 4.2 诺华和 Speedel 之间的许可协议（Gassmann et al.，2016）

4.6 合资企业

通过组建合资企业，创始公司可以补充各自的技术、产权和专有知识并共同开发和扩大它们。通过这种方式，可以在相关公司之间分担成本和风险，并可以创造引入新技术和进入销售市场的机会。拜耳创新就是采用这种方法的案例。

4.6.1 合资企业：拜耳创新*

拜耳创新曾是拜耳的创新战略组成部分，旨在为拜耳识别和开发新的增长领域，从而为进入新的高增长市场做准备。拜耳创新的优势在于开发超越子集团边界的创新解决方案并与外部合作伙伴共同开发新产品和业务。拜耳创新开发的技术卖给了感兴趣的拜耳子集团用于商业整合；未整合到拜耳集团的技术由拜耳创新对外商业化。拜耳创新仍然采用风险投资方式，即将工业产权作为可交易资产，目的是成立合资企业或类似的合作伙伴关系，从而最大限度地提高研发回报。

4.7 为获得融资而申请专利

除了前面提到的实施可能性之外，专利现在也被用于公司融资——它们可以是股权融资或债务融资的对象，但也可以用于混合（股权和债务的混合形式）融资（Bessler et al.，2003）。基于专利的融资包括以下可能的方式：

- 通过专利获得信用保障；
- 以专利垄断的核心竞争力为基础发行股权证券；
- 通过出售专利进行售后回租交易；
- 资本市场上专利产生未来现金流的证券化；
- 专利基金作为资助早期技术进一步发展的方式。

4.7.1 为融资申请专利：优步!**

除了知名度之外，优步还展示了一个有趣的案例：由于其专利可能在该公司获得资本的能力方面发挥了重要作用，因此最终促使它在 2019 年 5 月上市。

---

* ** 原著只有 4.6.1 和 4.7.1，无后续。为保持原著层级，特此保留。——编辑注

从商业化角度来看，这也很能说明问题，因为优步获得的专利组合中有一部分基本上没有被发明者利用。

据说优步的创立源于两位创始人的简单想法——他们冬天在巴黎参加 2008 年的 LeWeb（一个大型科技会议），想要打一辆出租车。一年后，两位创始人 Garrett Camp 和 Travis Kalanick 申请了 US26699609P（一种“通过移动设备在各方之间安排交通的系统和方法”，以及一件“通过使用移动设备为交通服务提供用户反馈”的专利），并在纽约用三辆车进行了 Alpha 测试。他们的创意和专利（再加上他们之前已经通过出售科技初创企业获得的 1000 多万美元资金）足以确保融资。2010 年 10 月，优步获得了第一笔重大融资，由 First Round Capital 领投 125 万美元。在 LeWeb 会议上，优步首席执行官宣布该公司已从 Menlo Ventures、Jeff Bezos（亚马逊首席执行官）和高盛获得了 3700 万美元的 B 轮融资。2012 年 2 月，该公司又获得了旧金山风投公司 Benchmark Capital 的 1100 万美元 A 轮融资；同年数月后，该公司使用部分资金，又向美国专利商标局申请了 14 件实用新型专利和外观设计专利。截至 2016 年 6 月，优步已经从沙特阿拉伯财富基金筹集了 35 亿美元的投资并申请了约 163 件专利和设计。

该公司利用其现金渠道进行了一系列知识产权收购。在一次采访中，优步专利交易团队负责人 Kurt Brash 表示：“由于专利授权平均需要四年时间，因此我们没有足够的时间来建立自己的投资组合。而且我们知道需要一些方法来保护我们的业务。”优步看到人类司机在工资、福利和要求方面令管理层困扰的问题，所以着眼于机器人司机的未来，以大约 6.8 亿美元的价格收购了 Otto——一家由谷歌前员工创立的自动驾驶公司。

这座通往大公司技术组合的桥梁伸得过远了：谷歌的自动驾驶子公司 Waymo 起诉 Otto/优步侵犯其商业秘密。2017 年 2 月，优步迅速收购了 AT&T 的部分投资组合，使其领先于 Lyft 等公司。

为了促进收购，优步开发了“自己的收购门户网站，以直接征求资产，加快团队分析，并为优步提供保护，以抵御伪装成收购机会的第三方专利威胁”（Lloyd，2018）。“他们有一个‘高质量’的收购战略，”Choi 继续说道：“对于优步来说，一件高质量的专利是指与已知技术相比，在特定技术领域具备实用性、合理广泛的权利要求范围以及较早的优先权日。通过在一开始就减少专利数量，该团队可以集中精力应用他们的行业专业知识，彻底审查权利要求的广度、有效性、专利期限、转让信息、预期销售价格等。”

具有讽刺意味的是，所有这些为捍卫其商业模式而进行的知识产权收购使该公司在收购 Waymo 时成为谷歌的法律靶子。Waymo 的技术来自谷歌的一名前工程师，而该人被指控窃取了自动驾驶汽车的商业秘密。据路透社报道，优步不得不以 2.45 亿美元的价格与谷歌达成和解（“Waymo 接受 2.45 亿美元的要求，优步‘后悔’解决自动驾驶汽车纠纷”。Reuters，2018）——这几乎是他们 2018 年所有专利总价值的 20 倍！优步收购 Waymo，无意中买了一颗法律“炸弹”，而不是购买了技术价值。

在其首次公开募股的招股说明书中，优步向美国证券交易委员会（SEC）表示：

“截至 2018 年 12 月 31 日，我们已拥有 904 件专利（其中 323 件为国际专利）以及提出 1297 件专利申请（其中 486 件为国际专利申请），其中许多涉及我们的核心技术，包括匹配优化、定价、路由、交通、导航、地图、安全和远程信息处理。”

图 4.3 展示了优步拥有的专利图景。

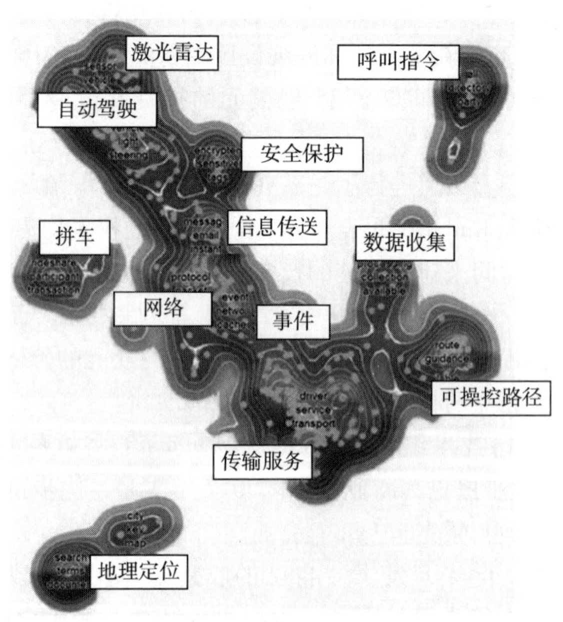

图 4.3　专利图景：优步的美国专利授权和申请情况（TechInsights，2018）

美国证券交易委员会首次公开募股招股说明书对优步专利组合的估值为 1200 万美元，而对“先进技术”的估值为 7000 万美元，这意味着软件和设备比专利更有价值：根据不同的计算方法，每件专利可能只值 5000 ~ 13000 美元。在这份招股说明书的支持下，优步于 2019 年 5 月通过首次公开募股又筹集了约 80 亿美元，使融资总额达到 162 亿美元。该公司上市时的估值约为 800 亿美元。知识产权收购可能是承销商在上市前“装点门面”的一部分。

具有讽刺意味的是，专利并不能保护核心业务；商业模式的保护来自规模经济和自我强化的网络效应。许多“发明”在美国境外是不能申请专利的，因此，考虑到一位爱沙尼亚高中生和他精通代码的朋友们能够重建一个类似的平台（复制自乌克兰，耗时约 9 个月内，并且使用最小的投资），所以将优步技术组合估值为 8200 万美元似乎有点过高。他们的公司 Bolt（原名 Taxify）是波罗的海地区最受欢迎的拼车应用（而不是优步）（Treija，2016）。另一个克隆优步的 Yandex 活跃于东欧国家，而优步不得不将之收购——这再次显示出知识产权保护商业模式的局限性。

在撰写本书时，优步仍在以每年 10 亿美元的速度流失现金并面临来自 Bolt、Lyft 和其他拥有类似技术的竞争者压力——这可能表明对知识产权“护城河”的依赖可能是一个坏主意。特斯拉和主要的汽车制造商很可能在自动驾驶技术竞赛中遥遥领先，而围绕 Waymo 的诉讼只是一个“先兆”，预示着如果某个公司破解了自动驾驶的难题、释放出数十亿美元闲置的资金并消除对驾驶车辆的非熟练劳动力的需求的话，那么之后会发生什么呢。相反，所有在自动驾驶、拼车和相关技术方面拥有空闲知识产权的公司都是从优步的专利收购狂潮中获利最多的，并且最终能够将它们的专利商业化。

重要结论：

- 专利向投资者发出的信号是：首席执行官是认真的并且技术是可以被挪用的。
- 拥有拼车技术碎片的公司积累的大部分价值都无法被变现。
- 知识产权组合在筹集资金方面发挥了重要作用，是收购的动力之一。
- 投资组合规模和对自动驾驶技术的涉足使该公司面临诉讼。

4.8　价值诉讼

此外，新公司越来越频繁地进入市场，而且不再通过产品将其专利商业化，而是主要利用它们来获得许可收入。因此，这些非运营公司也被称为非专利实施主体，包括大学、研究机构和研究公司，例如 ETH、Fraunhofer 和 InterDigital。

在这些非专利实施主体中，特别值得一提的是所谓的专利主张实体——它们从第三方获得专利供以后利用。它们的主要业务目的是通过专利侵权诉讼获得许可收入。它们通常被称为“专利流氓”，声名狼藉。然而，专利主张实体通常也代表个人发明人或小型公司，因此，对于那些没有能力、资源或手段打持久战的发明人和公司来说，它们扮演着重要的角色。从这个意义上说，非专利实施主体在复杂而竞争激烈的知识产权/发明人生态系统中占据了一个生态位。

专利主张实体可以根据其增加的价值类型分为四个不同的组（Krech et al.，2015）：

- 守卫者，例如 Golden Rice、MPEG LA
- 保护者，例如 Intellectual Discovery
- 资助者，例如 Pete Invest、Patent Select
- 收入者，例如 Acacia Research、Allied Security Trust、Intellectual Ventures

对于专利实施，专利主张实体通常采取非常积极的实施策略，特别是寻找潜在的专利侵权并对其采取行动（Ewing et al.，2012），目标通常不是法院判决，而是达成和解。根据普华永道的数据，这种以诉讼为重点的策略可以带来丰厚的利润，因为平均赔偿数额约为 600 万美元；图 4.4 表明该数据相对稳定，即使在美国损害赔偿的差异也很大。

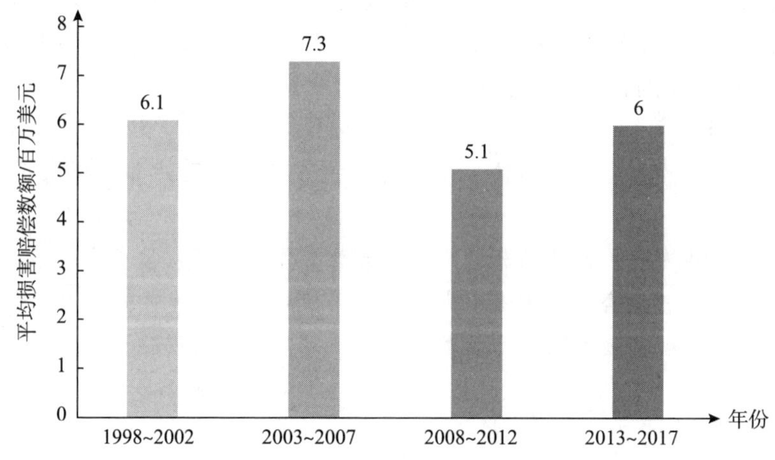

图 4.4　平均损害赔偿数额（PwC，2018）

据估算，对专利主张实体的损害赔偿现在超过了对制造公司的损害赔偿（Bessen et al.，2013）。甚至 IBM 在 20 世纪 90 年代也面临着激烈的实施攻击——当时作为专利主张实体的 TechSearch 以专利侵权禁令威胁 IBM 并要求其支付一大笔许可使用费（Hoss - Blumer，2009；IP Watchdogs，2013）。

这些新的实施战略受到了特别的关注，诸如对加拿大电信供应商北电的专利竞标（另见 Ziegler et al.，2011）。2011 年北电申请破产时，谷歌和由苹果和微软等五家移动电话公司组成的联盟 Rockstar Bidco，围绕该电信供应商的6000件专利展开了激烈竞争，最终，Rockstar联盟以45亿美元的价格拍下了这些专利——该联盟利用收购的专利与Android开发商谷歌以及HTC和三星等设备制造商进行专利侵权的许可谈判。2014年底，Rockstar已经完成了它的使命，2000件最有价值的专利已经转让给了其所有人，而剩下的4000件专利在2015年被所谓的防御性专利实施者RPX以9亿美元的价格收购（Reuters，2014）。2018年，私募股权公司HGGC最终以5.55亿美元的全现金交易将RPX及其专利组合私有化，这意味着2014年收购Rockstar存在潜在巨大损失！

4.8.1 专利主张实体：Acacia Research*

图片档案和通信系统存储来自CT扫描、核磁共振成像、超声波和类似图像的医学图像。美国佛罗里达州的一个医学工程团队申请了1件通过通信网络分发医学图像的专利，但由于没有能力推广这项技术，他们在2005年将专利卖给了Acacia Research。Acacia Research是一个非专利实施主体。Acacia Research声称其新获得的专利覆盖范围更广，认为这些专利涵盖了任何可以“使多个远程用户同时通过普通电话和互联网等数据网络从远程显示终端访问图像数据”的系统——这一描述显然适用于比原始专利所涵盖的更广泛的行业和技术。Acacia Research随后对一些大公司发起了多起诉讼：通用电气、西门子和飞利浦——这立即对那些成像软件销售公司产生了寒蝉效应，冻结了数百万美元的研发资金。

4.9 复杂策略

4.9.1 英国电信（BT Exact）**

英国电信的研发部门根据专门开发的实施矩阵（见图4.5）确定内部研究商业化的性质和范围。该实施矩阵区分了非正式和正式的知识产权：非正式的知识产权是指无形的知识，例如技能和专业知识；而正式的知识产权是指法定的知识产权，例如版权和专利（见第1.3节）。在许可方面，英国电信准备将

* ** 原著只有4.8.1、4.9.1，无后续。为保持原著层级，特此保留。——编辑注

专利、版权和知识许可给外部公司——这种协议通常涉及知识和技术的转让。然而，如果正式的知识产权存在特定市场，英国电信则更愿意将其外包为一项单独的业务。英国电信通常持有不到100%的股权。另一种选择是将知识产权投资于现有业务，例如初创企业。许可和“预热”（公司内部的初创企业）并不相互排斥，甚至可以相互刺激。在已经很发达的市场，许可通常可以产生立竿见影的利润。如果一项技术不能被充分地专利化，则优先考虑内部的预热活动而不是许可。如果良好的专利符合高技术知识，分拆可以带来最大的利好，但也会增加风险——与其他合作伙伴分担这些风险有助于降低成本和风险。分拆还具有刺激创业和内部创业机会的优势。

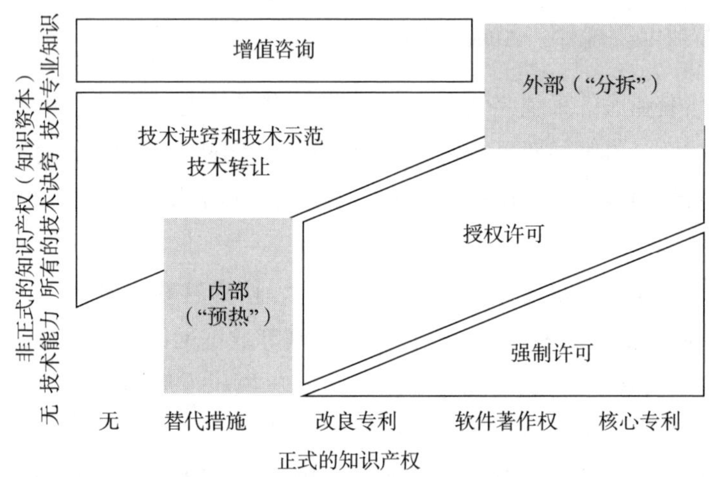

图 4.5 英国电信的知识产权实施矩阵

4.9.2 制造还是购买：拜耳

拜耳化工和制药集团建立了知识产权生命周期流程，包括三个阶段：获取知识、保护知识、使用知识（见图4.6）。知识可以通过内部的知识生成获得，也可以通过外部的合同研究、合作与合资、引入许可、购买与收购（制造或购买）获得。知识可以在内部被利用，例如通过专有的应用、产品、过程或服务。在外部，存储的知识可以用于研究合作和合资企业、许可或出售给第三方，或用作外包或基准测试的一部分（保留或出售）。

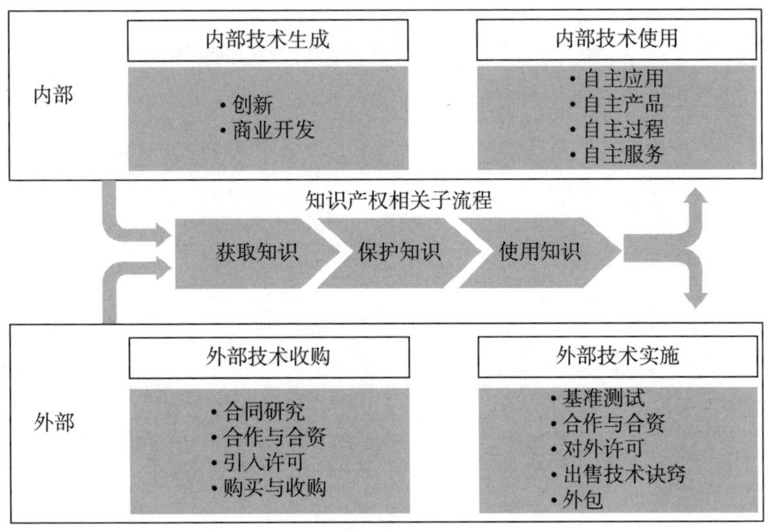

图 4.6　拜耳的知识产权商业化周期

4.10　商业化概念与结论

尽管在管理中使用专利作为战略杠杆，实施专利并在产品和流程中使用专利来创造额外价值的趋势日益增长，但公司仍面临几个挑战。专利交易的技术市场往往不透明。此外，仍然需要统一和公认的专利评估方法（Kamiyama et al.，2006）。关于许可协议的谈判经常失败，因为财务和非财务条款没有达成一致。交易成本高、专利实施合作伙伴的识别，以及资源的缺乏也是专利实施的典型障碍（Gambardella et al.，2007；Gassmann et al.，2010）。

因此，在行业联盟项目框架内，圣加仑大学知识产权管理能力中心协调制订了专利实施指南（Ziegler et al.，2011）。

专利成功实施的指导方针分为四个阶段（见图 4.7）：

1. 识别潜在的专利实施。
2. 对于这些专利进行评估和定价。
3. 寻找合适的交易伙伴。
4. 交易的实现。

每个阶段都有具体的挑战、需要澄清的问题和需要作出的决定。专利实施的关键在于：作出哪些决定、如何作出决定，以及这些决定会带来何种挑战。因此，下面将更详细地介绍开发过程的各个阶段并讨论已经提到的方面。

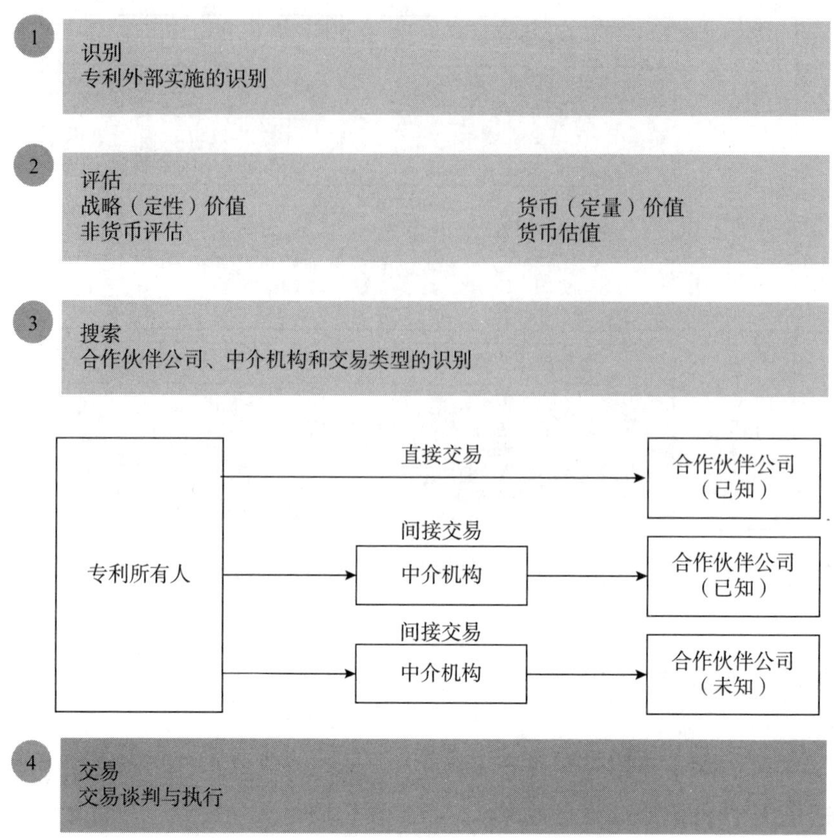

图 4.7　专利成功实施的四个阶段（Ziegler et al.，2011）

4.10.1　阶段 1：识别

这一阶段的挑战是根据公司的内部开发动机（无论是货币还是战略动机），从专利组合中确定可能被开发的专利。

必须做出以下决定：

- 保留还是出售：哪些技术、产品或商业模式有可能被用于对外许可？哪些应该被保留，哪些应该被出售？应该出售哪类专利（核心专利、非核心专利）？
- 动机：公司实施专利的目的是什么？它们在本质上是更具战略性还是更具货币性？
- 资源：许可活动需要很多资源。专利实施项目使用了多少资源？
- 时机：何时是授权的最佳时机（取决于技术的发展阶段、市场情况、公司的战略定位）？

- 职责：谁负责组织和协调外部实施以及该领域当前和未来的所有活动？

4.10.2　阶段 2：评估

一旦确定了要实施的专利，公司就面临着适当评估专利价值的挑战：

- 价格：合适的价格是多少？由于缺乏标准化、普遍接受的估值法（定性的、定量的，还是两者都有?），转让专利时的定价仍然是一个重大挑战。
- 估值法：应该使用定性方法还是定量方法？(见本书第 3 章)。
- 风险：与公司核心业务相关的风险有哪些？
- 排他因素：哪些因素反对外部实施（市场份额损失、无利可图的成本效益估算)？

4.10.3　阶段 3：搜索

在第三阶段，有必要考虑是寻求直接转让还是间接转让。此外，选择合适的合作伙伴公司或中介机构是这一阶段的核心：

- 行业：许可应该在您所在的行业内部还是外部授予？
- 许可合作伙伴：谁是正确的许可合作伙伴？这个合作伙伴是怎样被发现并被说服？
- 竞争：公司是否愿意将产品销售给直接竞争者？
- 应用渠道：专利将被直接许可给第三方还是应该由公司借助专利中介机构的支持（例如专利经纪人、专利拍卖)？
- 资源：公司是否具备资源和专业知识来寻找合适的合作公司并进行交易？中介机构有必要介入吗？
- 中介机构：谁是适合支持专利实施的中介机构？
- 职责：中介机构应该执行哪些任务，哪些任务在内部被执行？

4.10.4　阶段 4：交易

第四阶段也是最后阶段将重点讨论专利交易及其执行的条款和条件：

- 制造还是购买：哪些内容应该自行生成，哪些内容应该引入许可？
- 独占性：应该授予独占或非独占许可吗？
- 交易的范围和内容：对外许可的专利是否应当包含知识转让？从纯专利实施到全技术诀窍转让和工艺支持的过程中，哪些服务与许可相关？
- 区域划分：许可在哪个区域有效，例如仅在德国还是全世界有效？
- 愿意妥协：哪些要求可以在谈判中被忽略，哪些思想是中心思想？
- 考量因素：公司期望的回报是什么（一次性付款、许可、技术诀窍)？

专利商业化成功的10个因素

● 企业战略：实施策略对企业和研发策略的适应是成功实施的核心，不一致会导致混乱和效率低下。

● 行业：专利实施应该在行业内部还是在行业外部开展，这一决定必须反映在实施策略中。

● 市场技术诀窍：为了成功地实施专利，必须了解目标行业的特征和市场结构，以便确定对专利的可能需求。

● 目标定义：只有对专利实施策略有明确的目标定义，才能为开发过程识别和选择正确的专利。

● 商业化渠道：商业化路径必须与所需的外部资源和能力相关，例如在中介机构的帮助下直接或间接转让。

● 合作伙伴公司：在选择将专利权转让给公司时，必须仔细考虑专利实施的目标——合作公司的能力对于包含技术诀窍转让的项目尤为重要。

● 评估模式：目前还没有完善的专利评估方法。估值和评估方法的选择总是视情况而定，也必须选择相应的目标。

● 组织结构：成功的实施策略需要适当的组织结构，例如专门从事专利业务的组织单位，并有明确的资源分配。

● 管理：一个成功的实施策略需要管理层强有力的积极支持。

● 组织文化：外部专利实施是很多公司的例外。为了使长期的成功实施成为可能，必须在公司内部建立激励机制，不仅鼓励专利的产生，还要鼓励外部实施。

参考文献

[1] Bader M. A., Liegler F. (2013). Ein europäischer (Finanz –) Markt für Geistiges Eigentum? Mitteilungen der deutschen Patentanwälte, 104 (1), 25 – 26.

[2] Bader M. A., Gassmann O., Jha P., et al. (2012a). Creating an organised IP rights market in Europe. In: Intellectual Asset Management Magazine, No. 26, pp. 33 – 38.

[3] Bader M. A., Gassmann O., Jha P., et al. (2012b). Creating a financial market for IPR. European Commission: Brussels.

[4] Bessen J., Meurer M. J. (2013). Direct costs from NPE disputes. The Cornell Law Review, No. 99, p. 387.

[5] Bessler W. , Bittelmeyer C. , Lipfert S. (2003). Zur Bedeutung von wissensbasierten immateriellen Vermögensgegenständen für die Bewertung und Finanzierung von kleinen und mittleren Unternehmen. In J. – A. Meyer (Ed.), Unternehmensbewertung und Basel II in kleinen und mittleren Unternehmen (pp. 309 – 334). Cologn: Eul.

[6] Ewing T. , Feldman R. (2012). The giants among us. Stanford Technology Law Review, 1, 1 – 61.

[7] Gambardella A. , Giuri P. , Luzzi A. (2007). The market for patents. Europe Research Policy, 39, 1163 – 1183.

[8] Gassmann O. , Bader M. A. (2017). Patentmanagement: Innovationen erfolgreich nutzen und schützen (4th ed.). Berlin: Springer.

[9] Gassmann O. , Ziegler N. , Bader M. A. , Nowak R. (2010). IP management in practice. St. Gallen: University of St. Gallen (ITEM – HSG).

[10] Gassmann O. , Krech C. – A. , Bader M. A. , Reepmeyer G. (2016). Out – licensing in pharmaceutical research and development. In A. Schuhmacher, M. Hinder, O. Gassmann (Eds.), Value creation in the pharmaceutical industry – The critical path to innovation (pp. 363 – 380). Weinheim: Wiley – VCH.

[11] Gassmann O. , Schuhmacher A. , Reepmeyer G. , von Zedtwitz M. (2018). Leading pharmaceutical innovation – How to win the life science race (3rd ed.). Berlin: Springer.

[12] Hess – Blumer A. (2009). Patent Trolls – Eine Analyse nach Schweizer Recht. sic!, pp. 851 – 865.

[13] IP Watchdogs (2013). Why bash individual inventor owned or controlled companies? http: //www. ipwatchdog. com/2013/06/30/why – bash – individual – inventor – owned – or – controlled – companies/ id =42613/.

[14] IPXI. (2015). Corporate announcement. Chicago: Intellectual Property Exchange International. https: //www. ipxi. com/corporate – announcement. html.

[15] Kamiyama S. , Sheehan J. , Martinez C. (2006). Valuation and exploitation of intellectual property. OECD Science, Technology and Industry Working Papers, No. 5. Paris: OECD.

[16] Krech C. – A. , Rüther F. , Gassmann O. (2015). Profiting from invention: Business models of patent aggregating companies. International Journal of Innovation Management, 19 (3), 1 – 26.

[17] Lloyd R. (2018). Uber's patent transactions head explains how the company built its portfolio through savvy deal – making. Intellectual Asset Management (IAM).

[18] Parr R. L. , Sullivan P. H. (1996). Technology licensing. Corporate strategies for maximizing value. New York: Wiley.

[19] PricewaterhouseCoopers. (2018). 2018 Patent litigation study. https: //www. pwc. com/us/en/foren sic – services/publications/assets/2018 – pwc – patent – litigation – study. pdf.

[20] Reuters. (2014). RPX buys Apple – backed Rockstar patents for $900 million. http: //

www. reuters. com/article/2014/12/23/us – rpx – rockstar – ip – idUSKBN0K11AI20141223

[21] Reuters. (2018). Alexandria Sage, Dan Levine, Heather Somerville.

[22] TechInsights. (2018). What does Uber's patent landscape look like? https://www. techinsights. com/ blog/what – does – ubers – patent – landscape – look.

[23] Treija. (2016). Uber, what? Taxify is the most popular taxi startup in the Baltics. EU Start – Ups.

[24] Ziegler N., Bader M. A., Rüther F. (2011). Handbook: External patent exploitation: Motives, forms, the role of intermediaries, and a guideline. St. Gallen: University of St. Gallen (ITEMHSG).

第 5 章 组织专利管理

5.1 管理与服务专利部

作为内部服务提供者，专利部在战略控制管理与提供服务的持续紧张关系中运作（基于：Loebbert，2000）。内部客户关系分为三层（参见图 5.1）：

- 管理及战略层：管理层对专利部的授权必须清晰明确。仅关注专利量的普遍需求远远不够。明确说明战略重点尤为重要（参见本书第 2 章）。
- 操作层：内部客户提供服务必须平衡（付出与回报、义务与权利）。
- 项目层：平衡专利部在战略客户与内部业务线以及内部客户间的协调与调整作用。

因此，专利部任务包括：

- 阐明发明
- 卓有成效地促进发明
- 对专利及其他知识产权提起诉讼并对外部法律事务所进行监督
- 咨询、支持、检索、尽职调查（方法、分析、支持、专利策略）
- 职务发明人报酬及激励制度
- 标准化问题
- 管理专利组合（数据库和信息管理）
- 管理专利流程（截止日期、费用）
- 改进建议
- 知识管理（创意管理、最新技术概述、发明公开、自有专利、竞争对手专利）

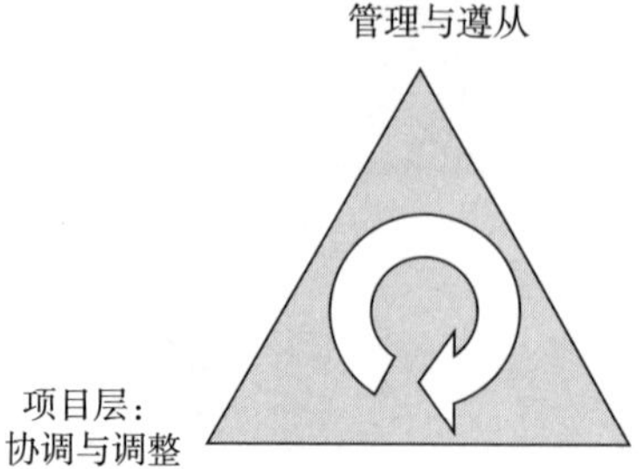

图 5.1　内部专利部客户关系层

因为忽视了服务层面，所以大多数公司的中心专利部经常遭受非议。一些专利部充当创新的审查者和抑制剂，而不是催化剂。负责人往往发现很难根据提供服务的收益和成本及时采取措施，亦很难在不同利益群体之间平衡收益和成本。因此将研发部和商务部视为客户是非常重要的。可分为三个层次：

1. 管理及战略层：管理层的任务陈述应清晰明确。
2. 操作层：为内部客户提供的服务必须合乎需要且有价值。
3. 项目层：战略主体与服务客户间的平衡（参见图 5.1）。

成功管理专利部的要素

专利部的管理高度依托公司内部的整体运作。它需要：

1. 得到最高管理层、上级管理层和项目经理的全力支持。
2. 内部工作网：拥有内部专家和例如嵌入研发部的分散的支援协调员。
3. 知识产权、研发、市场/销售部之间的合作。
4. 对研发、管理、市场/销售以及专利部开展定期专利意识培训和继续教育。
5. 考虑成本/收益方面，明确的发明和专利组合的评价和选择系统以及相应的流程。
6. 通过快速组建集中协调的核心团队，对警告和专利侵权诉讼进行辩护；该团队也可以分散抽调专家和决策者。
7. 根据是否具备合适的知识产权、财务资源及整体实力，许可和实施知识产权。
8. 促进合适的包括激励制度的发明文化。
9. 控制对所有相关方的货币和非货币激励，例如对发明人或许可专家的奖励。
10. 确定员工数及财务架构资源。

5.2　专利部的成本和收益

在优化成本和收益的压力下，公司在完善流程的同时应更加关注知识产权问题。我们的研究表明：75%的公司追求法律保护策略并拥有与公司战略一致的精心制定的专利策略，在整个组织内实施并定期审查和更新——尤其是研发部积极参与整个策略进程。

研究还表明：专利策略的主旨日益不仅指向单一的知识产权防御和保护，还指向通过外部利用工业产权来获得许可收入。总的来说，每两家公司就有一家对外销售专利。通常情况下，公司的核心能力和相对竞争优势会因此受到影响，有必要对此采取有区别的方法。

现有专利部的直接成本相对比较容易确定。除人工成本外，基础设施成本以及诸如检索成本、办公费用及收费等外部服务成本亦须考虑在内。然而，考虑到所有内外利益攸关方，确定整个专利管理过程的成本是相对困难的。

因此，许多公司针对单个活动或流程步骤推行成本透明度——这被证明是行之有效的。

这些根据“污染者付费原则”（polluter - pays principle）进行内部核算。整体业绩分为业绩组。这带来预期收益、支出和服务提供相关成本间的调整。

在单项服务的结算框架内，存在多种结算模式：

- 分配；
- 按时计费；
- 依案固定计费。

在分配核算中，产生的成本被分配到不同的利益相关者群体，例如业务单元。通常使用成本中心法进行分配。分配贡献的标准可以是企业区域销售额、研发预算或研发人员数量。这种分配方式的优势在于非常简单。实践中，分配贡献的低影响性和缺乏透明度是一大缺点。

类似于外部服务提供商，按时计费的特点是高透明度和准确性。然而，内部工作量通常要高得多并且涉及很难分配不能直接收费的时间。

只要通过合理的工作量，就可以达到足够的准确性，因此依案固定计费代表了一种折中。特别适合按固定计费结算的工作流程是准备通知、通知和专家意见、组合维护和信息管理。一些特定案例的费用难以按固定计费计算，因此如侵权事务或创新咨询的其他服务流程通常按时间和材料收费。

结算模式的普遍缺点是“谁付出，谁创收”意义上的特定利益和商业利益占据主导地位。比成本本身更成问题的是专利部的创收，因此专利部总是受到越来越多的审查。换句话说：如果没有专利部，机会成本是多少？通过许可收入获得的直接货币可衡量收益通常是最小部分。更重要的是，它导致不好证明：竞争者要想规避专利很难，因此模仿者也不会带来积极竞争（临时垄断利润）。竞争对手被自有专利有效阻止的程度只能在特定情况下才能确定（如戈尔特斯专利）。然而，实践中，这些封锁效应不能真正用货币来评估。

业绩评价

消费品制造商汉高使用其专利的异议量作为评价专利部专利申请活动质量的指标——这似乎是一种简单而有效的指标。

5.2.1 复杂的专利部改组：英飞凌

1999年4月，半导体公司英飞凌从其母公司西门子剥离出来。英飞凌当时已是全球十大半导体公司之一，剥离时拥有一个囊括超过20000件专利及专利申请的专利组合。由于知识产权规划是新公司成功的核心，且支持知识产权组织是相当复杂的，因此此案例尤其具有启发性。

英飞凌最初的理念是尽快独立于前母公司。由于之前许多服务是由西门子集中提供的，并没有剥离出来，因此，更多地利用外部可用资源尤为重要，特别是服务部门——这尤其影响到专利和商标部。这种最初状况引发了不同的看法：

- 英飞凌的考虑：西门子的前半导体专利部如何对尽可能长久地支持英飞凌的专利和商标部作出承诺？
- 西门子的考虑：前半导体专项专利部该怎么办？内部吸收还是独立为外部法律事务所？

在建立知识产权服务时，必须平衡短期和长期目标。短期内，在计划的首次公开募股（一年后的2000年4月）之前，有必要将以前的知识产权支持从西门子完全转移到英飞凌。从长远来看，该公司希望通过一系列复杂的服务建立自身有竞争力的知识产权支持。

然而，建立内部专利部的条件非常危险，需要处理大量的发明和专利申请：1998~1999年，每年提交的专利申请超过1000件；此外，还有一个超过10000件专利组合的超高活跃文件清单。大量侵权行为和其他法律纠纷以及对如产品清理和重新设计的法律咨询的普遍高需求也对该部门的咨询能力和质量提出了高要求。相比之下，在半导体技术的高科技领域，劳动力市场上仅有少量自由可用的知识产权专业人士。此外，对自由职业知识产权专业人员的需求普遍强劲。

上述初始立场是建议将专利申请过程的服务进行外包。此外，显而易见，服务包必须在几个外部专利事务所之间进行分配。

英飞凌和西门子制定了一套全面的措施以实现英飞凌的知识产权活动的独立性。约 1/3 西门子半导体专利部的专业人员被成功地剥离出来，成立了一家独立的律师事务所。在这种情况下，英飞凌暂时向律师事务所确保最低基准值。此外，以前负责半导体行业的西门子专利部已与律师事务所外部网络建立关系。峰值工作量已经外包为所谓的“同事工作”，但不再分配任务。通过这些活动，与德国约 30 家律师事务所建立了关系，如今应该越来越多地利用这些资源。西门子和英飞凌间的过渡计划使英飞凌获得了西门子专利部处理团队的临时支持并确保了行政处理的连续性。与此同时，英飞凌开始着手成立自己的知识产权部。然而，知识产权流程外包的先决条件是建立英飞凌专用的 IT 基础设施以创建所谓的“法律事务所能力”（见图 5.2）。

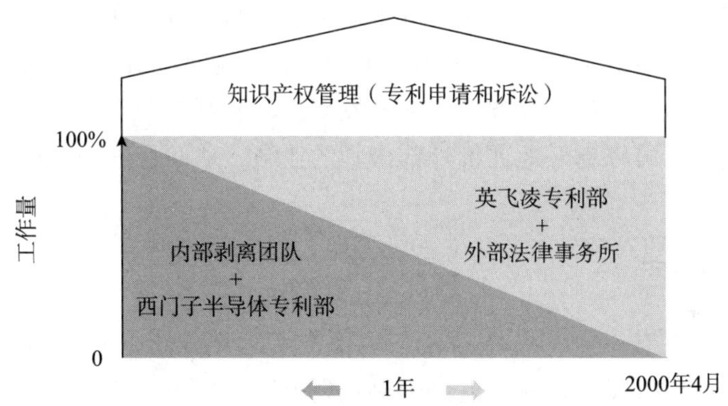

图 5.2　向新的专利部和外部供应商过渡

5.2.2　管理外包

公司的目标是让尽可能少的律师事务所负责以确保最大程度的可控性。一个重要的选择标准是律师事务所拥有充足的技术合格的员工且他们有机会拓展这方面的知识。技术相关领域主要涉及半导体技术和通信技术及一些安全知识。另一个重要因素是律师事务所普遍愿意例如通过雇用更多员工来实现一定的增长。

英飞凌避免依赖单一公司，因此，在相关主题领域至少授权了第二家足够合格和合适的律师事务所。这是为了简化以后的性能和价格比较且使工作量转移切实可行。

然而，在选择过程中，尤其起决定性的因素的是：律师事务所不仅能够处理新申请，而且能够处理正在进行的诉讼——平均而言，数量比例约为1：4。每一件新申请都需要接管四项正在进行的申请程序。当然，在这方面，那些曾经为西门子半导体专利部提供“同事工作”作为扩展工作平台的律师事务所通常处于优势。英飞凌在选择过程中尽可能标准化选择：

- 英飞凌创建了与律师事务所链接的标准接口，例如：
  - 律师⟺英飞凌专利部渠道。
  - 律师事务所⟺发明人渠道。
- 律师事务所⟺发明人渠道。
- 决策过程标准化。
- 确定行政能力需求的技术应用领域和渠道。

5.2.3 管理质量

英飞凌建立了强有力、实用、一致的质量控制来评价外部专利服务的质量——其采购部主要负责此过程。与律师事务所商谈时，价格和业绩（包括时间要求）是商谈的重要部分，然后在此基础上与律师事务所起草框架协议。

通过制定包括定量定性方面且涉及发明人、专利部和律师事务所的标准化质量控制流程，可以更好地评价外部律师的业绩，从而在进一步授予合同时予以考虑。

5.2.4 管理流程

英飞凌大规模外包可操作的专利申请流程如图5.3所示。内部重点是策略、协调和决策过程，外部重点是确保专利申请得到快速处理并符合要求，从而将正在进行的专利申请积压降至最低。

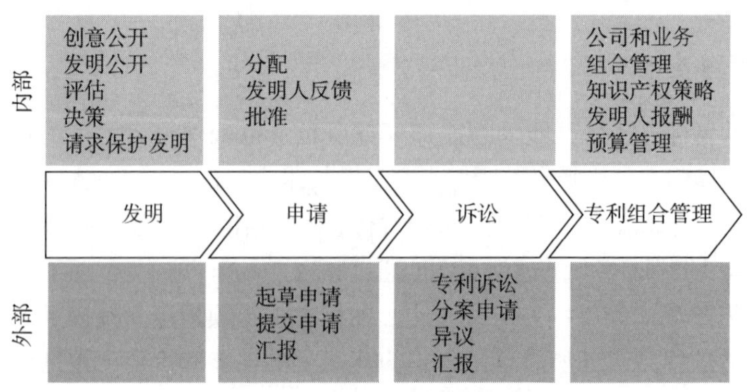

图5.3 英飞凌内部和外部流程

5.3　专利管理核心流程

确定公司想通过利用专利实现自由经营、竞争差异化和许可收入的正确“剂量”也称作为专利策略。如果公司分为不同的业务领域，建议双管齐下的策略发展，分为公司和业务领域两个层面。公司层面明确为企业量身定制的一般专利策略，例如明确规定企业想要采取的进攻或防守方式。业务层面主要制定应用策略，包括发明的主要领域、选择标准和国家组合。

自上而下和自下而上策略要素的比较是一个迭代过程。如果不能始终如一地实施，再好的策略亦徒劳。这要求公司内部有合适的组织结构和流程。尤其会存在以下问题：

- 如何获得最高管理层和其他利益相关方对制定和实施专利策略的必要承诺？
- 谁参与发明公开的创建和评价？专利申请和专利应该如何进行？
- 如何审核成本/效益？
- 专利保护的范围是什么？
- 专利保护的替代方案是什么？
- 内部提供服务应选择何种组织形式和汇报渠道？
- 有哪些典型的实施措施？
- 如何让外部服务提供商参与进来？如何监控其所提供服务质量？
- 应考虑哪些文化影响因素？

不管内部的复杂性如何，就专利策略的制定必须与各自的利益攸关方进行协调——最好在采用流程之前。

发明产生过程：

1. 激励和识别发明
2. 评价和选择发明

专利局程序：

3. 首次提交
4. 分案申请、海外申请
5. 维护专利和其他保护权利

策略圆桌会议，通常称为策略专利委员会，适用于大公司的策略制定过程。这些由专利部准备，定期进行——例如每年一次。然而，其常规实施需要得到管理层的明确支持。

专利管理的一个重要组成部分是在向专利局申请专利的程序中的相应处理方法。通常情况下，这首先分为发明产生过程各环节，其次是分为在专利局的处理程序的各环节。

5.3.1 发明产生过程

1. 激励和识别发明

第一步是从产生和寻找合适的创意开始，包括例如创意的产生、与发明人和项目经理的相关讨论以及项目重要阶段审核。除了在项目审核过程中被动地记录专利创意之外，专利律师还扮演着积极的角色：调整和激发可能的专利申请的创意，以便不仅产生具体的产品概念，还能发现影响深远的创新理念。此外，专利律师帮助从现有的产品概念中抽象出来并打破熟悉的思维结构。知识和经验的新结合、观点的适度调整激发了新的专利理念。以下步骤必须明确细分：

（1）问题阐明：要申请专利的领域的系统界定和问题解释。

（2）创意产生：创造力和发散思维占主导地位；这里有一些有用的激发创造力的实用技术，例如矩阵法、TRIZ、6－3－5 方法，或者普通的头脑风暴。在这个阶段，激发创意尤为重要，但还不能评价它们。

（3）创意选择：初步选择至少后续应该推进的创意——重点是将这些创意构建、评估并浓缩到最有发展前景的解决方案方法中。

（4）实施：创建发明公开。

2. 评价和选择发明

评估最好在代表专利职能、研发、创新管理、市场和营销等领域的团队中进行。如果能定期开会，这将是一大优势。除了评价团队的组成之外，评价不是由个体进行，而是由整个团队进行——这一点至关重要。此外，书面的个人评价也可以根据专利部规定的精确标准进行（参见第 3 章）。

5.3.2 专利局程序

1. 首次提交

该步骤包括检索和向专利局提交专利申请；批准因国家而异。通常现有技术公布可以通过期刊、展会、互联网或其他媒体。

一般而言，在提交首次申请之前应该调查后一件专利可获得的收益与成本的比例是否合理（参见第 2.4 节）。此外，如果存在潜在侵权行为在以后难以或无法证明的情形，应考虑对发明进行保密而不是提交专利申请。例如，生产过程中经常出现这种情况，因为这些过程是在外人无法进入且公司所特有的生产设施中进行。

然而，如果存在第三方可能在同一领域获得干扰性专利的危险，为了规避这种情况，则可以借助于所谓的现有技术出版物发布一般性改进来创造自我诱导的现有技术（参见第 2.5 节）

德国跨国工业控制和自动化公司费斯托在开发过程中设定了明确的重要阶段（见图 5.4）。基于此，费斯托进行专利检索、分析专利信息、评价发明并进行组合评价以控制专利申请过程。图 5.5 和图 5.6 示出了欧洲专利局欧洲专利申请程序和欧洲专利授权程序的常规流程（另参见 WIPO，2017）。

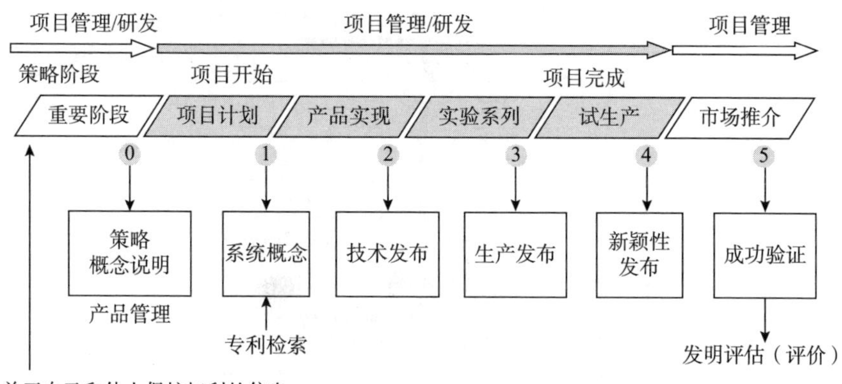

图 5.4 费斯托不同专利流程

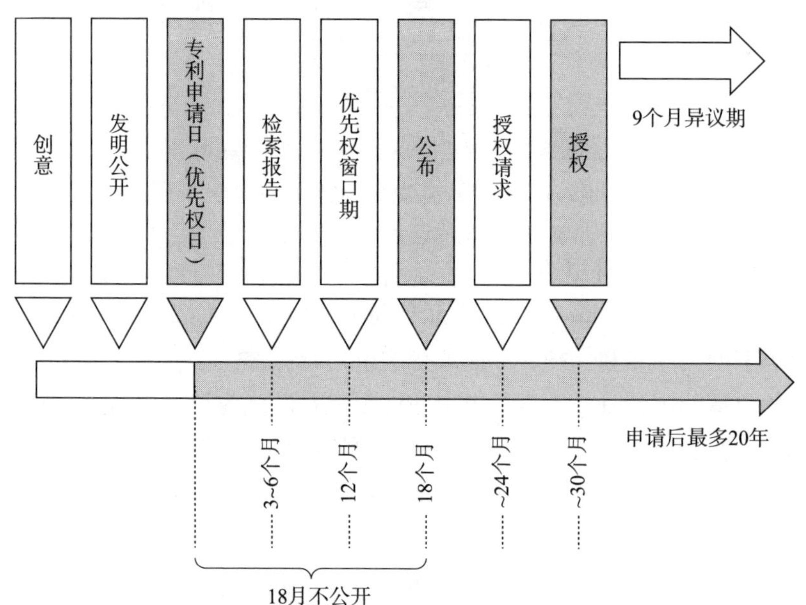

图 5.5 欧洲专利申请程序流程

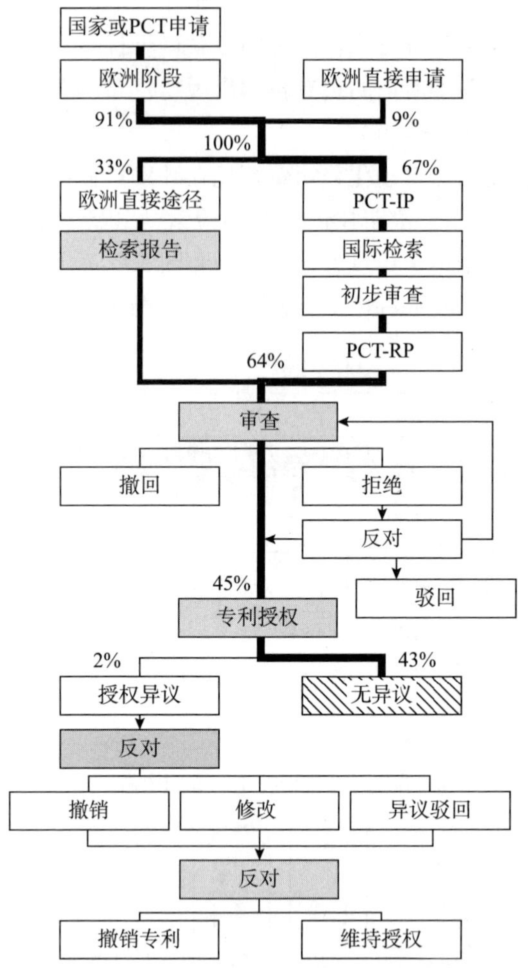

图 5.6 欧洲专利局的授权和异议程序

2. 分案申请、海外申请

提交了首次专利申请（例如国家专利申请）后，可以提交后续专利申请以获得更多的国际专利保护并保留最初的申请日。

原始申请的申请日成为后续申请的优先权日。优先权日仅适用于两个申请共有部分。在提出后续申请时，最好调查原始申请所依据的评估标准是否仍然有效。这一阶段还涉及以高成本选择要获得更多工业产权的国家。特别合适的标准是销售市场国家和竞争对手生产设施所在的国家。

对于活跃于消费品和工业领域的跨国企业德国化工和消费品公司汉高来说，识别发明公开的重要先决条件是充分了解现有技术和竞争对手。汉高使用德温特和 MicroPatent 提供的服务来监测竞争对手，每年人工处理约 5000 件专利说明书，重点是竞争对手活动，此外还用关键字检索监测技术领域。主管技术专家负责检查和评估专利文献；通常，他们是研发组的负责人。例如，洗涤剂片剂的研发主管负责“片剂”检索字段。尽管研发组负责人负首要责任，但他们也可以依靠团队中其他的指定技术专家。研发经理会收到来自研发组负责人有关专利情况的定期和直接的报告。汉高非常重视研发专家在专利文献和信息方面的常规和高强度工作。在审核文献后，下一步是在新的理解基础上得出适当的行动措施。

3. 维护

必须有一套单独的流程步骤专门用于维护知识产权，在该步骤中，在支付官方费用之前重新审查评估标准。各个国家的成本成熟度在这方面发挥重要作用。欧洲国家收取年费，而美国在授权后每 4 年收一次。通常，产权没有被明确放弃，只是没有支付任何费用而到期。这样做的好处是在作出了错误决定的前提下，产权可能会被重新激活。

专利的产生通常基于中小企业中的个体和大公司中的专家团队作出的个体决定——这种团队也称为专利联络员或运营专利委员会，其由具备市场、技术和专利专业知识的专家组成。这些团队通常每月或每季度举行一次会议以评估新发明公开、首次申请、后续申请以及专利维护。这一过程可能需要几年时间才能授权专利。世界各国专利局一直在努力解决专利积压，目前已经缩短了此前为此所需时间。例如，在欧洲专利局提交的专利申请仅在 2 ~3 年后即获得授权，专利平均持有时间为 12 年（见图 5. 7 和图 5. 8）。

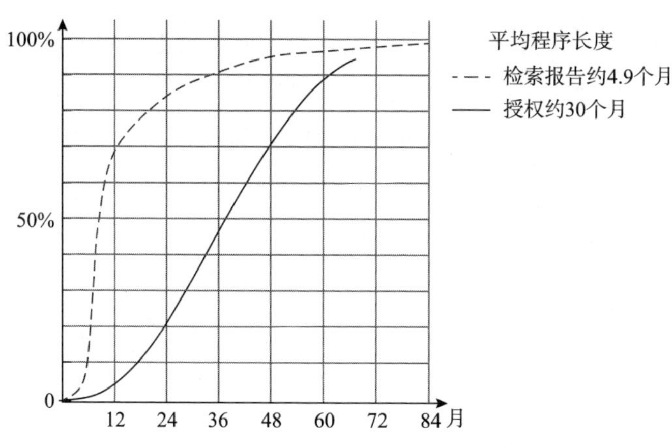

图 5. 7　欧洲专利局的平均程序长度

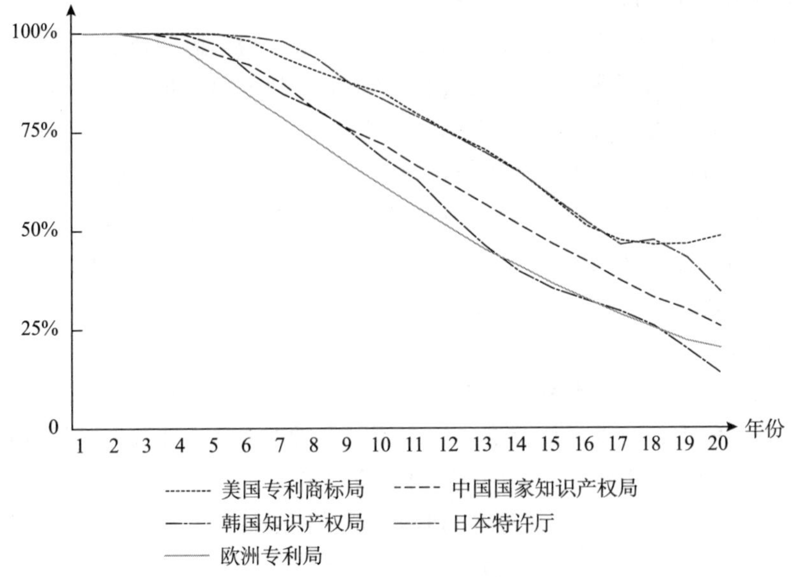

图 5.8　五大知识产权局 2019 年平均专利周期

美国提供了一项快速通道（fast - track）计划，旨在 1 年后授权。日本已经大幅减少了未决案件，其第一次审查意见时间从 2011 年的约 26 个月缩短到如今的 10 个月左右，并在约 20 个月作出最终决定（WIPO，2017）。

5.4　作为催化剂的发明文化

创新文化的一个重要组成部分是公司员工开发创意并将其转化为适销对路的技术、产品和服务的能力。为了实施专利策略，发明活动因此受到商业利益的影响。实行奖励那些作出重大贡献的发明的激励制度特别适于这一目的。可以采取适当的措施来创建发明人文化：

- 确保广泛获取所有信息来源；
- 阐明交流职责和任务；
- 制订共同的团队守则；
- 定期反馈和审核；
- 促进个人交流的社会活动；
- 积极传播成功事例；
- 项目结束时的项目汇报；
- 远离日常事务的分组会议；

- 建立试验室促进实验。

瑞士工业公司乔治·费歇尔（Georg Fisher）选择了单一的货币激励制度来促进发明，该制度考虑了国家义务，如职务发明人的报酬。参与者认为激励制度是公平的——这一点尤为重要。这尤其适用于来自公司不同地区和地点的员工以一个团队参与一个项目的情形。比较的起点是各地的平均工资。此外，透明度、充分沟通和适当的培训也是必需的。如果项目被认为是重要且可持续的，则研发管理层或技术委员会必须给予支持。

保险公司瑞士再保险（Swiss Re）采用了包含货币和非货币成分的发明激励制度：发明人名字列在公司内联网的名人堂中并受到表彰，同时附上执行董事会成员的表扬信，必要时还赠送小礼物。

过程自动化解决方案和服务提供商恩德斯豪斯（Endress + Hauser）发布一份年度报告，其封面上印有该公司所有发明人的肖像——对公司内部的发明人和员工以及公司外部客户来说，这是一个强烈信号。

“创新或灭亡”

尽管柯达的财务状况正在下滑，但它却拥有强大的发明人文化，而这种文化是由其发明家兼创始人乔治·伊斯曼（George Eastman）在 19 世纪开创的。柯达设立了四项主要奖项，其中三项与专利有关：

- 第一项　首席技术官第 1 件专利奖：

授予第 1 件授权专利的奖励，包括颁布的专利证书副本及由首席技术官签署的函件。

- 第二项　第 20 件柯达专利：

授予第 20 件授权专利的奖励，包括现金奖励和受邀参加由首席执行官和首席技术官举办的年度晚宴。

- 第三项　第 100 件柯达专利：

首席技术官世纪奖，包括现金奖和年度晚宴邀请。

- 第四项　伊士曼创新奖：

重要发明相关的年度奖项，但不一定是专利。

然而，专利奖励不足以阻止柯达的最终衰落；柯达内部没有推动足够的颠覆性创新。

5.4.1 “文化能把策略当早餐吃”*

利润的压力和行业竞争让公司面临着创新的压力。虽然在策略和商业模式层面已经有很多好的解决方案，但创新中人的因素往往容易被忽视。然而，企业文化是一种关键资源，其使公司能够将员工作为创新的关键性成功因素（Gassmann et al.，2018）。

创新的企业文化是推动可持续发展、吸引年轻人才的核心因素。根据社会学家理查德·佛罗里达（Richard Florida）的研究，再也不能仅仅靠高薪和良好的职业前景招聘和留住年轻人。在争夺世界最佳人才的竞争中，更重要的是强大而积极的组织文化。

观察高度创新的公司，我们不止关注领导者——因为他们大多数不创新，更多要关注实际产生创新的人。我们试图找出如何发展和促进高度创新企业文化的成功实践。通过研究，我们确定了创新公司的七个文化方面并称为 ANIMATE 模型（参见图 5.9）：

- 灵活实施：在快速、迭代学习周期中行动。
- 培养：制定措施激励员工和外部合作方跳出框框思考。
- 启发：给员工设立目标并启发他们。
- 激发：激发员工让他们走得更远。
- 调整团队：筹备团队共同实现目标。
- 透明度：开诚布公地沟通，让所有员工都能以最有效的方式为既定目标做贡献。
- 授权：建立一种能胜任并能掌控自己行为的氛围，并在所有层级上建立自信——这将促进创业精神。

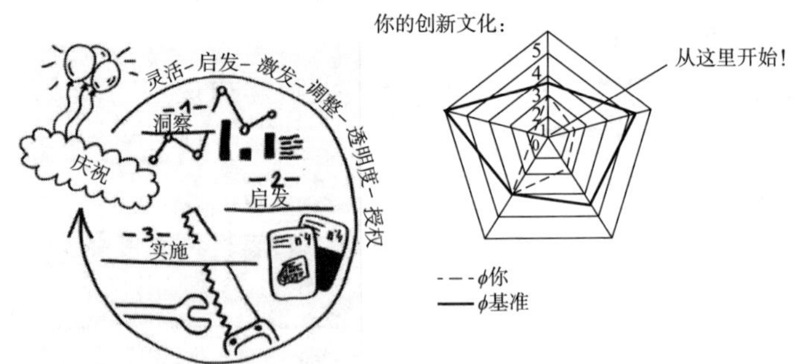

图 5.9　管理发明人文化：圣加仑创新文化导航器（Gassmann et al.，2018）

* 意为文化远比策略重要。——编辑注

为了应对文化创新，我们创建了圣加仑创新文化导航器（St. Gallen Innovation Culture Navigator），其概述了 66 个非常成功的组织支持追求公司创新的实践。链接到网址 www. innovationculturenavigator. com 上的在线自我评估，创新文化导航器代表了一种通过学习领先创新参与者的实践来发展组织文化的有趣方式。

正如 2018 年 Michaelis 发现的那样，强大的创新文化不仅带来了更多的专利和创新，还附带了 36% 的利润和 45% 的销售额。ANIMATE 框架支持有关创新文化的具体实践。关键是要明白：文化不是上帝赐予的，而是可以像商业模式本身一样发展和设计的。这需要时间，但在 ANIMATE 的七个维度中有一些实践可以帮助领导者为强劲的、闪闪发光的、充满活力的企业文化创造一个动态的环境——这是公司创新的“腐殖质”。

人走，知识散。尽管知识管理领域的数字化和巨大努力以及人工智能等新创新工具出现，但人仍然是创新的主驱动力。软件工程中普遍认为：一个好的开发人员的工作效率几乎是普通开发人员的 100 倍。产生这种生产力差距的原因与技术、数学或编程方面的培训关系不大，而与智能评估和深思的特定技能关系更大。最优秀和最具创新的软件开发人员最不可能受雇于传统行业，如银行、工业或商业；相反，他们中大多数人最终去了谷歌、亚马逊或 IBM。更常见的是，他们中的许多人在工作之外将他们的技能应用于开源项目，因为他们在此找到其工作场所所缺乏的，例如敏捷性、多样性、灵感、激励性反馈、高透明度和自我发展。

例如索尼的 PlayStation、谷歌的 Gmail、第一台苹果麦金塔电脑或 Facebook 著名的“LIKE”按钮等成功产品都是由创新型员工自主开发的。宝马 3 系列的第一款旅行车并非是公司管理层想要的，而是一名员工自主开发并展示了这款产品。3M 公司著名的 Post - it 是一种用黏合剂做实验的副产品，但没有成功。甚至 Teflion 也是在寻找到一种新型制冷剂后作为“副产品”开发出来的。来自 Beiersdorf 的著名的 tesafilm（胶带）——如今（在德语中）被用作整个产品类别的同义词，实际上是一款不成功的 Hansaplast（创可贴）。

如果没有富有创造力的员工的巨大投入，就不会有这些产品，而他们中的一些人在组织内外遭受了很多阻力。

人们常说创新靠的是运气。事实上，随机筛选每一种可以想到的活性物质实际上是药物研究中的一种常用方法，例如如今是诺华一部分的山度士公司的移植药物环孢素就是这样开发出来的。然而，人们往往忘记：为了成功地识别并开发一种活性成分，需要很大的决心、毅力和团队合作。一些公司在不断寻找和鼓励这些好奇的先驱者。创新不仅必须被期望，而且必须首先作为一个前提条件被允许和鼓励。但这并不容易，因为这也意味着会走进许多死胡同，要承受很多失败。如何衡量创新？有一点是毋庸置疑的：线性创新过程，如阶段-关卡（stage-gate）过程，不会带你一路顺行。你需要碰碰运气。最终，重要的是打破创新项目的失败率统计。换句话说：你要亲吻许多青蛙才能找到王子。

追溯往事，公司习惯神话化它们的创新和创始人。围绕 IBM 创始人和发明家托马斯·沃森（Thomas Watson）有许多故事和传说——威廉·康拉德·伦琴（Wilhelm Conrad Röntgen）也是如此。员工和同事常常被遗忘，处于幕后——只有孤独的英勇战士留下来了；然而，事实上是整个团队的努力——这对于现代创新组织来说更是如此。没有团队，大多数创新都不复存在。管理者意识到这一点很重要。很难通过围绕“筒仓”（silo）建立文化来创建一个创新的组织。

强大的创新文化也明确支持创新策略的实施：一项对 1000 家公司开展的研究表明，与没有合适创新文化的公司相比，创新策略得到合适创新文化支持的公司 5 年内公司价值增长了 33%，净利润增长了 1/6。不仅仅硅谷，还有许多地区隐藏的行业巨头，如德国跨国工业控制和自动化公司费斯托（Festo），以及瑞士世界级的丝网印刷、过滤器和建筑解决方案提供商赛发（SeFar）等提供了这方面的成功例子；这些公司凭借其对创新和发明文化的系统努力，成功实现了可持续的创新。

然而，我们近年来支持其创新的许多行业合作方认为文化是一种无形的结构，无法系统地进行管理。工程师们专注于设计和开发他们的产品和流程，但将公司文化视为特定的历史建构。

这种宿命论的观点是异常危险的，因为它将灵感和创新的火花置于危险之中。执行者和管理者尤其要负责实施创新的企业文化。这可以在公司的所有层面上进行，不一定非要来自执行者——当然，这样可能会更好。

创新文化的七个维度

“ANIMATE”：

1. 灵活实施。
2. 培养和开发激励跳出条条框框思考的措施。
3. 以不同的视角启发员工。
4. 激发员工多做一点。
5. 协调团队以实现共同目标。
6. 透明度，使所有员工都能以最有效的方式做出贡献。
7. 赋予员工权利，让他们发挥创新潜能。

创新文化计划的三步骤

1. 洞察（第一阶段）：为了确定最有效的行动手段，对组织的创新文化进行清晰的评估。

2. 启发（第二阶段）：根据评估结果，对符合公司形象的文化实践进行检查。当然，这些实践也必须适应特定的组织环境。

3. 实施（第三阶段）：推出并测试合适的文化实践。

资料来源：St. Gallen Innovation Culture Navigator（2020）。

5.4.2 圣加仑创新文化导航器

著名的圣加仑大学技术管理学院近20年来一直在研究创新管理，也一直在调查最成功的创新组织的成功因素。该学院还为最具创新性公司的排名做出了许多贡献。

企业文化被认为是企业核心手段，它允许利用员工作为创新的成功因素。列支敦士登跨国公司喜利得（Hilti）的车队管理等成功产品都是由创新型员工主动发起的。然而，创新文化也影响高层管理人员策略创新的成功实施——这主要取决于员工实施策略创新的意愿和能力。与此同时，我们的许多工业伙伴认为文化是一种无形的架构，无法进行系统管理。基于此反馈，圣加仑创新文化导航器允许对创新文化进行系统管理（参见图5.9）：

1. 洞察：了解缺什么。

2. 启发：看什么起作用。

3. 实施：做合适的事。

（1）洞察

好的管理需要好的数据。即使是创新文化，也不能仅仅依靠直觉来进行有效的设计。对创新文化的精确评估将确定文化优势和文化可能性，如何选择合适的文化实践，这就是公司将要面临的问题。你可以从确定最有效的驱动因子开始发展你的创新文化：你最大的挑战是你的员工不能产生足够的创新想法吗？你的公司是否缺乏正确的渠道来快速、有效地处理和测试创意？或者，你的员工可能没有动力在你的公司内部实施其创新想法，从而转向外部实施？系统地衡量你的创新文化并了解你的现状都能让你集中关注点。你可以把你的精力和时间投入确定的可能性中，从而达到最大的效果。此外，你的员工可以参与其中，意识到创新文化是一个重要的话题。然后，让员工作为公司未来的共同塑造者发挥积极作用，是迈向成功创新文化的切实可行的一步。

我们通过使用标准化的测量工具来评估创新文化的七个维度。[1] 但是，您应该让来自不同部门和层级的员工参与进来——这是确保对您的创新文化进行真正有效且具代表性的衡量的唯一方法。为了使员工数据可以直接解释与其行动相关，您的数据可以与基准进行比较。没有这样的背景，很难解释敏捷性领域的“4 分”。首先，您可以进行内部基准测试，将不同的业务领域相互比较。其次，我们支持公司之间开展比较——它是构成我们不断增长的研究数据库的一部分。我们最终建议使用内部基于时间的基准测试，即周期性地（大约每 12 个月或 24 个月）执行新的测量，以便可以在公司内部跟踪趋势。这三个参考点——尤其是结合在一起时，使我们能够解释评估结果，并为第二阶段启发具体选择那些有望产生最大影响的目标。

（2）启发

向最优秀的人学习，并从创新冠军的 66 种文化实践中获得启发。

设计具有具体文化实践的创新文化的优势在于有形和可见的发展能迅速到达员工手中。66 种文化实践中丰富多样的观点有助于打破熟悉的思维模式和旧的讨论，从而考虑全新的行动选择。大量的公司案例有助于活跃文化实践并提供有助于说服同事的参考。文化实践涵盖范围非常广泛，让你决定如何大胆地发展文化：Grey 象征性地授予“英雄失败奖”，以改善公司处理失败的方式——这不太可能引起争议，即使是在保守的公司。支付服务 Stripe 实施了名为“用户零壁垒”的文化实践，即产品开发人员每周有一天被派到客户支持部，以便在产品开发中引入更多同理心和以客户为中心。对于许多首席技术官来说，这是一种影响深远的实践，需要大量的说服工作。

我们推荐一种研讨会环境，包括来自不同部门的员工和一位有经验的（可能是外部的）主持人。你应该从第一阶段洞察的结果开始。展示这些结果并思考：例如，哪种解释来自基准类别中的比较？根据分析，小组应设定一个重点。然后，您处理创新文化导航器的文化实践，即那些符合选定的焦点目标和框架条件的实践。然而，至关重要的是不要冲动地拒绝或赞同一种做法。具体地解决这些问题：我的公司如何具体理解这一点？谁会受到影响？出现了哪些可能性和挑战？请记住，尽管 66 种文化实践是激发灵感的绝佳材料，但它们必须不断适应公司的具体情况。实施的文化实践必须与公司的 DNA 相匹配——不要仅仅跟随任何趋势。博世就是一个很好的例子：受谷歌著名的 20% 规定的启发，其允许员工每周五可以从事他们的创新项目。然而，在德国的企业文化中，将创新时段分配到周二上午更合适。

---

[1] 自我测试参见 https：//innovationskulturnavigator. ch/en。

（3）实施

你必须不断应对自己的创新文化：这绝非一生一次的操作，也不是一个静态的元素。这就是为什么你必须将创新文化锚定在具体的例行公事中——你的员工如何工作、如何调整、如何相互交流以及庆祝什么的例行公事。我们根据第二阶段启发的结果设计这些事务。现在根据该实现和迭代优化您已经选择和调整文化实践了。该过程的迭代特征在这里尤为重要。尽管它在产品设计中的应用越来越广泛，但在组织和文化设计中的应用仍然不够频繁。实践的有效性可以通过紧密的反馈循环逐步优化，仅需继续根据员工的具体需求和情况进行调整。同时，该设计整合了文化发展的两个重要成功因素：员工的透明度和员工的参与。

最佳思维：我们建议您在进一步迭代地推出实践之前识别并使用简单且有前景的机会来创造可见的成功案例。这些成功故事及其背后的人可以发挥重要作用；在文化实践进行被实例化时，他们可以被推为代表。迭代推出过程提供了以下（如果在组织上可行的话）优点：一方面，你可以同时实施，通过员工反馈学习，并进一步发展你的文化实践；另一方面，它直接将对创新文化的闪现转化为持续的文化设计和发展过程。根据我们以往的经验，这有机会过渡到第一阶段，即洞察（这既是成功的衡量标准，也是下一轮文化设计的开始）成为可能。你将拥有一个永久的过程，积极塑造自己的创新文化，不断发展自己。

5.5　预防产品盗版

假冒商品不仅会带来利润损失的风险，还会损害公司的形象，导致技术秘密外流、市场份额损失，并抑制增长潜力。在一份报告中，经济合作与发展组织一直在追踪假冒商品的交易（OECD，2019；参见图 5.10）。

著名电锯制造商 Andreas Stihl 多年来一直致力于打击来自亚洲的品牌和产品盗版。然而，该公司是在印度尼西亚的销售额损失约 40% 后才意识到产品盗版。该公司注意到不仅过时型号的备件被复制，而且当前系列的完整型号也被盗版。

这一案例是一个教训，表明了为什么必须在早期阶段保护产品组合的潜在风险，以便确定盗版的原因并加以应对。产品盗版的潜在风险会导致相当大的财务回报损失，包括：

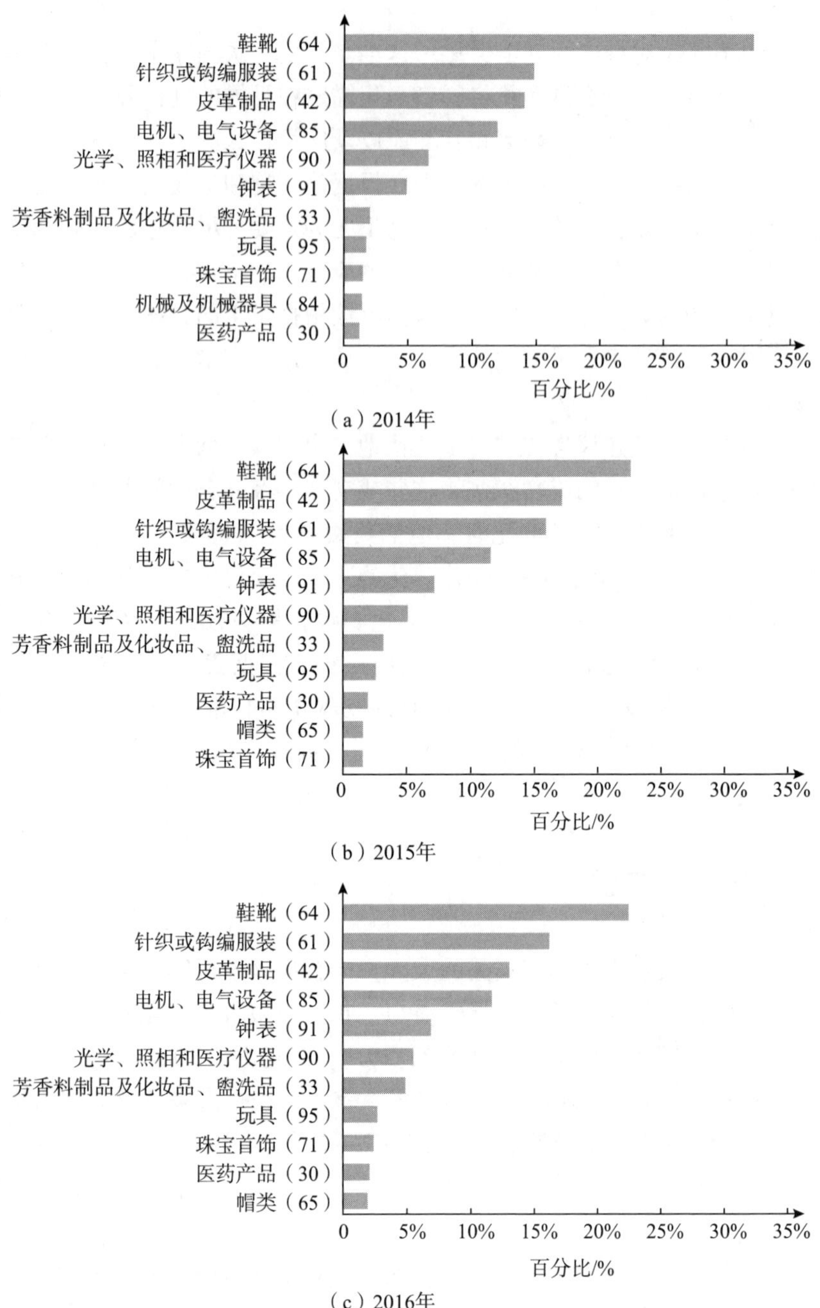

图5.10　2014年、2015年和2016年按协调制度（Harmonized System，HS）编码分列的查获假冒和盗版商品最多的行业（OECD，2019）

注：图中纵轴括号内数字为协调制度编码。

- 失去市场份额和增长潜力；
- 技术秘密外流；
- 形象受损；
- 降低产品质量；
- 产品责任的风险。

在一些新兴市场，如不确定的法律确定性、文化差异、语言障碍和缺乏透明度（信息流、信息提供、责任、腐败、地理范围）等外部因素也非常重要（Prud'homme et al.，2018）。为了及时识别可能的影响，应评估单件产品或产品组的风险组合。该评估一方面基于仿冒的可能性，另一方面基于假冒的潜在商业损害。模仿大概率源于产品在市场上的重要性和形象。潜在的商业损害源于产品对公司的重要性，例如利润、市场渗透率、认知度、产品的复杂性，以及产品生命周期的阶段（Gassmann et al.，2017）。

例如，如果出现是否应该在上述某一新兴市场申请专利的问题，始终关注要因此得到完全保护的知识是很重要的。单靠专利、外观设计及商标保护等法律措施不足以防止盗版及技术秘密外流。同样重要的是技术业务、营销和人事措施。只有结合法律和事实策略的整体方法才能全面优化对产品盗版和知识产权侵权的保护（参见第1.2节）。

5.5.1　西门子中国

在中国，跨国工程和电子公司西门子通过货币和非货币激励成功地将其研发人员的离职率降至10%以下。例如，员工通过国际培训和发展机会与西方集团（Western Group）联系在一起。当地的价值观和标准也发挥着重要作用，因为例如工作描述和相应的头衔对雇员的职能特别重要。

这种整体方法的一个例子是“知识产权保护之星”（Gassmann et al.，2012）。这一模式涉及知识产权保护的五个维度：法律、技术、商业、市场和人（见图5.11）。为了建立全方位的知识产权管理，必须对这五个维度中的每一个都给予同等重视，因为这是避免盲点的唯一方法。下面描述和解释这些单独维度。

5.5.2　法　律

知识产权必须通过应用各种类型的知识产权如专利和商业秘密以得到法律保护。这可以通过合同保护措施来补充——例如与员工签订的保密协议或与供应商签订的保密协议。这些保护措施的法律执行对此至关重要：如果侵权行为被忽视，对侵权者没有任何后果，法律保护措施就失去了威慑效果。

图 5.11 打击盗版的全面保护策略（Gassmann et al.，2012）

5.5.3 技 术

目的是通过各种技术措施提前预防侵权。产品可以在各种技术辅助手段的帮助下得到保护：既可以通过可见的方式，如全息图或安全标签，也可以通过不可见的方式，如通过只有在技术设备的帮助下才能识别的同位素。产品的复杂性在此也起着决定性的作用：产品的复杂性越高，复制就越困难，模仿者的壁垒也就越高。产品复杂程度受各种因素影响，如标准化程度或流程步骤的数量。定制化程度也可以支持保护工作，因为复制高度个性化的产品要困难得多。另一项措施是将生产分配到不同的研发和生产地。根据“需要知道”原则，只有必要的专门知识部分被传递到现场，从而才能防止生产知识外流。

5.5.4 商 业

在这种情况下，保护竞争优势至关重要，例如通过独特的商业模式或有针对性的差异化策略。可能的差异化策略包括强大的企业品牌、质量、价格或产品差异化以及已建立的品牌。因为它们对可能的模仿者构成了障碍，所以这种竞争优势可以更好地保护创新。控制公司流程也是有意义的。违规行为经常发生在价值链的某些点上，这就是为什么监控和跟踪产品是有效的。与海关的密切合作也可以防止仿制品的进出口。使用自己的销售人员也可以起到保护作用，同时通过说服顾客原始产品的附加值来培养他们。此外，合格的销售人员为客户创造了模仿者无法提供的一般附加值。

5.5.5 市 场

为了在早期阶段发现甚至防止竞争对手或供应商可能侵犯知识产权，持续监测市场活动和关键技术与积极寻找侵犯知识产权的产品一样必要。另一个事实上的措施是让客户相信公司及其产品组合的价值：一方面，这可以降低客户在不知情的情况下获得复制品的风险；另一方面，这可以增强客户忠诚度，因为他们熟悉产品的长期优势，从而能将其与仿制品区分开来。

5.5.6 人

这一层面涉及防止专有秘密直接或间接外流的措施。除了控制对设施和数据的访问外，还必须通过内部培训等方式提高员工对负责任地处理机密信息的认识。与大学的合作也有助于发展地方层级员工的技能。例如，飞利浦与几所中国大学建立了合作伙伴关系并为学生提供知识产权活动，作为其飞利浦知识产权学院的一部分。对公司的忠诚度和认同感可以通过职业机会或奖励制度来提高——这也是防止技术秘密流失的有效手段。

参考文献

[1] Five IP Offices. (2019). IP5 statistics reports 2018 edition. Edited by Korean Intellectual Property Office, Oct 2019.

[2] Gassmann O., Bader M. A. (2017). Patentmanagement: Innovationen erfolgreich nutzen und schützen (4th ed.). Berlin: Springer.

[3] Gassmann O., Beckenbauer A., Friesike, S. (2012). Profiting from innovation in China. Heidelberg: Springer.

[4] Gassmann O., Wecht C. H., Meister C., Boemelburg R. (2018). Exploit the hidden success factor of innovation culture. Munich: Innovationskulturnavigator. Carl Hanser.

[5] Loebbert M. (2000). Interne Dienstleister: Was sie alles können müssen. Harvard Business Manager, 3, 49-57.

[6] OECD. (2019). Trends in trade in counterfeit and pirated goods. Published on March 18, 2019.

[7] Prud'homme, D., von Zedwitz, M., Thraen, J., & Bader, M. A. (2018). Forced technology transfer policies: Workings in China and strategic implications. Technological Forecasting and Social Change, 134, 150-168.

[8] St. Gallen Innovation Culture Navigator. (2020). Accessed January 6, 2020, from https://innovationskulturnavigator.ch/en.

[9] WIPO. (2017). Patent office operations: Application processing times, examination capacity and examination outcomes. World Intellectual Property Indicators 2017. https://www.wipo.int/edocs/pubdocs/en/wipo_pub_941_2017-chapter1.pdf.

第 6 章 产业专利管理

专利的效用与所归属的技术领域息息相关。本章将介绍和讨论一些特定产业的专利管理。

本书在此聚焦以下产业，重点介绍在这些产业中专利管理特定方面的一些具体研究示例：

1. 制药；
2. 化学；
3. 作物学；
4. 生命科学；
5. 消费品；
6. 机械；
7. 电气和电子；
8. 汽车；
9. 信息和通信技术；
10. 计算机科学；
11. 金融服务和金融科技；
12. 运输和物流；
13. 初创企业和中小企业。

6.1 制 药

在制药和化学产业以及生物技术领域，专利对要保护的活性成分和产品给予有效的独占权利（Gassmann et al.，2016，2018）。特别是在制药行业，产品基本上完全依赖于专利保护。对于所谓的“重磅炸弹药物”（销售额超过10亿美元、年均销售额增长超过20%的药品），通常只有在有专利保护的前提下才能实现从中获得收益。整个仿制药市场都是基于专利保护到期的生物等效产品。据估计，全球仿制药市场达到 2573 亿美元，未来复合年增长率为 8.8%（Visiongain，2018）。在极端情况下，专利保护期满后的几个月，不再受专利保护的产品的销售额可能会损失超过 50%。一些制药公司的“重磅炸弹药物”如果脱离了专利保护则尤其容易受到影响，例如辉瑞（立普妥）、艾伯维（阿达木单抗）、葛兰素史克（沙美特罗）、强生（英夫利西单抗）、阿斯利康 - 百时美施贵宝（>40%）、礼来（>40%）、先灵葆雅（>50%）、安进（>60%）、武田雅培制药（>90%）和诺和诺德（>50%）。

因此，在制药产业中，一个主要的挑战就是如何通过专利管理积极运作，防止成功产品的销售不受快速价格侵蚀的影响，被替代产品替代这些成功产品（见图 6.1）。由于药物审批需要耗费大量的时间，因此药品专利享有一些特殊的支持政策，企业可以通过充分运用这些政策获益：

- 最长 5 年的药品补充保护证书。
- 孤儿药规定：即对利基药物给予额外的保护，在美国为 7 年，在欧盟最多为 10 年。
- 在美国和欧洲，对儿科药物的保护延长 6 个月。
- 通过新的活性成分和新的适应证持续增加产品价值。
- 针对专利侵权者积极保护知识产权。
- 通过将药物状态更改为非处方药物（OTC）或引入通用品牌，确保专利保护到期后的销售。
- 通过生命周期投资和投资组合管理、向第三方专利许可以及并购等方式，减少对关键产品的依赖。

6.1.1　案例：百时美施贵宝诉吉利德科学*

对制药产业而言，专利带来极大的价值增长。社会愿意为挽救和维持生命付出巨大的努力，制药公司则去满足这一基本需求。在最近的一个司法案件中，洛杉矶陪审团发现：吉利德科学的抗癌药奕凯达［Yescarta，即阿基仑赛（axicabtagene ciloleucel）］侵犯了百时美施贵宝的授权专利。百时美施贵宝获判 7.52 亿美元的赔偿金外加吉利德科学奕凯达药品未来所有销售收入 27.6% 的许可费。这项技术许可自纽约凯特琳癌症中心（Kettering Cancer Center），可以重新编辑患者的免疫 T 细胞来攻击癌症，既新颖又强大。吉利德科学声

* 原著只有 6.1.1，无后续。为保持原著层级，特此保留。——编辑注

称：“鉴于 Kite* 独立开发了奕凯达并在其研发和开发过程中承担了所有风险，我们认为斯隆·凯特琳和朱诺无权获得任何程度的损害赔偿。”（Wolfe，2019）。

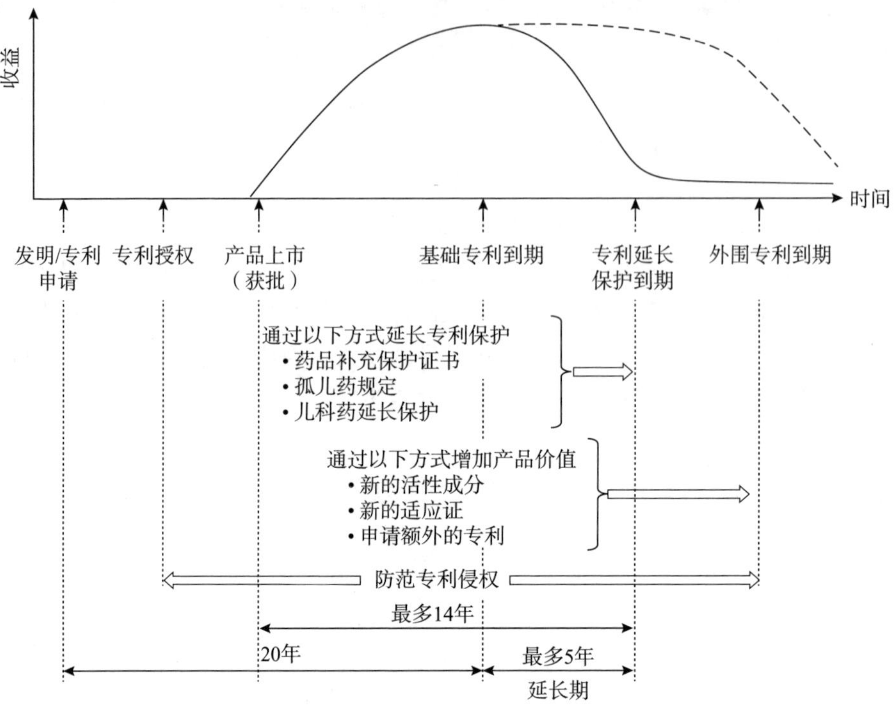

图 6.1 制药产业的专利保护扩展策略（Gassmann et al.，2017）

制药产业要点

- 制药产业中的生产率悖论增加（Gassmann et al.，2018）：临床前试验的 10000 种物质中仅有 1 种成为上市产品。
- 总体研发产出量平均较低。
- 监管机构和社会的风险容忍度低，对创造出新的分子实体产生负面影响。
- 随着临床研究规模越来越大、越来越复杂，药物开发技术越来越昂贵，研发投资商业化的压力越来越大。
- 由于创新过程缓慢，专利能够变现的时间因此缩短了。
- 许可、合作开发和合资企业谈判会导致时间延迟——必须节省时间。

* 吉利德科学的子公司。——译者

- 对重磅炸弹药物（10 亿美元的药物）的渴求增加了独占专利的重要性。
- 人工智能等新技术开始在制药行业发挥战略性作用。
- 医疗保健领域的新进入者通常是基于数据的公司，例如消费电子产品可穿戴设备领域。
- 监管机构在创新和专利的价值方面起着至关重要的作用：新产品注册、研发实验规则、价格规则、医疗保健融资法律，在发展中国家还包括专利保护政策。

6.2 化 学

在化学产业中，规则是“谁有配方，谁就有权力”。在化学产业的专利处置、许可和市场构建方面，专利往往与其他手段（如技术秘密）一起使用——这尤其适用于工艺创新。根据潜在的知识领域，用专利集群去覆盖整个技术领域是常见的尝试。许可协议通常是技术包的一部分。总的来说，化学产业的公司越来越愿意许可其产品和技术。

技术开发的一个重要驱动因素是第三方的商业应用。随着技术的不断成熟和商业风险的持续降低，技术、产品甚至商业模式都可以许可。然而，通常会遇到的一个挑战是：当许可方要求支付过高的许可费时，如何对知识产权和专有技术进行估价。过高的市场价格和过低的利润贡献率都会使被许可方的市场收益受到威胁，被许可方和许可方都会存在因此而失去潜在利益的风险。因此，为了使收益最大化，许可方和被许可方可以共同努力优化利润贡献率。对于成熟的产品，许可方和被许可方的实际净现值风险评估分布通常为 40% ~ 60%，而对于不成熟或未经测试的产品，30% 的风险值更适合被许可方。

6.2.1 案例：科思创（Covestro）*

科思创于 2015 年 9 月由拜耳材料科学公司成立。拜耳宣布打算在 2016 年初剥离科思创并在证券交易所上市聚合物部门，以便更加专注于生命科学业务。2019 年，科思创的销售额达到 124 亿欧元，在全球约 30 个地方雇用了约 17200 名员工。其主要竞争对手是：陶氏化学、通用电气塑料/萨比克（GE Plastics/

* 原著只有 6.2.1，无后续。为保持原著层级，特此保留。——编辑注

Sabic）、巴斯夫（BASF）、亨斯迈（Huntsman）和万华（Wanhua）。

科思创拥有约2500个专利族、约12900件专利（2019年）；2019年其提交了大约290件新专利申请。最初申请通常在德国、美国或中国首先提出，主要申请目的包括公开披露和保护；后续在慎重考虑后，在更多国家进行专利布局；在适当的时候还会使用异议手段。

科思创为开发其自有技术设定了目标。公司的收入将通过无形资产进一步增加。作为这一点的先决条件，有价值的技术要受到法律权利的保护。为了实现这一目标并实现最佳开发，其对无形资产（专利和专有技术）以类似于财产、厂房和设备的方式进行管理：

- 在风险评估研发项目框架内有针对性地开发知识资产；
- 专业的专利组合管理；
- 防止第三方滥用；
- 持续执行自身的禁止权利。

每个技术领域都成立了一个专利委员会，包括：知识产权、研发、市场、生产和技术等部门。专利委员会定期召开会议，建立了有关知识产权协调决策的基础。科思创的知识产权、研发、生产和技术以及市场部门都参与知识产权资产的管理。

科思创定期对研发项目进行评估。作为创新和研发过程的一部分，基于阶段门理论*，从创意产生到产品发布的每一个关键节点都会考虑与知识产权相关的方面。科思创将技术作为重要的资产类别进行处理，因此，技术可以在产品上市之前就开始进行市场交易。科思创甚至有一个专门的资产开发部门对许可和被许可进行管理。科思创主要使用的是直接营销来发挥其技术作用。尽管直接对专有技术和知识产权进行售卖不是科思创核心业务的一部分，但是其重要性正在显著增加。非常有价值的是技术合作伙伴关系，通常会促成相互的技术许可。此外，考虑到亚太地区仿制品较多，科思创凭借其专业的诉讼能力对专利侵权者持续采取行动。

科思创要点

- 通过集团层级的管理，知识产权部门可以影响其他业务部门。
- 包含每个技术领域决策者在内的跨学科专利委员会。
- 与研发流程相适应的知识产权流程。
- 通过研发合作和技术伙伴关系产生和利用知识产权。

* 由 Robert G. Cooper 于20世纪80年代创立的管理模型。——译者

6.3　作物学

6.3.1　研发可能获得专利

用传统方法生产的植物品种不能获得专利保护。一个例子是：基于这一规则，一件含油量增加的玉米的专利被撤销了——这是一件由杜邦公司于 1995 年向欧洲专利局提交申请的专利，涵盖了含油量增加的玉米粒、从这些玉米粒中获得的油以及油在食品中的应用。这一玉米是由两种不同的玉米品种杂交而成，其中一种经过化学修饰（突变）。绿色和平组织、圣公会救济组织米苏尔社会发展基金会（Misereor）和墨西哥政府都对这件专利提出了质疑。该专利被驳回，其中一个原因是所涉玉米被认为是育种产生的，因此不可获得专利。如果该公司通过基因工程方法获得了同样的结果，那么该专利很可能已经被授权。

在欧洲，专利 EP546090 涵盖了一种转基因大豆：美国孟山都拥有一种抗除草剂农达*的转基因大豆品种，该品种在瑞士也被批准用于食品和动物饲料。凭借这件专利，孟山都不仅拥有对所有抗农达的转基因大豆品种的独家使用权，还拥有对所有含有人工诱导的抗农达的转基因植物的独家使用权利，如小麦、大米、大豆、棉花、甜菜、油菜籽、食用香料、马铃薯、烟草、番茄、苜蓿、杨树、菠萝、苹果和葡萄。该专利还延伸适用于所有的后续植物世代。在美国和加拿大，重复使用他们最后一茬作物的专利种子进行播种的农民都会被孟山提起诉讼。

6.3.2　在所谓的西蓝花/番茄植物育种方法规定之后[1]

欧洲专利局之前的实践：包含一个或多个有性杂交全基因组步骤的植物或动物的生产过程不具备可专利性，但是，将新特性引入植物或动物的基因工程方法不被排除在专利保护范围之外。

---

* Roundup，孟山都开发的草甘膦除草剂。——译者

[1] 欧洲专利局 2019 年关于（本质上）生物工艺的可专利性：

EP1069819（G 2/07，“西蓝花”）：芸薹属植物的生产方法，包括杂交和选择步骤，其中分子标记用于鉴定所需的杂交种，也要求保护植物本身；EP1211926（G 1/08，“皱皮番茄”）：用于培育番茄植物的方法，番茄植物的果实水分含量降低，包括杂交和选择步骤，随后允许果实留在藤上，直至其部分干燥……并要求保护植物本身。

6.3.3 案例：加拿大孟山都❶

拜耳于2016年收购了孟山都以补充其作物学技术和业务。从专利组合的方面分析它们的合作，拜耳在制药和“传统”农业化学方面很强，而孟山都在基因植物工程方面很强（见图6.2）。

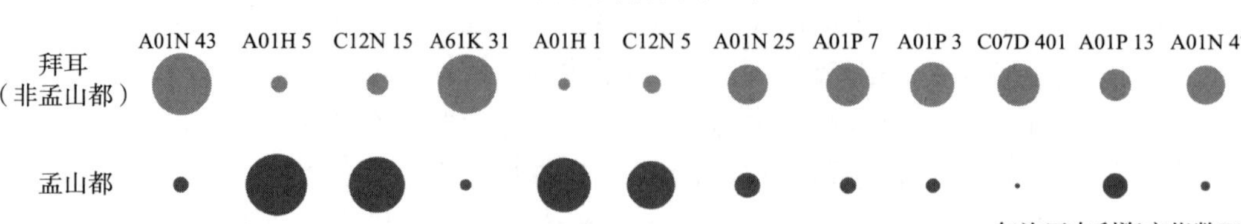

图6.2 拜耳－孟山都技术矩阵（基于：IPI/PatentSight，2020）

6.3.3.1 技术保护

孟山都加拿大无限责任公司（现在也是拜耳股份公司的一部分，以下简称“加拿大孟山都”）于1997年创建了其知识产权保护计划以帮助加拿大农民维护公平竞争环境并确保未为其专利技术支付费用的农民不会不公平获利。

6.3.3.2 拜耳为什么执行其专利？

如果专利权人以外的其他人未经专利权人许可而试图制造、使用或销售受到专利权保护的发明，他们就可能构成了专利侵权罪。加拿大孟山都从其在作物学方面的研发中获益。在没有技术协作协议的前提下，如果农民使用拜耳的专利技术进行种植和收获，那么他们将侵犯拜耳的专利权。技术协作协议允许农民使用拜耳的专利技术。通过签署这一协议，农民获得在特定条款和条件下使用专利技术的许可——在协议中加入条款和条件是常见的。这是一个限定使用许可：不允许农民分发、转让或出售专利技术，只允许他们在自己的农场种植一季种子。

孟山都投资实施其专利权有三个关键原因：

- 任何企业都无法在不为其产品付费的情况下生存。
- 孟山都目前每天投资数百万美元开发新产品并将其推向市场。如果只有少数种植者支付技术使用费用，其投资研发以创造新产品的能力就会降低。
- 孟山都强制执行其知识产权和协议以保护遵守协议并尊重加拿大知识

---

❶ 摘自加拿大拜耳作物学公司的修订释义：https://www.cropscience.bayer.ca/en/Technology-Protection。

产权法的农民的权益。

这种技术的种子无法保存。绝大多数农民都遵守协议。他们准备为每个生长季节购买新的专利种子，主要是因为他们在农场获得了他们想要和需要的利益。

孟山都还开展反侵权项目。1997 年，在加拿大各地对种植者进行了两年的教育之后（解释了在农场种植孟山都专利种子技术的相关规则和义务），孟山都开始在加拿大实施其专利权。它提供了一项技术支持，调查对拜耳技术可能的非法使用。当拜耳发现专利侵权问题时，其不会立即提起诉讼，而是会试图在法庭外友好地解决问题。

作物学要点

- 传统方法生产的植物品种不可获得专利。
- 通过“基本生物工艺”获得的植物不可获得专利（EPO G3/192020）。
- 通过合同本身激励被许可方尊重和执行拜耳的知识产权。
- 通过帮助热线轻松举报侵权行为。
- 数据分析和农业新平台对产业产生了很大影响；围绕数据分析的技术将发挥更重要的作用。

6.4 生命科学

生命科学专利拥有悠久的历史：1873 年，路易斯·巴斯德获得了纯酵母专利。1953 年，DNA 的结构被发现，这推动了基因工程自 20 世纪 80 年代以来的商业应用。治疗糖尿病的人胰岛素、治疗贫血的促红细胞生成素和治疗癌症的单克隆抗体等药物都是基于生物技术制造工艺。在农业中，生物技术被用于改造植物，使其更耐疾病、除草剂和恶劣的环境条件或提高产量（另见：EPO，2019）。

6.4.1 案例：普瑞尼克斯（Prionics）*

普瑞尼克斯是生命科学领域一家高科技和创新型中小企业，现在是赛默飞世尔科技公司（Thermo Fisher Scientific）的一部分。该公司成立于 1997 年，是苏黎世大学的子公司，总部位于瑞士施莱伦。这家生命科学企业生产

* 原著只有 6.4.1，无后续。为保持原著层级，特此保留。——编辑注

农场动物诊断、朊病毒疾病诊断解决方案和动物识别解决方案领域的产品。普瑞尼克斯生产大约300种产品，其中大多数是政府授权和补贴的农场动物测试系统。

普瑞尼克斯最早也是最知名的产品是1999年推出的牛海绵状脑病*的检测产品。如今，普瑞尼克斯是世界第二大农场动物诊断公司，为十大主要农场动物疾病提供诊断解决方案。普瑞尼克斯的战略是沿着食品价值链不断开发新的诊断系统。

6.4.1.1 作为一家小型生命科学公司保护自己的知识产权❶**

在过去10年中，普瑞尼克斯通过其疯牛病抗体检测技术获得了40%～50%的世界市场份额。尽管单凭这一点他们就可以获得很大收益，但是以马库斯·莫瑟（Markus Moser）为首席执行官的该公司已经推出了另外十种针对牛、绵羊、山羊和猪的诊断产品。

目前，普瑞尼克斯的专利组合中包括29件国际专利，每年还会增加3～4件。这些专利要么来自其本身20人的强大研发部门，要么是从学术界获得的许可。“基本上，我们的每个创新项目都以获得知识产权权利为目标”，莫瑟说。因此，这家公司建立了一个高度复杂的流程：从瑞士知识产权联邦机构的专利和文献检索（技术检索），到每两个月对所有项目和产品进行监测，再到创建一个包含选定第三方专利的内部数据库。

然而，这对生命科学领域的市场竞争来说是不够的：正如制药行业长期以来面临的情况一样，在这些市场中，一类出于其他目的的平衡占据了上风。市场运营商在其产品周围建立起完整的保护屏障并在市场上瞄准所有相关技术前沿寸土必争。

“对我们的知识产权而言，我们甚至会非常有攻击性。”莫瑟诚实地说。例如，在其每个竞争对手可以通过仿制其产品赚钱的国家，普瑞尼克斯会使用专利保护其产品，防止其知识产权在国外被侵犯。莫瑟解释道：“这不仅仅是钱的问题，也是一个原则问题。”如果这成为一个司法案件，普瑞尼克斯对此会非常严肃。例如，在德国，一宗诉讼目前正在审理中，原因是有人试图“搭该公司的便车”。

多年来，普瑞尼克斯在保护其知识产权方面花费超过100万瑞士法郎。对于一家拥有大约100名员工的公司来说，这是一笔很大的费用。但是马库斯·

---

* 疯牛病。——译者

❶ 摘自：IPI（2019）。

** 原著只有6.4.1.1，无后续。为保持原著层级，特此保留。——编辑注莫瑟确信："如果我们不这样做，我们很快就会被市场淘汰。"

生命科学领域要点❶

• 在每项发明开始时，进行专利检索是对后续发生意外的最佳防范（例如，见图6.3）。

• 如果竞争对手的专利造成了壁垒，那么明智的做法是初始阶段就采取变通的办法。

• 最佳实践模式是形成一件"关键"专利，使其成为公司的核心专利。

• 单件专利通常无法提供有效的保护，因此创新型中小企业应建立一个系统的专利集群以确保竞争优势。

• 保护范围更宽的专利具有更强的影响，但是它们的稳定性也更容易受到影响。因此，特别是在技术周期开始的早期，应考虑布局保护范围较宽的专利申请。

• 除基础专利外，各种更具体的设计和应用替代方案也可以获得专利。

• 在争议事件中，如果能够根据对竞争产品的系统分析和评估提出改进解决方案，则可以进一步强化谈判砝码，因为这会对竞争对手的进一步发展制造阻碍。

• 通过引进授权或专利交叉许可可以使用其他方已获得专利的发明和技术。

• 对于专利无效行为，例如异议或无效程序，内部人员的一般技术/法律知识是不够用的。建议聘请专利代理师（律师）。

• 对专利侵权者采取一致和严格的行动具有威慑作用并可增加其仿制障碍。

• 另一种选择是专利权交易：专利被视为在市场上作为资产交易的真实产品，包括交换、销售或许可等选项。

• 关于后续与大型公司建立或解除合作关系的情况，应考虑商业案例的建立与专利组合相关的早期影响，包括确保专利保护覆盖充分的国家。

---

❶ Bader 等（2020）。

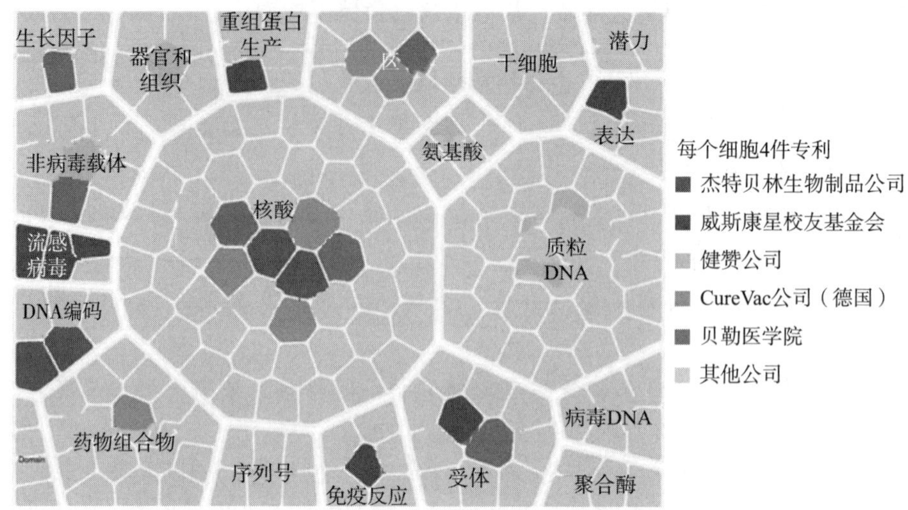

图 6.3　生命科学专利的可视化（Picanço – Castro et al.，2020）

6.5　消费品

消费品产业包括食品、饮料、化妆品和化学行业以及纺织、体育用品和消费电子产业。因此，该产业主要生产供私人使用的商品。因此，营销和广告也在这个行业中发挥着核心作用，以强化品牌效应。2019 年 7 月，德国的年化消费品市场达到 4281.1 亿欧元（2020 年德国联邦统计数据）。汉高是德国最强大的公司，2013 年净销售额达到 210 亿美元。雀巢是欧洲消费品行业的领导者，其 2013 年净销售额达到 980 亿美元，这使得雀巢与联合利华、百威英博和欧莱雅，以及宝洁、百事和可口可乐等美国公司一起成为世界上最大的消费品制造商之一。

6.5.1　案例：游戏变革者 Nespresso

在竞争激烈的消费品市场上，专利是非常重要的，它能够保护创新，并且与竞争对手区别开来。例如，雀巢自 1976 年以来围绕其 Nespresso 咖啡机已经获得 2000 多件专利，以保护其创新的胶囊和冲泡系统（Brem et al.，2016 年；见图 6.4）。早在 1972 年出现的胶囊设备巴特尔（Battelle）专利能否被视为第一步一直存在争议。

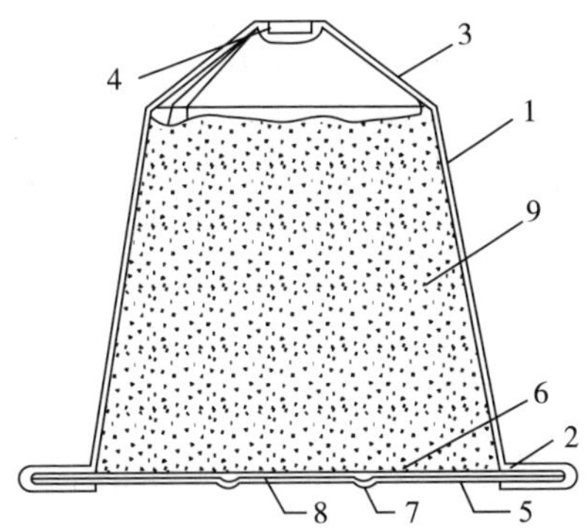

图 6.4　美国专利 US4136202：饮料制备用胶囊（雀巢）

如今，仅仅在欧洲从事咖啡胶囊行业的就有超过 85 家竞争对手。自从其早期专利到期后，雀巢不得不进一步发展和保护其商业模式。通过这一延伸的专利组合，雀巢能够维护其竞争优势并通过巧妙的营销活动不断强化 Nesspresso 品牌力。

6.5.2　案例：汉高

汉高认为品牌是信任和可靠性的同义词。公司必须清楚地了解本土消费者的行为习惯，由此推动品牌在当地产生影响。汉高采用的品牌战略介于标准化需求和差异化需求之间。产品和品牌的标准化有利于高效、低成本的生产，低复杂性和快速推出新产品。但为了实现最高水平的客户忠诚度、获得灵活的回应，以及能够贴近区域市场，差异化也是必要的。因此，品牌战略试图公正对待这两个焦点。汉高提出了一个合成词“glocal”，它是由“本地”（local）和“全球”（global）两个词组合而成的。

汉高的专利战略区分了核心竞争力和非核心竞争力领域。在核心竞争力领域，为了实现与竞争对手的最大差异，尽可能将发明转化为专利申请。在这些核心领域，汉高致力于对其产品、技术、包装和成分实现排他性保护。而在非核心能力领域，汉高试图保持最大可能的行动自由：通常对这些领域的发明不申请专利，而是在限制性出版物中进行信息披露，以防止竞争对手获得专利。

汉高通过商标保护和专利保护两个途径实现协同保护。商标保护主要用于保护其用户接口，专利主要用于保护其产品和技术。商标保护和专利保护效果在这个意义上具有互补作用，因此，有必要通过这样的协同保护在对用户的争取和技术的保护方面实现最优保护效果。

汉高要点

- 协调、互补的品牌和专利战略。
- 根据潜在可实现的保护范围决定允许提交申请的时间。
- 跨学科团队根据市场相关性和技术相关性对发明进行评估。
- 四阶段决策和选择流程，与专利申请流程一致。
- 研发合作中签订排他性协议，作为研发中使用其专利和商标权的补充。

6.6 机　械

6.6.1 案例：迅达和英万提（Inventio）的专利管理流程*

瑞士制造商迅达是电梯和自动扶梯市场的全球领先者，目前员工超过5.5万人，其中约430人从事核心技术研发；其主要销售市场为欧洲、美国和亚洲，其中亚洲市场增长率较高；主要竞争对手是奥的斯（OTIS）、蒂森克虏伯（ThyssenKrupp）、科尼（Kone）和三菱（Mitsubishi）。这个行业正在进行一场重要的价格战。除了电梯系统的开发和生产，维护和服务以及现代化被认为是重要方面和收入来源。垂直整合仍然相对较高，软件开发正在发挥越来越重要的作用。

迅达拥有9000多件有效专利，其中大约80%源自其研发部门；每年大约有80件新的专利申请。如果发生具有战略重要性的专利侵权事件，则由集团董事会委员会决定是否采取法律行动。

英万提是一家独立的公司，负责迅达的全球知识产权业务。迅达的全球知识产权战略的主要特点是由英万提董事会批准的。迅达的核心研发负责人是英万提的董事会成员，这确保了其研发战略与商业战略保持一致。迅达的知识产权战略在全球的实施是由英万提的管理部门与其产品线管理和研发部门共同负责的；与各技术合作伙伴的开发合作由研发部门或董事会发起和实施；制造或购买决策由英万提与研发和市场部门共同作出。

迅达通过市场变化和内部目标变化来引导战略。对预期成功没有贡献的战略构成要素将被重新构建。专利战略自上而下固化为书面形式并在内部进行沟

* 原著只有6.6.1，无后续。为保持原著层级，特此保留。——编辑注

通。为了实施专利战略，专利系列产品必须与迅达的主要活动保持一致。迅达专利产生的核心流程步骤如图6.5所示。

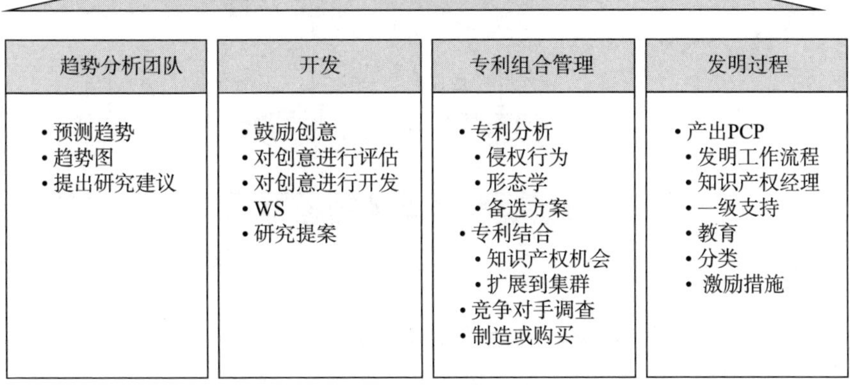

图6.5　迅达专利产生的核心流程

迅达采用四个基本核心流程步骤产生专利（见图6.5）：

- 趋势分析团队：市场分析和技术侦察。
- 开发：促进和应用内部创意。
- 专利组合管理：进行专利投资组合分析，识别机会和风险，监控竞争，制造或购买决策。
- 发明过程：分类持续发明、公开过程。

此外，专利分析被用于产生新的创意。专利分析是竞争活动信息的几种来源之一。迅达还利用专利分析来扩大其技术领先地位，从而在技术上影响整个产业；主要的总目标是维护公司自身的经营自由。

6.6.1.1　发明过程

在迅达，研发的一个重要目标是产生发明公开——这在个人目标协议中占有重要地位。必要的决定完全由负责迅达全球知识产权业务的独立公司英万提作出。迅达的发明过程包括两个子过程：从创意评估开始，到可专利性评估结束（见图6.6）：

- 公开流程：创意由发明人提出并在主管的参与下根据技术和经济标准进行评估。
- 发明公开流程：随后检视创意是否适合专利申请——这里的一个重要

标准是能够与现有技术区分开来。

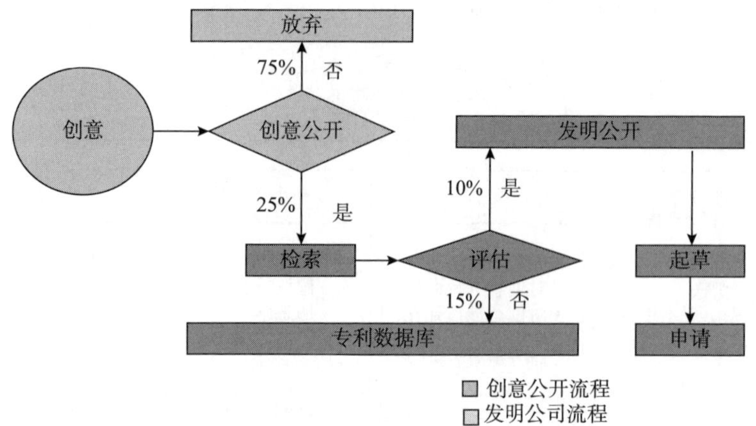

图 6.6　迅达项目组合管理的部分流程

最初的申请注册仅由英万提发起，但是对于后续申请将考虑技术的相关情况；英万提从迅达产品经理处获得意见并在此基础上选择合适的国家（见图 6.7）。对此类信息的评估和基于此的投资决策需要英万提管理层多年的经验和前瞻性思维。通常，产品经理每 2 年都会被要求书面列出需要维护的知识产权。当然，最终决定由英万提作出。

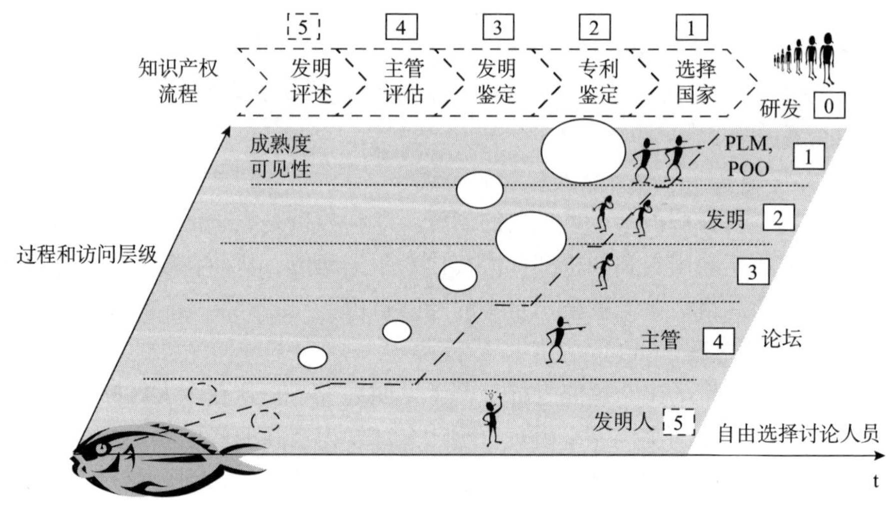

图 6.7　迅达的知识产权流程

6.6.1.2　专利组合管理

专利组合管理与产品开发和营销密切相关。关于对创意产生的影响，则保留某些核心要点，例如在与研发部门和英万提工作组的研讨会中进一步明确较为成熟、可以作为发明公开的点。

专利组合信息和相关信息流由英万提提供。与迅达的沟通传统上通过表格、邮寄和电子方式进行。作为其知识产权管理的一部分，迅达通常试图阻止以低成功概率发起专利申请，识别可能的侵权行为，从而预防可能的法律行动。

6.6.1.3 发明专利数据库

模拟发明数据库为有效和实用地评估创意和发明提供了有价值的标准（见图6.8）。发明数据库中实现的专利地图功能可实现迅达/英万提专利组合的主动设计。

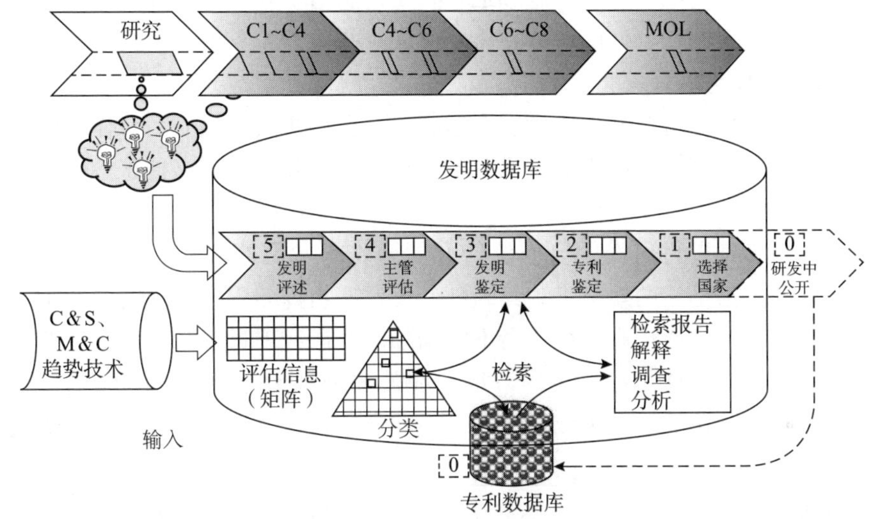

图6.8 迅达的发明概念数据库

迅达成功实施创意和发明公开流程的先决条件是：

- 在一定程度上保证发明人的隐私；
- 同事、员工和合作伙伴在研究和项目中的简单参与；
- 主管反馈——通常来自项目或研发经理，以创造更多附加值；
- 基于英万提、研发和产品线经理的扩展信息；
- 迅达内部信息更高的可及性；
- 向所有决策者分享功能；
- 协调价值链流程；
- 发明的客观报酬；

- 专利地图管理工具。

发明数据库实现了创意的简单记录。迅达首要解决的问题：一方面是发明人的沟通欲望，另一方面，个人和公司的保密利益也必须考虑在内。相关各方之间的数据传输和通信在加密的内部网中进行。特别是针对之前美国发明有关法律（先发明原则）的适应性要求，所有文件都会获得一个不可撤销的时间戳，“冻结”文件并使其不可更改——通过这种方式，可以证明发明是在精确的时间作出的。不同级别的访问授权可以调整用户群体的可访问性，从而提高安全性。通过不断的介绍和沟通，迅达能够在用户中获得较高的认可。

6.6.1.4 组织部门

迅达的知识产权部门已外包给子公司英万提。英万提拥有所有知识产权并对其在全球范围内的获权、实施和运营负责。英万提在内部被描述为以客户为导向、多样化和利于合作的，并在重要问题上提供研发支持。

6.6.1.5 合作与许可

迅达对授权许可持开放态度。在这方面，公司主要与供应商合作。但是对于那些可在全球范围内销售的关键技术，迅达始终致力于追求独家性以获得竞争优势。

迅达与为其进行研发的合作伙伴开展合作是常见的。迅达还与供应商合作，供应商根据迅达的规格定制其组件，使这些组件与现有系统完美匹配。与供应商合作的知识产权许可往往会不断增加。在研究项目中与合作伙伴的合作比较少见。在开发项目的框架内，迅达在需要外部专有知识的方面也进行合作。由于必须涵盖的技术领域很庞大，因此迅达合作伙伴的数量很大：研发预算的15% ~20%用于合作。

在研发合作伙伴关系中，迅达主张了全部知识产权并处理了专利申请过程。在特殊情况下，供应商被授予电梯和自动扶梯行业以外的使用权。迅达承担专利的创造、申请和维护费用。组件供应商可以进行分许可。

迅达/英万提要点

- 公司仍然是知识产权的唯一所有者。
- 明确制定专利战略以及核心流程。
- 专利申请的两级选择和决策过程。
- 将专利专家纳入技术监测和趋势分析团队。
- 将发明数据库作为发明人的信息平台。
- 专利申请的产生是研发 KPI 的明确部分。
- 几乎20%的研发预算流入了合作伙伴关系。

6.7　电气和电子

6.7.1　案例：ABB 的专利管理

ABB 是一家全球活跃的电气工程集团，总部位于苏黎世。ABB 于 1988 年由瑞典的阿西亚（ASEA）和瑞士的布朗勃法瑞（BBC）合并而成。如今，ABB 雇用了约 12 万人，其中约 6400 人在瑞士工作。ABB 的业务分为 5 个部门：电力产品、电力系统、自动化产品、生产自动化和机器人。该公司有 9 个研究中心，在全球有 6000 多名研究人员。此外，该公司还与 70 所不同的大学签订了合作协议。

6.7.1.1　专利创造策略

技术对 ABB 公司起着关键作用，技术是其价值的来源。ABB 每年申请约 700 件新专利，在全球拥有 16000 件专利或专利申请。ABB 每年支出的知识产权保护经费约为 3600 万瑞士法郎。ABB 的专利管理战略专注于创造专利、增加公司价值并保护其产品。ABB 全公司范围的专利战略与其商业战略相联系，由此形成各业务部门具体专利战略的基础。

专利战略的目标是创造能够带来附加值的专利。ABB 区分了商业方法和通过专利创造价值的战略。商业方法侧重于可持续增加和最大化使用资本回报率（ROCE）。知识产权则使最高的使用资本回报率得以提高。此外，专利可以通过减少竞争压力来减缓使用资本回报率达到最大值之后的下降，即可以实现可持续性。战略方法则将市场和竞争放在首位。从这个角度来看，专利可以减少竞争压力、确保市场份额、创造新的市场准入并优化定价。

6.7.1.2　专利创造过程

为了实现专利战略的目标，ABB 采用了以下措施：

- 闸门模型（Gate Model）：新产品的开发遵循闸门模型。在闸门模型中，与知识产权保护和主动避免与第三方产权冲突相关的问题和任务在多个“闸门”处得到应答或处理。如果不仔细完整地处理和回答这些问题和任务，就不可能推进开发项目。

- 战略专利研讨会：为期一天的活动，由多学科参与者组成，以分析专利情况和进一步的战略方向。

- 合作路径：在公司各级均有专利专家代表并与内部专利代理师（律师）密切合作。

- 质量控制：在专利申请之前采用两步控制概念：评审和同行评议。

- 专利意见：申请国外专利的决策支持。

ABB的目标是创造有价值的专利。第一，一件有价值的专利能够满足优质技术的目标要求——这意味着它是市场需求的对象，符合ABB的技术战略。第二，应实现最佳的地域保护范围：根据不同技术的应用领域和市场，确定优先布局的国家，并制定适应不同国家的战略。第三，必须确保最佳的实际保护范围，即在提交专利申请时必须检查保护范围并根据潜在侵权情况进行调整。

6.7.1.3 组织专利创造

ABB开发了一个组织架构，将公司各级的专利管理整合在一起。作为最高级别，“首席知识产权顾问”负责全公司范围的知识产权管理。作为下一级，每个业务部门都有指定的专利代理师（律师）。第三级是当地的专利代理师（律师）。未来，ABB正在考虑建立第四级，即专利许可专家和所谓的“专利执行专家”——后者的任务是积极寻找第三方的专利侵权行为。ABB在全球共有9个知识产权部门，约有85名员工。ABB通过内部员工处理其约80%的工作量，只有在特殊情况下才需要外部资源。

6.7.1.4 评估专利

ABB强调专利管理过程中定期评审和反馈的重要性。因此，该公司执行两个阶段的质量控制流程：

- 检查发明：专利项目是否符合商业战略？
- 检查专利申请：是否选择了适当的国家战略？权利要求是否足够宽泛？

ABB使用四象限矩阵来实施和监控专利战略和专利组合如图6.9所示，其中的这些象限反映了知识产权保护与竞争的相对强度以及产品或市场的差异化程度。

如果专利保护薄弱，同时差异化程度较低，就会存在被拥有更强专利的竞争对手阻挡的风险。薄弱的专利保护加上高度的产品差异化使得竞争对手很容易合法地模仿其感兴趣的产品，从而增加了被仿制的风险。在高度差异化的市场中，强大的专利保护意味着专利持有人拥有排他性——其能控制竞争对手并能决定市场。中等差异化产品如果有很强的专利，则会带来对外许可的机会。在这里，对外许可策略可以产生额外的收入。凭借中等差异化和中等专利强度，产品处于平衡状态，就能够获取自由行动的地位。从平衡的立场出发，专利的强度是决定性因素。如果专利强度降低，产品将很快进入风险区域之一。因此，在专利申请过程中获得有价值的专利是一个重要的成功因素。

ABB还将此评估矩阵用作确定其专利战略的工具。在确定产品战略时，可以在矩阵中进行定位，接下来的步骤是考虑产品未来的目标位置以及可以通过哪些措施实现这一目标。

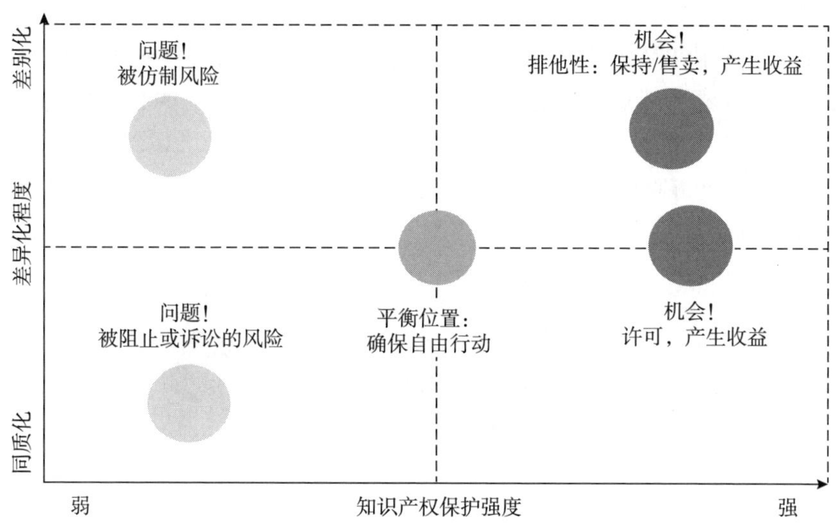

图6.9 ABB的专利评估矩阵（Gassmann et al.，2017）

以下是ABB两个产品的示例及其通过评估矩阵确定的战略。

6.7.1.5 低压产品

开关或断路器等低压产品属于批量产品，竞争对手众多，利润率很低，差异主要基于价格。由于几乎没有任何技术上的可能性来区分这种大规模产品，因此ABB必须通过其知识产权的力量来维护自己。作为专利的补充，外观设计保护可以增加保护力度，因此，目的是保持矩阵中间的位置稳定（见图6.10）。

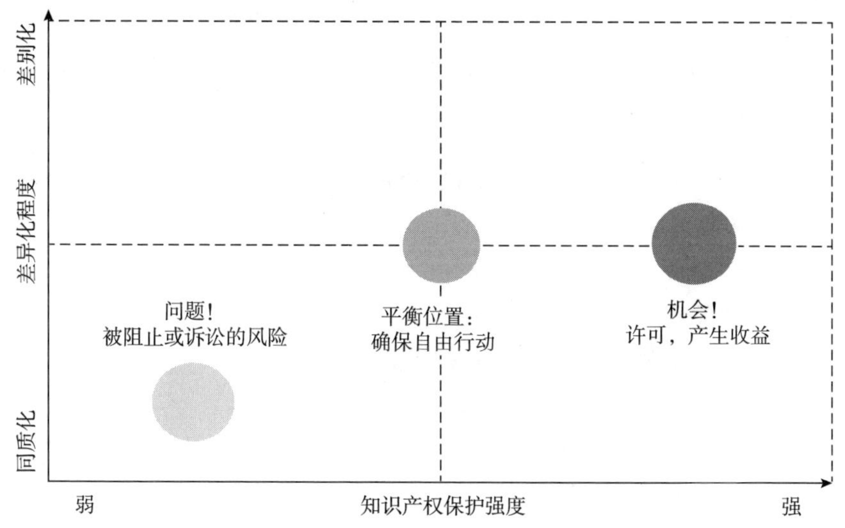

图6.10 ABB低压产品示例（Gassmann et al.，2017）

6.7.1.6 高压产品

ABB 是高压产品领域的世界市场领导者，只有少数竞争对手在这一非常复杂的技术领域展开竞争；进入市场需要高投资和高水平的技术知识。ABB 生产定制产品，可以产生高利润。在该例中（见图 6.11），ABB 位于评估矩阵的第二象限，具有高度的差异性和强大的专利保护——这使 ABB 在市场上具有排他性优势。

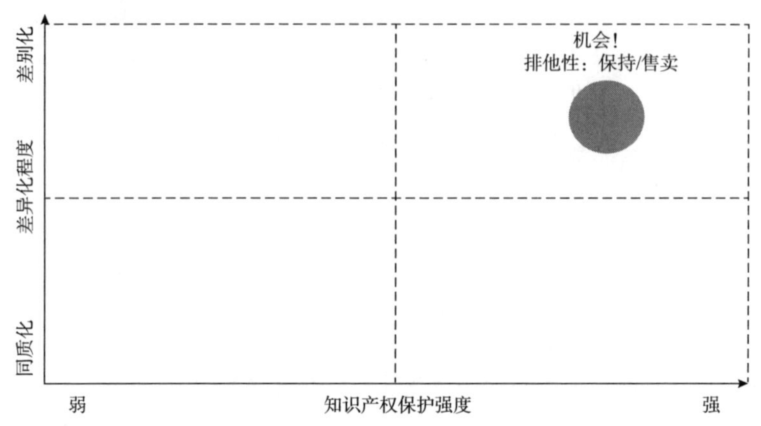

图 6.11 ABB 公司高压产品示例（Gassmann et al.，2017）

6.7.1.7 专利商业化

ABB 在专利申请方面的主要目的是保护自己的产品，因此专利的外部开发运营不是主要焦点。尽管如此，ABB 原则上准备在有利于扩大产品市场渗透率的情况下授予许可权利，对确保 ABB 自身竞争优势不重要的专利进行外部开发运用潜力评审并根据具体情况进行商业化。ABB 相信技术的引进授权和对外许可都将在未来发挥更重要的作用，因此正在强化相应的能力。

ABB 要点

- 专利战略嵌入商业战略中。
- 专利必须产生附加值。
- 专利管理是一种战略工具。
- 每个业务部门都有明确的专利战略。
- 组织采用合作方式，专利经理在各级均有代表。
- 实施专利战略的评估矩阵。
- 评审专利的商业化潜力。

6.7.2 案例：飞利浦与谷歌

除了工业电子产品，广告商谷歌和消费电子产品制造商飞利浦在德国就专利号为 EP0888687 的专利（电视用户界面）展开了激烈的竞争（见图6.12）。

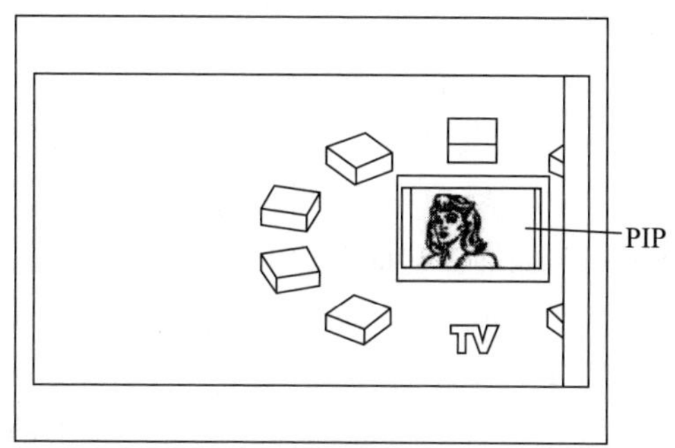

图6.12 飞利浦专利 EP0888687B1：电视用户界面

法律争议是在手机领域过度使用该技术。飞利浦与多家制造商发生了争执；安卓操作系统供应商谷歌介入，对抗飞利浦，捍卫制造商的利益。这场争端在多个司法管辖区同时进行，被告威科（Wiko）和华硕（Asus）被认定侵犯了飞利浦的无线电技术。最初，德国曼海姆的巡回法院曾禁止华硕销售任何安卓 5.0 设备，因为该接口可能侵犯飞利浦的专利。后续德国法院裁定欧洲专利对德国无效。

电子公司要点

- 其他行业的非竞争对手可以持有相关技术。
- 一个“小”专利可以阻止一个完全无关的大规模产品线。
- 专利价值因诉讼而日益货币化。

6.8 汽　车

根据德国专利商标局的数据，2017～2018 年德国汽车产业的大多数专利申请来自车辆制造业（12273 件）、电气机械和设备（7420 件），其次是机械元件（5871 件）。[1]

由于汽车供应商的更多参与和承诺，车辆部件已经主要由供应商开发和制

---

[1] 参见：https：//www.dpma.de/docs/presse/statistik_2018_patente_eng.pdf。

造，70%以上的开发增值来自供应商，唯一的例外是发动机和变速器（Wagner，2015）。将创新活动外包给汽车供应商带来的结果就是这些供应商必须更独立地申请工业产权。戴姆勒技术管理负责人表示：主要汽车供应商正在与原始设备制造商（OEM）进行相同领域的研究："博世（供应商）和戴姆勒（汽车制造商）是汽车研究领域的强劲竞争对手。"主要的焦点就是争夺新知识和具有战略优势的专利。另外，汽车制造商的采购部门对供应商施加了巨大的成本压力，原则上会尝试寻找几家供应商——即所谓的第二或第三供应商。在实践中，各供应商只有通过专利能够暂时获得排他性的保护——最好能将其应用于豪华级车辆。只有创新和强大的供应商才能保持真正的独立地位。汽车供应商博世、大陆（Continental）、德尔福（Delphi）、曼恩＋悍马（Mann＋Hummel）、舍弗勒（Schäf fluer）、法雷奥（Valeo）和采埃孚（ZF Friedrichshafen）过去都建立了强大的专利地位并利用这些专利来加强与原始设备制造商的谈判地位。

例如，采埃孚于2002年为宝马推出的6速变速器仅在短时间内对宝马具有排他性——这意味着几乎没有足够的时间与汽车竞争对手保持差异。因此，戴姆勒和宝马等领先的原始设备制造商在早期创新阶段明确与技术密集型非供应商（如大学衍生的高科技公司）合作，以便为汽车行业开发具有战略意义的专利——这与系统创新尤其相关。一个例子是用刹车和线控转向系统取代传统的转向系统。

各种新的汽车形式的发展（如混合动力或电动汽车）对汽车制造商提出了挑战。政治上和社会上为减少二氧化碳排放而改善动力系统的施压使得挑战更甚。由此，例如电动汽车的研究活动将进一步得到加强——这也反映在2012年全球电动汽车专利申请的快速增长上（是同期混合动力汽车专利申请数量的两倍）。

然而，这一发展也伴随着汽车产业的变革。越来越多的电动汽车核心技术来自其他行业，汽车行业也越来越被推到了守势。尽管80%以上的混合动力技术申请仍然来自传统汽车产业，但这一数字对于电动汽车而言仅超过40%（Grünecker，2013）。这些发展以及对自动驾驶汽车的研究催生了一个全新的市场，更多的参与者进入汽车产业。在某些情况下，这些新的市场参与者甚至未来将在相关领域拥有大量专利，如信息娱乐系统（谷歌、苹果、索尼）或电池技术和混合动力/电动驱动器（LG、三星）。对汽车业务流程专利申请的分析也证实了这一趋势。2001～2013年，在汽车业务流程领域排名前15位的专利申请人中没有一家汽车公司——该专利领域由IBM、美国运通旅行社（American Express Travel）、艾玛迪斯（Amadeus）等行业外公司主导，这些公司在提供旅行服务的同时提供科学和技术服务（Niemann，2014）。

电子和互联已成为汽车产业不可或缺的组成部分，传统汽车制造商现在不得不与电子公司合作。戴姆勒与拥有实现互联互通所需 SEP 的诺基亚在欧盟进行了授权仲裁。2019 年 3 月谈判失败，戴姆勒领导的一个寻求诺基亚专利的财团开始提起诉讼，指控其违反了竞争法。由于欧盟反托拉斯委员会需要数年的时间才能采取行动，该财团试图将争端重新提交调解但没有成功。一些争议主要聚焦在根据产品价值支付许可费的实践：诺基亚希望戴姆勒根据汽车的价值评估其应支付的专利使用费，但是戴姆勒坚持专利使用费应以模块化子系统*为基础进行设定。诺基亚的专利在法庭上被其他汽车制造商和供应商分别提起了挑战（Juve，2020），争议仍未解决，但这说明了汽车产业是一个供应商生态系统。本章将对此进行更详细的讨论。

6.8.1 与供应商的研发合作

汽车供应商的实力体现在它们与汽车制造商的开发合作中能够保持自身创新的排他性程度上。目前只有主要供应商才能做到这一点，中小企业供应商的议价能力较弱：汽车供应商试图尽可能独立地为基础创新进行开发和获得专利。然而，由于开发工作通常仅与汽车制造商密切合作并代表汽车制造商进行，因此汽车制造商通常会以"合同开发"的形式获得开发成果（见图 6.13）。发明和由此产生的工业产权通常必须转让给汽车制造商。汽车供应商 Z1 最多保留一个简单的使用权。汽车制造商 A1 可以将使用权许可给其他供应商 Z2，以确保第二和第三供应商获得所获得的开发结果。

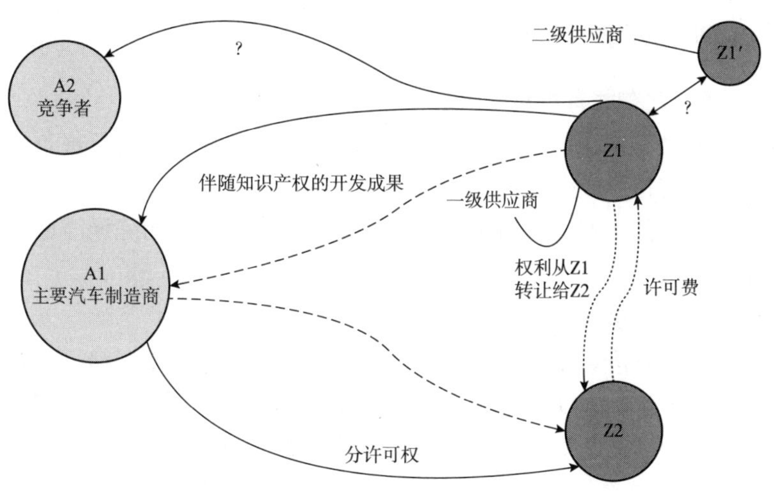

图 6.13 汽车行业的使用和许可权

* 而非整车。——译者

如果汽车供应商 Z1 也希望将其剩余使用权提供给另一家汽车制造商 A2，则必须向 A1 支付许可费。通常，它还与一个排他期相联系，通常为 3～5 年，在此期间，它只能交付给原汽车制造商 A1。作为回报，它会被保证例如最低购买量。

另外，如果汽车供应商 Z1 拥有工业产权并且汽车制造商 A1 可以单独处置该工业产权，则汽车制造商 A1 通常要求获得分许可的权利，该使用权可以传递给第二和第三供应商 Z2。作为补偿，汽车制造商 A1 随后向工业产权的所有者 Z1 支付与数量或营业额相关的许可费用——这些费用通过相应降低的零件成本传递给第二和第三供应商 Z2，从而从许可中获益。通常，许可费用不足以补偿开发成本。

然而，即使没有汽车制造商的“调解”，汽车供应商 Z1 也可能被迫使用知识产权对抗第三方（例如二级分包商 Z12）的许可付费。这其中特别还包括博世或舍弗勒这样的大型汽车供应商。然后，第一级汽车供应商 Z1 别无选择，只能尝试以某种方式将许可费转嫁给汽车制造商 A1。然而，在这种情况下，汽车制造商 A1 存在这样的风险，即其第二和第三供应商 Z2 可能无法从第二级分包商 Z12 获得许可证，或者在相同条件下无法获得许可。例如，这可能是因为使用许可与 Z12 分包产品的购买有关。然而，第二级分包商 Z12 正在加大力度，直接与汽车制造商 A1 进行许可谈判。不过，这些尚未在实践中被实施。

6.8.2 案例：领跑者特斯拉

6.8.2.1 通过宣布共有权实现跨越

专利战略最有趣的引人注目的大型公司就是特斯拉。特斯拉宣布放弃其知识产权，转而支持开放创新战略。以下是埃隆·马斯克（Elon Musk）自己的一个不符合语法的解释——对于首席执行官来说，除了几句陈词滥调之外，直接讨论知识产权战略并不常见。

6.8.2.2 “我们所有的专利都属于您”[1]

从前，在我们帕洛阿尔托总部的大厅里有一堵特斯拉专利墙。现在已经不是这样了。出于开源运动的精神，为了电动汽车技术的发展，它已经被移除。

特斯拉的创立是为了加速可持续交通的发展。如果我们为创造引人注目的电动汽车扫清了道路，但却在背后埋下了知识产权“地雷”以抑制其他人，那么我们的行为方式与这一目标背道而驰。特斯拉不会对任何真诚希望使用我

[1] Elon Musk，CEO June 12，2014.

们技术的人提起专利诉讼。

当我在我的第一家公司 Zip2* 起步时，我认为专利是一件好事并努力获得专利。也许它们很早以前就很好，但如今它们往往只是为了抑制进步、巩固大公司的地位、使法律界的人发财，而不是为了真正的发明家。在 Zip2 之后，当我意识到获得专利真的意味着你买了一张通往官司的彩票时，我尽可能地避开了它们。

然而，在特斯拉，我们感到有必要创造专利，因为担心大型汽车公司会复制我们的技术然后利用其巨大的制造、销售和营销能力压倒特斯拉。我们不能再错了。但是不幸的是，现实是相反的：主要制造商的电动汽车项目（或任何不燃烧碳氢化合物的车辆的项目）规模很小，甚至根本不存在，平均占其汽车总销量的比例远低于 1%。

在最好的情况下，大型汽车制造商生产的电动汽车范围有限、销量有限；有些根本不生产零排放汽车。

鉴于每年新汽车产量接近 1 亿辆、全球汽车保有量约为 20 亿辆，特斯拉不可能以足够快的速度制造电动汽车来应对碳危机。同样，这意味着市场是巨大的。我们真正的竞争对手不是少量生产的非特斯拉电动汽车，而是每天从全世界的工厂涌出的大量汽油车。

我们相信特斯拉、其他生产电动汽车的公司以及全世界都将从一个共同的、快速发展的技术平台中受益。

历史一再表明，专利的确是对特定竞争对手的小的保护，技术领先地位并不是由专利决定的，而是由公司吸引和激励世界上最有才华的工程师的能力决定的。我们相信，将开源理念应用于我们的专利将加强而不是削弱特斯拉在这方面的地位。❶

6.8.2.3　原　因

除了马斯克高尚的解释，实际上还有一些非常精明的商业考虑：通过允许他人使用特斯拉的技术，帮助推出了所需的充电站。而且，马斯克的愿景和态度与特斯拉品牌不谋而合，简而言之，可能是品牌价值。同样值得注意的是，马斯克的一句话“对任何善意使用我们技术的人提起专利诉讼”并不能完全说服一家大型汽车公司的法律专家允许汽车投入生产。马斯克的大部分增值不在于汽车技术，而在于汽车的软件，尤其是复杂的人工智能和自动驾驶功能，而所有这些都是受商业秘密和版权保护的……

---

* 马斯克 1995 年创建的第一家公司。——译者

❶ 参见：https://www.tesla.com/about/legal#patent-pledge。

6.8.3 案例：Avanci——传统汽车玩家受到冲击

Avanci 是信息和通信技术领域的专利池（请参阅解释部分）。沃尔沃（Volvo）和包括其他主要汽车品牌在内的其他 14 家公司已与 Avanci 签署了专利许可协议以获取其专利池。汽车越来越依赖无线连接。

Avanci 专利池的构想既是为了将专利货币化，也是为了消除该领域的许多法律挑战。Avanci 的一些成员（诺基亚、夏普、康文森）起诉戴姆勒，要求其同意其许可条款。该案虽然进行了调解，但最终失败了。大陆辩称 Avanci 代表其成员行事违反了公平、合理和非歧视（以下简称“FRAND”）原则。Avanci 更愿意向终端用户汽车公司进行许可，但戴姆勒拒绝这样做，因为许可费的评估不是针对大陆等供应商生产的零部件，而是针对最终产品。举一个具体的例子：大陆需要一个 20 美元的基带芯片，而 Avanci 需要每辆车收取 15 美元，这意味着许可费将是该组件成本的 75%。大陆销售的完整连接模块仅需 75 美元。因此，大陆认为这是不合理或不公平的。考虑到专利使用费通常只占 5%～15% 的比例，可能是 2 美元，双方能否弥补差距仍有待观察（Ropes et al.，2019；Juve，2020）。欧洲判例法仍在 FRAND 和 SEP 领域发展（参见下文第 6.9.1 节“智能手机专利战”）。

汽车公司要点

- 复杂的供应链意味着企业之间有很多纵向和横向合作。
- 设计专利发挥着重要作用。
- 越来越多的价值来自软件而非硬件。
- 商业模式思维在汽车产业也越来越重要，而专利在实施和增加专利和技术价值方面发挥着重要作用（尽管这在很大程度上受到汽车行业传统参与者的质疑）。

6.9 信息和通信技术

自 20 世纪 80 年代以来，信息和通信技术领域一直是一个高度创新和快速变化的领域。这些技术包括计算和电信，以及新兴技术的新发展，例如人工智能。2017 年，欧洲专利局收到的 165000 件专利申请中，超过 1/3 直接或间接涉及信息和通信技术（见图 6.14）。鉴于这一重要性，欧洲专利局甚至成立了一个专门的信息和通信技术部门，该部门汇集了来自计算机或半导体等其他技术领域的几位审查员，这使得审查员们能够更好地评估专利申请中描述的发明的新颖性（EPO，2018）。

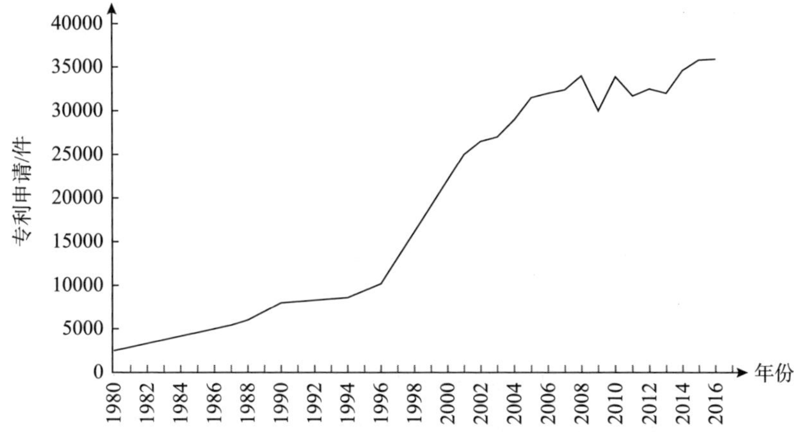

图6.14　欧洲专利局信息和通信技术专利申请（基于：EPO，2017）

在电子、半导体和电信行业的许多领域，专利是相互依存的。这些行业中几乎没有一家公司能够在不依赖第三方专利的情况下独立开发和销售产品。因此，像IBM或西门子这样的公司越来越被迫推行开放的许可政策并签订广泛的交叉许可协议。

为满足市场需求，该领域通常存在广泛的技术重叠。另外，通常有许多不同的技术解决方案变体，它们提供相同的功能，但仍能满足所需的需求。由于用户对技术设备的模块化要求越来越高，国际的、跨公司的技术标准化举措已不可避免。这些在移动通信领域尤为突出。然而，在标准化委员会中，相关公司通常必须准备好牺牲其专利组合以支持一个共同的标准，然后向所有参与者提供该标准。

从GSM到UMTS标准再到5G

20世纪80年代末，当欧洲全球移动通信系统（GSM）标准制定时，美国公司摩托罗拉利用其自身相关专利对标准化过程产生了重大影响并推行了当时异常激进的许可政策（Granstrand，1999）。因此，在摩托罗拉追求其他利益的国家中，GSM标准没有被引入。此外，还可以强制执行特定的许可条件，例如交叉许可——这确保了摩托罗拉获得竞争对手的专利和技术组合并确定了GSM供应商市场的结构（Bekkers et al.，2002）：尽管西门子拥有少量相关专利，但西门子后来成功加入了GSM标准。法-

德公司阿尔卡特最初追求的是一种不同的技术解决方案，但这并没有成为标准。一旦确定了 GSM 标准，该公司就必须建立新的专利组合。

基础专利组合在全球第三代通用移动通信系统（UMTS）标准中也发挥了重要作用。该标准在技术上对美国码分多址（CDMA）移动通信标准有很大的依赖性——这是基于美国高通的相关专利，没有这些专利，UMTS 标准就无法运行。新的竞赛现在是关于谁将成为第五代数字蜂窝网络“5G”无线技术新标准的一部分（见图 6.15）。

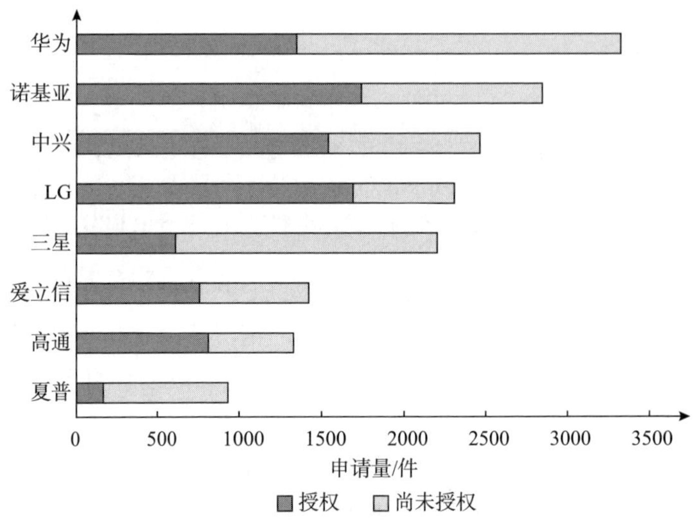

图 6.15　5G 专利所有者的竞争：截至 2019 年 11 月，提交 5G SEP 专利族最多的公司（基于：Statista/IPlytics，2019）

专利投资组合越来越多地被用来提高市场准入的高壁垒，将以前不参与的新来者拒之门外。专利组合及其许可条件支持的技术标准迫使新来者披露自己的相关知识产权并将其提供给标准参与者；作为回报，新来者将获得该标准的许可。然而，当存在与标准相关的专利，但其权利人本身无意销售自己的符合标准的产品，而是主要以许可收入为目标时，这种贸易就遇到了限制。

6.9.1　智能手机专利战

在专利申请方面，一场更为宏大的斗争发生在所谓的智能手机专利战中。随着智能手机逐渐成熟，行业中的各参与者意识到了市场的规模和潜力。随之而来的是苹果、索尼、谷歌、HTC、摩托罗拉、微软、诺基亚、华为、LG、三星和中兴之间的数十起诉讼。这场大战涉及了数十万件专利，从看似简单的图标设计到复杂的高频调制解调器芯片全部包含在内。iPhone于2007年年中发布，标志着互联互通的一个新时代——手机行业的关键玩家诺基亚于2009年底对苹果提起诉讼，拉开了这场战争的序幕，而当时这款革命性的设备开始受到关注。诺基亚这家北欧电信设备供应商声称苹果没有为围绕GSM、UTMS和无线LAN标准的专利池作出贡献，因此每部手机需要支付6~12美元的专利费。苹果立即提出反诉，指控诺基亚窃取了其13件专利中的部分技术、诺基亚的许可条款不符合FRAND原则、标准中的部分专利不可执行（iam，2015，2016）。

这场大战还卷入了甚至不涉及用户技术的其他主体，比如甲骨文因为安卓中使用Java而攻击谷歌。这一事件凸显强调了专利侵权是如何在涉及大量资金的情况下突然出现的。Java之所以广泛流行，是因为在太阳微系统（Sun Microsystems）倒闭后，该语言被认为是一种开放技术——这也许是它如此流行的主要原因。

这种对抗不仅涉及产业的主要大型主体。圣莫尼卡的一家小型公司EMG Technology声称谷歌侵犯了其专利US7441196B2——该专利涉及“在无线设备屏幕上操纵区域以查看、缩放和滚动互联网内容的设备和方法”。该方法专利在一个姐妹网站中提供了简化的导航。尽管得克萨斯州东区联邦巡回法庭（一个专利友好的巡回法庭）就这项技术受理了许多诉讼，但该技术从未失效——可能是因为权利人愿意支付一笔小额款项。从表面上看，鉴于目前的技术水平，这件专利对于熟练的网络开发人员来说并不明显。核心专利永不失效是很常见的——出于博弈论的原因，权利人和侵权者通常都没有使其无效的动机（Thompson，2013）。作为一名知识产权管理者，解决无效诉讼而不是诉诸法庭通常是一个好策略，因为垄断的1/2比非垄断的1/2多。因此，通常很难通过法律行动了解一家公司的知识产权实力。

在信息和通信技术领域，SEP发挥着至关重要的作用。SEP通常受制于FRAND条件下的强制许可条款。FRAND的想法必须而且目前仍被一些法院解释为必须提出一个可操作的概念。主要的欧洲FRAND判例法来自：Unwired Planet*诉华为（英国高等法院）、华为诉中兴（欧洲法院）、Sisvel**诉海尔（德国杜塞尔多夫高等地区法院）。

---

* 一家非专利实施主体。——译者

** 一家专利运营管理机构。——译者

欧洲法院在华为诉中兴案件中正式确立了 FRAND 概念，其中概述了根据 FRAND 承诺的 SEP 寻求禁令救济时应采取的一般程序（Kastler，2019）：

- 在寻求禁令之前，SEP 权利人必须限定相关 SEP 并说明其如何被侵权，向被指控侵权人发出通知。
- 被指控的侵权人必须表示愿意根据 FRAND 条款获得许可。

SEP 权利人必须：

- 根据 FRAND 条款提供书面许可证报价，说明许可使用费及其计算方法。

对于这一点，没有通用的公式，但德国法院裁定：它应该包括“索赔表”或“自豪清单”（proud list）以促进谈判。

被指控侵权人必须：

- 通过接受 SEP 权利人的报价，真诚地响应 SEP 持有人提出的报价；或
- 根据 FRAND 条款还价；
- 提供适当的安全；
- 能够说明其使用行为。❶

机密性和签订保密协议的义务：在 Sisvel 诉海尔案中，法院认为 SEP 需要根据保密协议签订类似的许可协议。

6.9.2 案例：苹果与三星

苹果于 2011 年起诉三星。该案是在智能手机大战的更广泛背景下发起的（参见上文）。这场诉讼是一场大冲突，涉及：商标、专利、设计、商业外观❷、技术标准、FRAND 许可、反托拉斯法和权利用尽原则。

虽然诉讼围绕许多软件元素展开，但审判文件显示这些非常复杂。陪审团必须决定三星是否违反了有关“商业外观”的规定。苹果辩称：三星在销售其设备时抄袭了苹果著名的极简主义包装和设计，侵犯了其商业外观权利。陪审团必须决定苹果的商业外观是否著名，并且是否可以得到保护。

苹果还援引了自己的设计权，声称三星抄袭了 iPhone 的工业设计。在同一诉讼中，三星指控其多件实用专利遭到侵犯。该案的举证责任是是否“有明确和令人信服的证据证明苹果的侵权行为是故意的”。

---

❶ 究竟是什么构成了安全，这仍然有点模糊不清。Sisvel 诉海尔案中的法院认为：要求未来到期的担保特许权使用费数额过高且不符合 FRAND。同样，诚信理念是指导原则。

❷ 商业外观涉及产品的视觉呈现，如颜色、形状、标记、字体，用于向消费者展示产品的来源（参见本书第 1.3 节）。

苹果还声称三星违反了美国法典第 1114 条和一般商标法的规定。这件知识产权被用于覆盖其图标、设计、用户界面和外观。

除了这些类型的权利之外，苹果还声称三星对某些 UMTS 专利的各种反垄断行为违反了 1890 年美国谢尔曼反垄断法案。此外，苹果声称三星没有以 FRAND 专利使用费费率提供其 SEP。

苹果还对三星的说法提出了更模糊的辩护。专利法的一个原则是“权利用尽”的概念，这意味着一旦专利产品进入商业流通，专利权就用尽了。这一原则的原因很简单：在一个经济体中，管理超出首次销售的专利使用权过于复杂。苹果声称三星已经向基带芯片供应商授予了许可证，而一旦这样做了，三星就已经“用尽”了该技术的专利权，即使苹果通过这些芯片引入了三星的技术，也无法追究苹果侵犯这些专利的责任。

6.9.2.1　处理反公地*

一个已经发生了很长时间的学术争论是专利是否实际上是有害的并与某些技术领域保持平衡——这些领域有很多参与者或者一项技术需要几十种不同的发明才能实现。这种经济学现象被称为反公地悲剧，因为太多稀缺资源的所有者相互排斥其他参与者，以至于不再有任何生产。在一些行业，如信息和通信技术或消费电子行业，情况更可能如此，因为许多玩家拥有将产品组装在一起所需的一小部分技术——手机是一种奇妙的设备，需要许多专利才能制造。在为世界知识产权组织进行的一项研究中，Reidenberg 等（2015）确定大约 314000 家实体拥有更多的专利：从液晶显示器（LCD）、软件到调制解调器。任何试图在这一技术领域运营的玩家都将步入一个广阔的法律领域。

面对这些障碍，新进入者不仅必须完美地识别哪些是专利，哪些不是专利［这本身就是一项令人困惑的任务（参见“自由经营”）］，而且必须与潜在的数十家甚至数百家实体进行谈判。交易成本和信息不对称是如此之高，以至于对某些技术和产品来说，这是一种昂贵得令人望而却步的现象——这是“悲剧”，因为产品本可以被制造但却无法制造。

这是一个悲观的经济观点。更乐观的观点是：在有机会的地方，经济行为体将组织起来抓住它。这只看不见的手正是克服困境的关键。这正是专利池中多年来发生的事情：在专利池中，多个发明者允许专利池成员使用他们的创新，然后这个合法的企业联盟可以从他们的发明中提取额外的价值。这些专利池有时非常不透明，但一个新的实体 Avanci 在物联网无线连接领域创建了一种新型的开放许可平台。“Avanci 通过向许多公司拥有的专利提供单一许可

* 原著只有 6.9.2.1，无后续。为保持原著层级，特此保留。——编辑注

证，要求 FRAND 条款，简化了这一流程。”正如理论所预测的，InterDigital（一家生产商/专利流氓实体）在2019年使用这个新平台与谷歌签署了专利协议（Google，2019）。

尽管有理由乐观，但与移动领域不同的是，物联网仍处于起步阶段，因此，如果玩家将自己的专利投入目标有限的专利池中也不会有太大的负面影响。此外，我们更可能观察到一个专利池，而不是一个因试图理解专利记录对自己的新发明的法律影响而精疲力尽的孤独发明家。

信息和通信技术领域要点

- 专利对于专利池谈判至关重要。
- 随着标准的形成，专利和技术直接决定资本支出。
- 信息和通信技术行业的特点是一方面有多个交叉许可协议，另一方面有激烈的专利战。
- 由于专利而收购整个公司，如谷歌收购摩托罗拉，可能是进入互联世界的战略步骤。
- 在物联网经济的推动下，信息和通信技术对多个行业产生了巨大影响。
- 若干行业应密切关注信息和通信技术领域和专利行为，因为一旦互联互通进入行业就会出现溢出现象，而如今几乎每个行业都受到互联互通战略趋势的驱动。

6.10 计算机科学

计算机科学的特点是发展迅速并且极具变化性。高科技行业的典型挑战和风险如下（见图6.16）：

- 软件和商业方法应用专利数量快速增长，需要大量的监控工作。
- 由于申请人和专利局缺乏对该技术领域现有技术的充分认知，许多专利的质量和法律效力让人怀疑。
- 第三方非常容易卷入耗时且成本高昂的专利侵权纠纷中，特别是在美国。
- 实施自身专利通常也会伴随较高的财务风险，特别是在美国。
- 在对软件应用专利性的不同立法中，存在关于法律一般发展的异质性。与其他的技术发明不同，这些专利通常受到各种不同国家类型立法的制约。

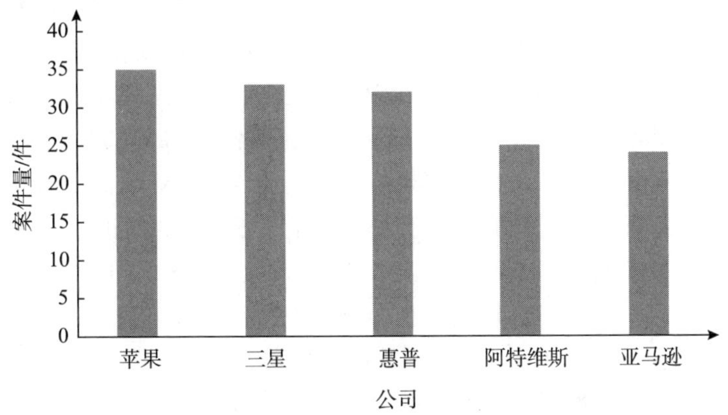

图 6.16　因专利被起诉最多的公司：2015 年上半年美国涉及专利诉讼案件数量最多的公司情况（基于：Statista/Unified Patents，2015）

6.10.1　案例：微软*

和其他大型软件技术公司一样，微软现在也在为自己的发明申请专利。2004 年，比尔·盖茨（Bill Gates）宣布：据估计，微软 2005 年申请的软件专利数量将是 2004 年的两倍。宣布这一消息的背景是微软越来越有必要拥有自己的专利组合：一方面进行跨许可谈判并产生许可收入，另一方面进行知识迁移。在 2005 年的风险投资大会上，微软首席执行官史蒂夫·鲍尔默（Steve Ballmer）再次强调专利管理对微软的重要性，宣布：微软在购买或产生专利上的投入往往超过实际技术开发的投入，每年在研发上的投资超过 90 亿美元，目前拥有软件行业最大、最强的专利组合。2013 年，微软持有近 6 万件专利；2019 年，微软再次以 3083 件专利创下纪录（Seattle Times，2020）！

微软此前在专利申请方面并不活跃，而导致其发生这一转变的原因之一很有可能是自 1998 年以来其先后面临了 30 多起专利侵权纠纷。这些纠纷通常会以和解告终，比如与时代华纳（Time Warner）及其 Netscape 浏览器的和解，或者与 AT&T 的收购。然而，这种方式往往需要付出十分高昂的经济成本，比如在与太阳微系统一案中就能看出这点：微软不得不向 Java House 支付 19.5 亿美元的遣散费。小型企业也对微软采取了行动，例如位于加利福尼亚州圣克拉拉的 Inter Trust Technologies 公司，该公司在数字版权管理技术方面向微软主张了大约 30 件专利权利；和解协议约定由微软向 Inter Trust Technologies 支付

---

* 原著只有 6.10.1，无后续。为保持原著层级，特此保留。——编辑注

4.4 亿美元，并且 Inter Trust Technologies 获得了微软专利组合的使用许可证——该专利组合可扩展到 Windows 操作系统的最终用户。在近期的案件中，美国联邦上诉法院维持原判，微软自 2010 年起仅被允许销售一种经修改的 Microsoft Word 2007，原因是侵犯了加拿大小型软件公司 i4i 的一件专利（该专利涉及一种可以独立处理文档的结构和内容的方法）；微软被要求支付 2.9 亿美元的赔偿金。近年来，微软的专利战略发生了根本性的变化。该公司现在更感兴趣的是获得平衡的专利许可交换合同（Bader，2006），即两家公司相互许可各自的技术，以从合同合作伙伴获得相应的反向许可。微软目前与思科、惠普、IBM、思爱普、西门子、太阳微系统、Unisys 和施乐都有这样的协议。在此之前，微软主要采用了一种激进的策略（进攻性专利）。

除了进攻性战略，微软在 2003 年还推出了一个知识产权许可计划，包括技术许可计划和微软知识产权风险投资计划（Microsoft IP Ventures Program）。该计划的目的之一是为微软开发但未被其使用的技术授予风险投资。微软为初创企业和小企业提供使用这些技术的特殊许可证；作为技术许可的回报，微软获得了被许可方的一部分股权。如果一项内部开发的新技术的收益潜力低于 10 亿美元或者不适合自己的产品组合，微软知识产权风险投资计划就可以使用它。根据微软知识产权授权团队总经理 David Kaefer 的说法，授权条款是根据具体情况具体商定的。许可是非排他性授予的。因此，微软保留将技术转让给不同授权方的权利。

自该计划实施以来，在知识产权许可计划的帮助下已经达成了 600 多个许可协议，客户、合作伙伴和竞争对手都可以参与其中。分析人士认为微软的授权计划是明智的举措。该公司已经在研发上投入了数十亿美元，这带来了大量的好点子——可能比微软自己能转化的适销对路的产品还要多。通过向市场提供未使用的技术，股东从这些技术成功运用上直接获得投资收益而无须对获得许可的技术本身进行进一步投资。综上所述，微软的专利战略由四个部分组成：

- 以建立更大的专利组合为起点。
- 通过专利许可交换合同将风险最小化的同时实现获取更多技术。
- 保护自己的专利组合免受专利侵权者的侵害。
- 向企业授予技术许可以换取其股份，从而实现可持续的技术开发。

微软在过去十年中发展出了一套复杂的专利战略——这不仅仅是一种纯粹的进攻性执行战略。除此之外，微软还特别重视人力资源管理、产品开发和市场营销以及创新过程中的组织学习。在全球创新网络中，微软在研发的最新发展中也发挥了先锋作用。为了满足这一需求，微软的知识产权团队由 IBM 的资深人士 Marshall Phelps 领导，而很大程度上“蓝色巨人”（IBM）的授权成功要归功于他。

6.10.1.1 *Eolas vs. Microsoft* 案*

由于专利侵权，微软不得不在 2003 年 8 月支付超过 5 亿美元。美国联邦法院裁决其向芝加哥软件公司 Eolas Technologies 和加州大学赔偿侵权损害约 5.2 亿美元。微软提出了上诉，但由于华盛顿联邦上诉法院以程序上的错误为由驳回了下级法院的诉讼但没有推翻判决，微软撤回了诉讼。微软随后与 Eolas Technologies 庭外和解并支付了一笔金额不详的和解金来解决争端。

法院裁定微软侵犯了 Eolas Technologies 的老板 Michael Doyle 和加州大学共同研发的浏览器插件 Internet Explorer 的相关专利。这件专利涉及一项技术，可以访问嵌入在互联网页面中的交互式程序。Eolas Technologies 成立于 1994 年，负责分发软件；加州大学拥有相应的专利。Eolas Technologies 和加州大学指责微软将它们开发的技术集成到其互联网浏览器 Explorer 中。该专利多次获得法院和美国专利商标局的支持，最初的专利甚至在 2002 年扩展到新的应用。这种专利保护的扩展使得 Eolas Technologies 起诉亚马逊、eBay 和谷歌等更著名公司专利侵权或未支付许可费用。全球共有 24 家企业受到这一行为的影响。

反对者希望将类似 Eolas Technologies 主张专利的软件和基本原理排除在专利保护之外，以免阻碍技术进步。Eolas Technologies 的创始人 Michael Doyle 向 Spiegel 解释道："我们早在 15 年前就开发了这项技术并将其公之于众，比市场听说远程利用强大资源的网络应用程序早了好几年。从别人的发明中获利而不付出代价是极不公平的。我们只想要属于我们的东西。"（Spiegel Online，2009）

计算机科学内容要点

- 软件覆盖整个世界——几乎任何一个行业都存在软件化。
- 在欧洲，软件在法律上是不可专利的——这是他们版权法的一部分。但事实上，与技术装置相结合是最具专利的领域之一。
- 软件和方法组合通常是围绕"数量"而不是质量建立的。
- 软件和方法专利微妙而复杂，难以软化和监控。
- 软件和方法专利不一定在任何地方都可以获得专利。

6.11 金融服务和金融科技

与其他行业相比，金融服务业中的知识产权工作启动较晚，直到后期才开

* 原著只有 6.10.1.1，无后续。为保持原著层级，特此保留。——编辑注

始申请专利（Glazier，2003）。乍一看这似乎不太寻常，因为这是一个高度发达的行业，软件和系统解决方案在其中发挥着重要作用，并且被投入了大量资金。新商业模式的可专利性可以阻止竞争对手，从而提供额外的竞争优势（Möhrle et al.，2009）❶。因此在金融领域，一些参与者开始进行专利布局工作（Bader et al.，2005；Bader，2007，2008；Bader et al.，2008）。

专利相关的法律纠纷使金融服务提供商开始重新思考，与此同时，因这类纠纷的范围广泛和新颖性，媒体也对其十分关注：

- *Data Treasury vs. JP Morgan Chase et al.* 案：该诉讼涉及支票和信用卡收据的记录、数据处理和存储。
- *LML Payments Systems vs. U. S. Bancorp et al.* 案：该诉讼涉及将纸质支票转换为电子交易的方法等。
- *NetMoneyIn vs. Bank One*，*Citibank*，*Wells Fargo* 案：该诉讼主要涉及通过互联网接受信用卡付款的方法。

在过去十年中，针对诉讼的保护也是专利战略背后的基本推动力，尤其是在金融和保险行业，其主要目的是能够通过自己的专利避免与第三方的法律纠纷。银行业的专利申请最初主要是由美国银行、巴克莱、法国巴黎银行、第一资本、花旗银行、瑞士信贷、德意志银行、高盛、汇丰、摩根大通、雷曼兄弟❷、美林、苏格兰皇家银行、瑞银和富国银行等机构推动的（见图6.17）。然而，字母表、亚马逊、苹果、IBM、甲骨文和微软等传统科技公司已开始建立特定的金融科技专利组合，以便保障其参与金融和支付服务领域活动（见图6.18）。

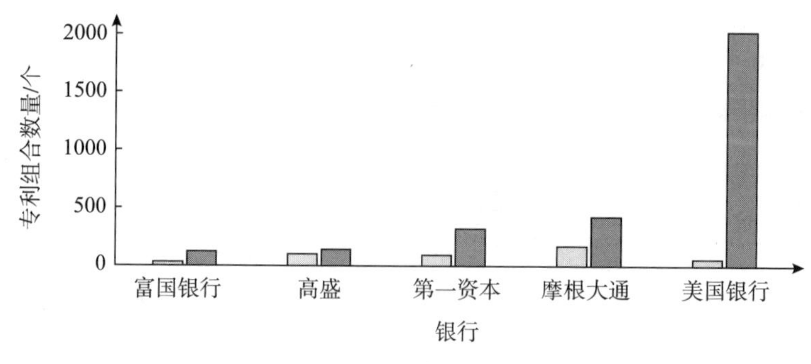

图6.17　2007年与2017年美国最大银行的专利组合增长（基于：Bördin，2019）

---

❶ 对比 *In re Bilsky* 案的裁定。参见信息表“受审商业模式的可专利性”（Patentability of Business Methods in the USA on Trial）。

❷ 作为雷曼兄弟破产程序的一部分，相关专利组合在2008年被巴克莱收购：该行业松了一口气，因为专利组合没有被专利主张实体收购。

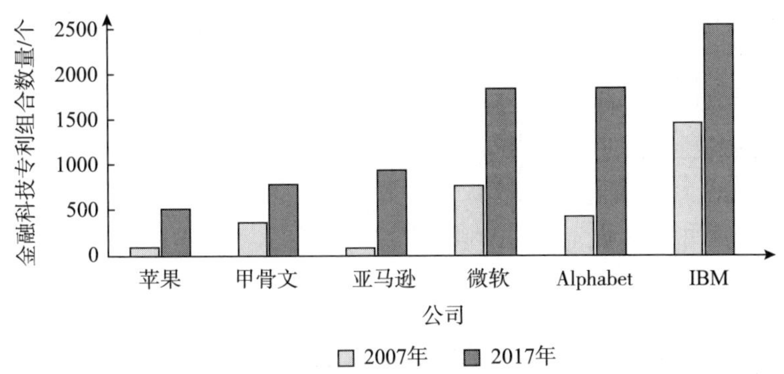

图6.18 2007年和2017年主要科技公司金融科技专利组合（基于：Bördin，2019）

6.11.1 案例：万事达卡（MasterCard）*

同样，支付解决方案提供商也明显提高了专利申请量。这一领域的专利申请热点主要集中于区块链、数据安全和机器学习。自2010年以来，万事达卡和Visa这两个市场领导者的年度专利申请量增长了6倍，并在2016年达到峰值，约650件（Bördin，2019；见图6.19）。万事达卡最近获得了1件“用于分区区块链和增强许可区块链隐私的方法和系统”的专利（US10097344B2，2018年授予；见图6.20），其技术方案是允许多个不同类型的交易都存储在单个区块链上，例如几种不同加密货币的交易都可以存储在单个区块链中（另见本书第7.6节）。

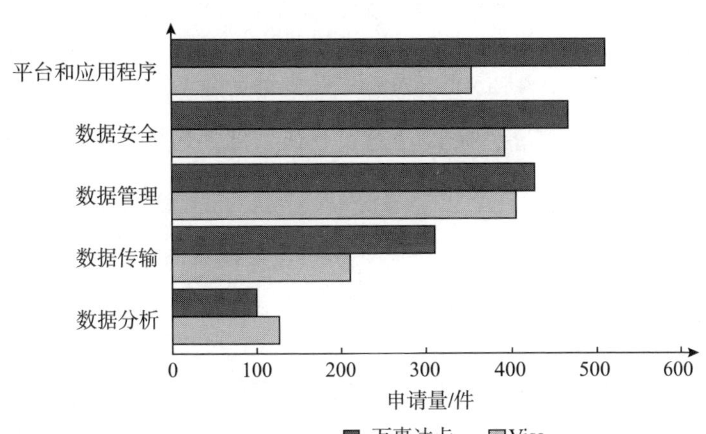

图6.19 万事达卡和Visa的技术分布（基于：Bördin，2019）

---

* 原著只有6.11.1，无后续。为保持原著层级，特此保留。——编辑注

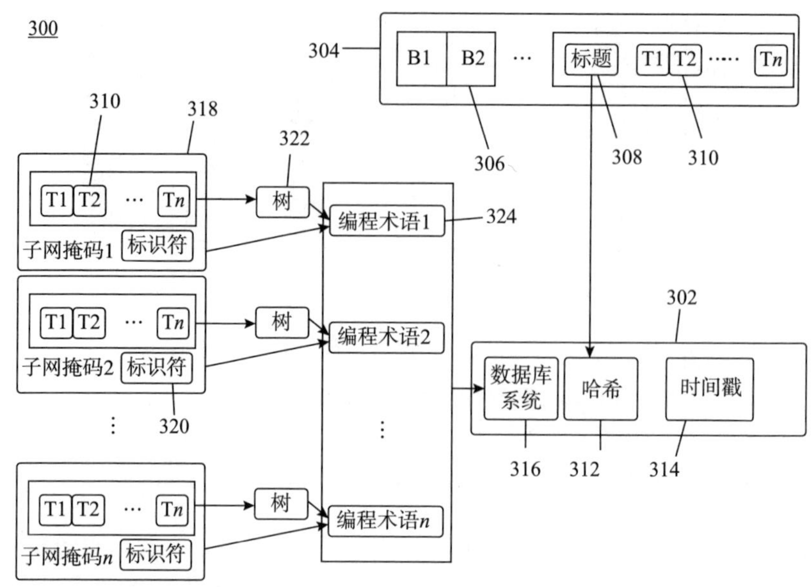

图 6.20　万事达卡关于分区区块链和增强隐私的专利 US10097344B2

金融服务内容要点

- 与计算机行业相同，金融业也面临着方法专利陷阱，是否属于发明往往比其他领域更不明确。
- 金融行业的专利活动起步较晚。世界上最活跃的银行之一花旗银行是这一领域中较早开始申请专利的，其在欧洲专利局申请了专利。
- 创新并不是金融行业的重要领域，但科技公司正在改变行业的规则和习惯。
- 客户越来越混合，忠诚度越来越低，用户体验对吸引客户起着重要作用。

6.12　运输和物流

运输和物流行业是指直接或间接派遣或运输人员和货物并将之“智能分配”的行业。该行业的公司在服务基础上的竞争越来越激烈，这使管理服务创新，尤其是物流创新变得更重要。物流管理创新包括涉及供应链或公司内部的新物流产品或流程的规划、控制和监控。物流生产创新通常通过诸如“硬件”（例如新型载货车）和“软件”（例如新的先进规划和调度系统）或两者的结合（例如，射频识别 RFID 使用）等技术实现。另外，物流流程创新主要基于流程知识领域和关系网络结构的创新。物流创新也来自 IT 服务提供商和工业商业企业。

物流行业正日益从成本因素向具有可持续竞争优势的差异化因素发展。这种趋势与产业向知识或服务型社会的发展是一致的。尽管物流行业在提高顾客满意度、改善送货服务或降低成本方面取得了许多进步，但与其他行业相比，这些成就几乎无法防止竞争对手模仿。只有少数物流服务领域的公司系统和全面地管理其知识产权（Baderand et al.，2006）。大约 15 年前，物流服务领域根本没有专利申请。近 10 年，这一行业才逐渐开始出现专利申请，其中主要参与者发挥了先锋作用。排名第一的 UPS 公布了 180 多件专利申请；排名第二的是 DHL，超过 160 件；联邦快递有约 20 件；La Poste 有约 10 件。其中，专利不仅大多数在国内申请，有超过 1/3 还有国际申请。尽管如此，物流行业的公司在以商业模式申请专利上积极性不高，因此面临着失去创新技术和经营自由的风险（Niemann et al.，2013）。

6.12.1 案例：联邦快递和 UPS

UPS 成立于 1907 年，最初是美国的一家快递公司，如今是世界上最大的快递和包裹递送公司。多年来，UPS 极大地扩展了其服务组合，到如今，其不仅协调货物的移动，还协调由此产生的信息和资金流动。UPS 一直强调创新，规范客户服务，提高可靠性——UPS 认为这是一种可以使自己与竞争对手区别开来的可持续的方式。UPS 运用了三个创新原则：第一，不断重新定义业务活动，UPS 成功地实现了从“服务客户的小包裹递送需求”到“促进全球商业”的战略重新定位并进入服务业务；第二，创新的长时间跨度的重要性；第三，认识到变革中企业品牌在传播中的重要作用。

尽管 UPS 的商业模式得益于大量的物流基础设施，但它也未能免于专利诉讼。它被 MTel 起诉，后者称其侵犯了美国专利 US5786748。该专利权利要求为“为向收件人提供快速邮件递送的迅速通知，在快递递送时将被通知的人的页码通信到快速邮件跟踪网络和无线寻呼服务的操作中心”。法院在审查该专利时采用了 *Alice* 案确立的原则，发现该专利不具备专利必要的创新性。MTel 向法院提起上诉，认为法院存在时间偏见——通过电信通知发送方接收信息的概念在 2016 年看起来微不足道，但在 1996 年申请专利时并非如此。法院驳回了上诉，认为该专利的核心只是一个抽象概念的实现，专利的主体本身不符合美国法律的专利保护资格（*Mobile Telecommunications Technologies*，*LLC vs. United Parcel Service*，US District Court for the Northern District of Georgia，Atlanta Division，October 21，2016）。

6.12.2 将云计算运用至物流中：亚马逊

虽然亚马逊通常被认为是一个主要的物流公司，但它在物流、无人机和飞机技术方面拥有大量的专利。❶《福布斯》最近的一项分析指出（Forbes,2019）：

自2010年以来，亚马逊的专利组合从2010年的不到1000件有效专利增长到2019年的近1万件，在不到10年的时间里增长了10倍。

- 亚马逊大量引用微软、IBM和字母表的专利。
- 亚马逊的专利组合以云计算为主，其中大部分专利有助于亚马逊网络服务（AWS）当前和未来的服务路线图。
- 亚马逊在城市物流和无人机替代送货方式方面的持续发展与强大的专利相对应（见图6.21）。

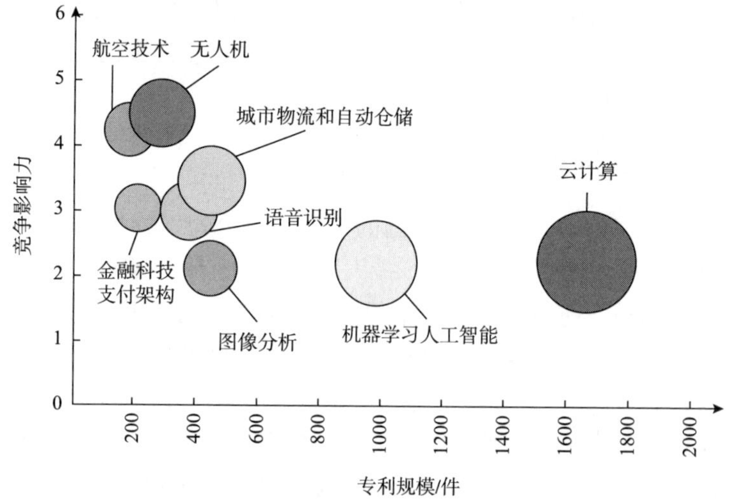

图6.21 亚马逊在选定技术领域的专利组合报告（基于：Forbes/PatentSight，2019）

运输和物流内容要点

- 物流行业正在从传统的低技术部门向基于数据的高科技行业转变。
- 基于位置的服务和可追溯性在行业中变得越来越重要。
- 未来的自动驾驶系统将彻底改变物流行业。
- 传感器系统、互联、5G、神经网络数据分析等技术推动了行业的变革。

❶ 亚马逊提供了一项亚马逊知识产权加速器服务，通过预先审查的法律专业人员，公司可以帮助快速加速知识产权和品牌保护，参见 https：//brandservices. amazon. com/ipaccelerator。

6.13 初创企业和中小企业

与大公司相比，跨行业的中小企业没有差异化的流程并且较少产生研究活动，通常缺乏专利管理。中小企业通常更关注专利的成本和产生的经济效益，这导致小公司在选择发明申请专利时采用了更严格的标准。它们通常具有广泛的网络化但非常精简的内部结构，总经理或研发经理通常负责协调所有与专利管理相关的活动，因此，专利申请过程，包括文件撰写和检索，通常高度外包给外部专利律师事务所和顾问。此外，由于可利用的资源少和高昂的费用，可能会产生专利可执行性的问题。与大公司相比，小公司往往处于不利地位，因此通常更愿意将专利申请保密。

但是，行业知识产权的申请和使用对中小企业也有好处（见图6.22）。

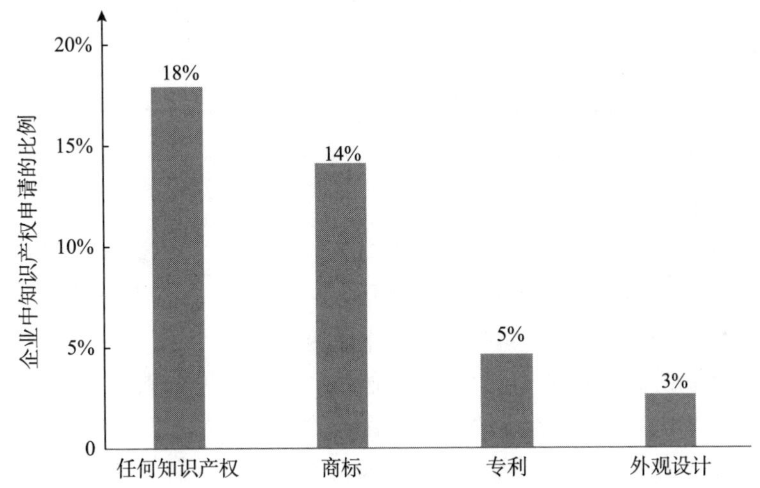

图6.22 欧洲中小企业使用知识产权的频率（基于：EPO et al.，2019）

提高谈判议价能力：中小企业在企业对企业的商务交往中更加活跃，大公司是它们的主要客户。如果没有专利保护，它们相对大公司客户的议价地位将非常弱，因为大公司通常可以自己研发一项创新或让第三方以更低的价格研发它。专利保护可以为中小企业获得后续订单作出重大贡献，以摊销之前的研发投资。

风险投资：风险投资公司的投资通常需要抵押品。专利、专利申请、实用新型和商标越来越多地被接受作为商业计划的指标并作为保护创新不受模仿者影响的某种措施。专利现在甚至可以直接用作贷款的抵押品。

尤其是对于中小企业而言，迄今为止，它们的专利管理并不十分一致，知识产权的核心任务通常仍由总经理承担。在某些情况下，专利活动的协调被委托给开发部门的一名成员，他通常需要在执行其他工作的时候兼顾这项工作。这种非正式安排的后果是：

- 专利管理缺乏战略导向；
- 没有时间讨论工业产权问题；
- 缺乏系统的评估或估值方法；
- 很少或没有结构或形式化；
- 没有官方联系人；
- 缺乏技术或法律专业知识。

有一种风险是专利申请不能按时完成，其涉及许多不同程序——比如费用支付、审查截止日期、国际申请等。与此同时，有一些中小企业在短时间内迅速发展并以专利活动为基础在全球范围内表现活跃。我们对这些所谓的“天生的全球人”的研究表明，专利管理往往在他们的快速增长中扮演着核心角色。战略专利在全球范围内产生、被系统保护和商业化。

初创企业和中小企业专利管理实用技巧

1. 在每个发明的一开始就进行专利检索是保护自己以后不受意外影响的最好方法。

2. 在被竞争对手的专利阻止的情况下，制订变通方法是有用的。

3. 单个专利通常不能提供有效的保护。因此，创新型中小企业应该建立一个系统的专利集群以确保其竞争优势。

4. 保护范围宽的专利通常具有更大的影响，但也更容易受到攻击。因此，应特别在技术周期开始时考虑保护范围宽的专利的申请。

5. 除了基本的专利，各种具体的设计变体也可以获得专利。

6. 如果基于对竞争产品的系统分析和评估提出改进解决方案，那么在发生纠纷时，自己的谈判基础可以得到改善，因为这会使竞争对手的进一步发展更加困难。

7. 内部许可或专利交叉许可使使用外国已经获得专利的发明成为可能。

8. 在维护专利的过程中，如遭遇异议或无效诉讼，最好聘请专利律师，因为在这种情况下，技术知识是不够的。

9. 对专利侵权者采取一贯和严格的办法可以起到威慑作用并增加模仿的障碍。

来源：Gassmann 等（2017）。

参考文献

[1] Bader M. A. (2006). Intellectual property management in R&D collaborations. Heidelberg: Physica.

[2] Bader M. A. (2007). Extending legal protection strategies to the service innovations area: Review and analysis. World Patent Information, 29, 122 – 135.

[3] Bader M. A. (2008). Managing intellectual property in the financial services industry sector: Learning from Swiss Re. Technovation, 28 (4), 196 – 207.

[4] Bader M. A., Bischof D. (2005). Intellectual property management in der finanzdienstleistungsbranche. In O. Gassmann & S. Albers (Eds.), Handbuch technologie – und innovationsmanagement. Wiesbaden: Gabler.

[5] Bader M. A., Cuypers F. (2008). Swiss Re: Global intellectual property management in the financial services industry. In R. Boutellier, O. Gassmann, & M. von Zedtwitz (Eds.), Managing global innovation (3rd ed.). Berlin: Springer.

[6] Bader M. A., Gassmann O. (2020, forthcoming). Patents in the biomedical sciences and industry – the case of the Swiss life science company Prionics. In: Hinder M., Schuhmacher A., Goldhahn J. (Eds.), Principles of biomedical science and industry. Weinheim: Wiley – VCH.

[7] Bader M. A., Hofmann E. (2006). Intellectual property management in der Logistik. Supply Chain Management, 6 (4), 7 – 13.

[8] Bekkers R., Duysters G., Verspagen B. (2002). Intellectual property rights, strategic technology agreements and market structure: The case of GSM. Research Policy, 31 (7), 1141 – 1161.

[9] Bördin J. (2019). Born from business need. iam magazine, autumn 2019. Accessed 2020 – 04 – 11, from https://www.iam – media.com/patents/born – business – need.

[10] Brem A., Maier M., Wimschneider C. (2016). Competitive advantage through innovation: The case of Nespresso. European Journal of Innovation Management, 19 (1), 133 – 148.

[11] EPO. (2017). Patents and the fourth industrial revolution. The inventions behind digital transfor – mation. Munich: European Patent Office.

[12] EPO. (2018). Information and communications technology patents at the EPO. https://www.epo.org/news – issues/issues/ict/about – ict.html. Accessed on December 30th, 2019. Munich: European Patent Office.

[13] EPO. (2019). Patenting biotechnological inventions at the EPO. Brussels: Dr. Harald Schmidt – Yodlee. European Patent Office.

[14] EPO and EUIPO. (2019). High – growth firms and intellectual property rights. IPR profile of high – potential SMEs in Europe, May 2019. A joint project between the European Patent Office and the European Union Intellectual Property Office, Munich and Alicante.

[15] Forbes/PatentSight. (2019). 10 Charts that will change your perspective of Amazon's patent growth. Accessed 2020 - 04 - 11, from https: //www. forbes. com/sites/forbespr/2020/04/09/forbes - releases - 23rd - annual - major - league - baseball - valuations/#4b7277557eeb.

[16] Gassmann O., Bader M. A. (2017). Patentmanagement: Innovationen erfolgreich nutzen und schützen (4th ed.). Berlin: Springer.

[17] Gassmann O., Krech C. - A., Bader M. A., Reepmeyer G. (2016). Out - licensing in pharmaceutical research and development. In A. Schuhmacher, M. Hinder, & O. Gassmann (Eds.), Value creation in the pharmaceutical industry - The critical path to innovation (pp. 363 - 380). Weinheim: Wiley - VCH.

[18] Gassmann O., Schuhmacher A., Reepmeyer G., von Zedtwitz, M. (2018). Leading pharmaceutical innovation - How to win the life science race (3rd ed.). Berlin: Springer.

[19] Glazier S. C. (2003). E - patent strategies. Washington, DC: LBI Law & Business Institute.

[20] Google. (2019). Q3 earnings call, October 31st.

[21] Granstrand, O. (1999). The economics and management of intellectual property. Towards intellectual capitalism. Northampton, MA: Edward Elgar.

[22] Grünecker. (2013). E - Auto - Patentindex 2013. Grünecker Patent - und Rechtsanwälte.

[23] iam. (2015). In search of the next patent war. Accessed 2020 - 04 - 11, from https: //www. iam - media. com/litigation/search - next - patent - war.

[24] iam. (2016). Innovation and survival: Lessons from the smartphone wars. Accessed 2020 - 04 - 11, from https: //www. iam - media. com/innovation - and - survival - lessons - smartphone - wars.

[25] IPI. (2019). Pulling no punches - how Prionics, a life science company in Zurich, defends its intellectual property. https: //www. ige. ch/en/intellectual - property/sme - portal/smes - report/detailseiten/prionics - ag. html.

[26] IPI/PatentSight. (2020). Patent analytics as a support to business decisions. Bern: IPI.

[27] Juve. (2020). Collision course set for Nokia and Daimler. Accessed 2020 - 03 - 18, from https: //www. juve - patent. com/news - and - stories/cases/collision - course - set - for - nokia - and - daimler/& Hopes dwindle for peaceful settlement between Nokia and Daimler. https: //www. juve - patent. com/news - and - stories/cases/hopes - dwindle - for - peaceful - settlement - between - nokia - and - daimler/.

[28] Kastler H. A. (2019). FRAND Case Law in Europe After Huawei vs. ZTE. https: //www. mofo. com/resources/insights/190405 - frand - case - law - europe. html, accessed 20 - 03 - 14.

[29] Möhrle M. G., Walter L. (2009). Patentierung von Geschäftsprozessen. Monitoring—Strategien—Schutz. Dordrecht: Springer.

[30] Niemann H. (2014). Corporate Foresight mittels Geschäftsprozesspatenten: Entwicklungsstränge

der Automobilindustrie. Wiesbaden: Springer.

[31] Niemann H., Moehrle M. G., Walter L. (2013). The development of business method patenting in the logistics industry—Insights from the case of intelligent sensor networks. International Journal of Technology Management, 61 (2), 177-197.

[32] Picanço-Castro V., Pereira C., Covas D. T., Porto G., Athanassiadou A., Figueiredo M. L. (2020). Emerging patent landscape for non-viral vectors used for gene therapy, Nature: Bio-technology, 38, 151-157. Graphic released to public by Purdue University: https://www.purdue.edu/newsroom/releases/2020/Q1/novel-techniques-for-mining-patented-gene-therapies-offer-promising-treatment-options-for-cancers, -other-diseases.html.

[33] Reidenberg J. R., Cammeron Russel N., Price M., Mohand A. (2015). Patents and the Small Participants in the Smartphone Industry. Fordham Center on Law and Information Policy & the World Intellectual Property Organization.

[34] Ropes and Gray. (2019). Continental automotive v. avanci: Wireless SEP licensing presents challenges for automotive industry. https://www.lexology.com/library/detail.aspx? g¼2e0a83b4-6e78-4faa-8311-9b6e4a0c945f.

[35] Seattle Times. (2020). Microsoft, Amazon, and China's Huawei among top 10 recipients of U.S. patents in 2019, 2020-01-15.

[36] Spiegel Online. (2009). Microsoft-Bezwinger greift Web-Wirtschaft an. http://www.spiegel.de/netzwelt/netzpolitik/software-firma-eolas-microsoft-bezwinger-greift-web-wirtschaft-an-a-653659.html.

[37] Statista. (2015). The Companies Sued The Most Over Patents In 2015. Number of US patent litigation cases against companies in the first half of 2015. Accessed 2020-04-11, from https://www.statista.com/chart/3699/the-companies-sued-the-most-over-patents-in-2015/.

[38] Statista. (2019). Who is leading the 5G patent race? Companies which have filed the most patents for 5G technology as of November 2019. Accessed 2020-04-11, from https://www.statista.com/chart/20095/companies-with-most-5g-patent-families-and-patent-families-applications/.

[39] Thompson. (2013). Costs of Swiss Patent Litigation. Sic! June, 2013.

[40] VisionGain. (2018). Generic drugs market forecast 2019-2029. London.

[41] Wagner R. (2015). Wichtige Trends in der Automobilindustrie. In R. Wagner & G. Hab (Eds.), Projektmanagement in der Automobilindustrie (pp. 3-9). Wiesbaden: Springer Fachmedien.

[42] Wolfe J. (2019). Bristol-Myers wins $752 million in US patent case against Gilead Reuters.

第 7 章 新技术环境中的专利管理*

知识产权制度可以追溯到几百年前。自 1421 年意大利佛罗伦萨首次发布驳船起重机专利后，这种专有权使用的概念在整个欧洲逐渐传播。专利制度的现代体系可以追溯到 19 世纪的工业时代，并与最初设计体系的有形性（physicality）渐行渐远。在这段时间里，技术无疑取得了进步，但发明的有形性减弱，无形性（ethereal）增加。

当代发明申请对钢铁时代建立的专利制度法律框架提出了挑战。虽然关于哪些基因控制哪些生物功能的发现不比工业时代任何一项有形的发明更重要，但其重要性无疑不相上下。但生物技术引发了深刻的生物伦理问题以及发明与发现的边界问题，即发明在哪里结束，发现从哪里开始。人工智能促使知识产权创造过程中的人类能动性法律边界发生改变。以下选择的这些技术可能既具有商业相关性，也涉及知识产权。

本章以下各节包括：

1. 生物技术；
2. 纳米技术；
3. 工业 4.0 和物联网；
4. 软件和商业方法；
5. 基于人工智能的商业方法；
6. 区块链和分布式账本技术。

---

* 本章的选定部分，例如“基于人工智能的商业方法”，之前发表在 *Bader MA and Stummeyer C* (2019) “The role of innovation and IP in AI - based business model” 一章中位于：Baierl R，Behrens J and Brem A（eds）：Digital Entrepreneurship - Interfaces Between Digital Technologies and Entrepreneurship；Springer：Heidelberg，pp. 23 - 56。经许可使用。

7.1 生物技术

近几十年来，生物技术一直是快速发展的领域之一。根据欧洲专利局有关数据（2019 年欧洲专利指数），生物技术领域专利申请量跻身于前十大技术领域之列，但这是一个波动较大的领域（见表 7.1）。这些申请中约有一半来自科研机构和大学。由于这一科学领域涵盖了从微生物到农业和医疗应用的广泛领域，也涵盖了一些存在争议的技术和产品如转基因植物、动物克隆或人类胚胎干细胞的使用等，因此这里对专利的讨论比其他技术领域更生动有趣。

表 7.1　欧洲专利局生物技术领域专利申请数量

年份	欧洲专利局生物技术领域专利申请量/件	增长率/%
2009	5154	
2010	7723	50
2011	5870	-24
2012	5539	-6
2013	5269	-5
2014	5754	9
2015	5724	-1
2016	5477	-4
2017	6013	10
2018	6689	11.2

来源：EPO（2020）。

生物技术发明的专利化不仅涉及法律或经济问题，也产生了一系列伦理和社会问题。尽管许多研究都处理了这一有争议的问题（OECD，2003；Straus，2003；Thumm，2001，2003；Dutfield，2003），但专利化是两极分化的：对一些人来说，专利对经济和科学发展很重要，但对其他人来说，它们代表着不可接受的生命商业化或知识自由交流的障碍。科学与创新基金会在与瑞士联邦知识产权研究所（Swiss Federal Institute of Intellectual Property，IGE）和科学与研究小组（Group for Science and Research，GWF）的合作中阐述了这方面的有关观点（Science et Cité Foundation，2004）：

7.1.1 可申请专利的生物技术发明实例

- 基因和核酸分子（如用于诊断或反译程序的疾病相关基因、用于治疗的 siRNA 分子)。

- 蛋白质（如胰岛素、治疗用促红细胞生成素、药物筛选用细胞受体)。
- 酶（如用于洗衣粉的蛋白酶、用于生产生物燃料的纤维素降解酶)。
- 抗体（如用于癌症治疗、妊娠测试或诊断)。
- 病毒和病毒序列（如用于血液测试和疫苗、治疗方法开发的丙型肝炎病毒和艾滋病毒)。
- 细胞（如用于治疗白血病的造血干细胞)。
- 微生物（如用于生物修复的细菌、用于食品生产的酵母)。
- 植物［如抗除草剂的大豆、富含维生素 A 原的“黄金稻”(golden rice)、抗旱植物和从大气中提取二氧化碳的藻类］。
- 动物（如用于研究目的的疾病模型，例如基因修饰的“癌症小鼠”、用于异种移植的供体动物、在分泌乳中排泄药物的产奶动物)。

7.1.2 不可申请专利的生物技术发明实例

- 没有已知功能的 DNA 序列［如由于自动测序而产生的表达序列标签(expressed sequence tags，ESTs)］。
- 没有显著医疗益处的基因改造动物，如仅用于美容测试的基因改造动物。
- 植物品种［已通过《国际植物新品种保护公约》(*International Convention for the Protection of New Varieties of Plants*) 保护，如“黄金美味”(Golden Delicious) 品种的苹果］。
- 动物品种［如，荷斯坦牛 (Holstein cattle)］。
- 人类胚胎。
- 不可避免地涉及使用和破坏人类胚胎的步骤。
- 人类生殖细胞（精子、卵子)。
- 人 - 动物嵌合体。

7.1.3 尽管可能涉及专利权，生物技术领域研究依然持续

在生物技术中，基本方法的使用对研究至关重要，例如分离基因的方法。如果由于被授予专利而无法获得或只能以高成本获得这些方法，研究将受到影响。PCR 是基因工程中的一种基本方法，可以随意扩增非常少量的 DNA。这种复制扩增解决了遗传物质通常只能以极少量获得而无法直接检测或分析的问题。

PCR 方法已成为众多专利的主题。这些专利因许可他人使用这项技术而使

生物技术研究成为可能。相关证据表明，1987～1997 年，引用 PCR 技术的科学出版物数量呈指数增长——这些出版物均出现在 PCR 专利发布之后。一般来说，因必须支付专利许可费才能使用相关专利，因此研究项目的成本可能会增加，特别是在基础研究中，成本是重要因素之一。

生物技术发明和专利

根据《欧洲专利公约》，“生物技术发明”是指涉及由或含有生物材料（如 DNA 序列、基因或蛋白质）或生物材料生产、加工、使用过程的产品的发明［《欧洲专利公约》第 26（2）条］。

“生物材料”是指包含遗传信息并能够自我复制或在生物系统中复制的任何材料［《欧洲专利公约》第 26（3）条］——这包括活性生物组织和 DNA。

“生物技术专利”是生物技术发明专利，也可能包括植物、动物或人类细胞、组织、器官或转基因动植物以及转基因种子。

7.1.4　欧洲专利局的生物技术专利

以下是欧洲专利局关于生物技术专利法律要求的摘录（EPO，2017a）：

与所有其他技术一样，生物技术领域的发明通常被视为可依法获得专利；同样，专利审查规则和程序适用于所有生物技术领域发明。

欧洲专利局生物技术申请约占所有专利申请的 4%，其 2015 年收到的 160022 件欧洲专利申请中有 6048 件涉及生物技术。

该领域的专利申请在绝大多数情况下是没有争议的，公开争论（public debate）只涉及极少数与动植物相关的专利申请。

欧洲专利局认真审查所有专利申请。在所有技术中，只有不到一半的申请能够成为专利。在生物技术领域，授权率更低：只有不到 30% 的申请能够被授予专利权。

7.1.4.1　尊重传统知识

欧洲专利局在进行检索时使用强有力的工具和非常全面的数据库来确定要求保护的发明专利申请是否是新的。

为了避免已存在于公共领域的传统知识过度私有化，欧洲专利局还检索专门的数据库，如印度传统知识数字图书馆（Indian Traditional Knowledge Digital Library）——该图书馆提供与印度传统医学相关的信息。2009 年，欧洲专利局与印度政府签署了一项协议，允许欧洲专利局审查员在线访问该数据库。欧洲专利局也会查阅其他传统知识数据库，特别是涉及描述中国和韩国传统知识的数据库。

7.1.4.2 道德准则

欧洲专利局严格按照其法律基础《欧洲专利公约》授予专利权并在授予专利权时考虑伦理因素。被视为违反《欧洲专利公约》第53条的发明不可申请专利。该公约列出了出于伦理原因的可专利性的例外，其中包括人类克隆、人类基因组的修改和人类胚胎的商业用途。

对于生物技术专利，欧盟生物技术发明法律保护指令（Biopatent Directive）规则也同样适用。例如，该指令明确指出：当专利的所有条件都满足时，人类基因、植物和动物可获得专利。该指令成为1999年《欧洲专利公约》的一部分。

欧洲专利局自愿遵循欧洲法院关于指令正确解释的裁决并将这些裁决纳入其生物技术领域审查实际工作中。

欧洲专利局与专利体系的利益相关者以及公众进行公开和透明的讨论。与欧盟有关机构、团体保持密切合作并向它们通报生物技术领域专利进展。最近，欧洲专利局与欧盟植物品种局（Community Plant Variety Office）就植物专利有关问题开展了密切合作。

7.1.4.3 动物和人类基因

涉及人类基因的专利通常是许多救命良药的基础。欧洲专利局不授予没有已知活性的基因或未确定基因片段以专利权。要获得涉及人类基因的专利，专利申请必须描述基因活性且这种活性并不明显。

涉及人类基因的专利并不对人体赋权。当收到欧洲专利局关于其发明可专利性的负面报告时，申请人倾向于撤回其申请，因此欧洲专利局驳回的专利申请量通常很低，然而依然有许多生物技术专利申请被驳回的例子。

在人类基因领域，大量申请因所涉基因的功能在申请中没有得到令人信服的证明而被驳回，实例包括EP97930715号申请和EP01981441号申请——这两个申请都涉及人类基因序列，二者均声称是药物研制有前途的靶标。EP96903521号申请以伦理理由被拒绝，因为它基于使用人类胚胎干细胞，在生产时只能通过破坏人类胚胎进行分离，而这是《欧洲专利公约》不允许的。

与对植物一样，对动物也可以依法申请专利。欧洲专利局的专利申请主要涉及用于医学研究的转基因（基因修饰）小鼠和大鼠。然而，欧洲专利局考虑了伦理因素：如果发现转基因发明使动物受苦，那么只有当其给人类（或动物）带来实质性医疗利益的情况下才能获得专利。

与对植物一样，对传统的动物繁殖方法也不可申请专利。欧洲专利局对通过传统育种方法生产的农场动物不授予专利权。

7.1.5　美国第一只哺乳动物专利

1988年，美国专利商标局授予了第一项关于哺乳动物的专利——哈佛鼠（Harvard mouse）专利[1]。从实践和经济角度看，这种基因修饰小鼠并不是非常成功。但自从该专利被授权以来，活体物质的可专利性就一直是全世界争议的话题。事实上，早在几年前，美国、欧洲和日本就认为生物物质具有可专利性。然而在此之前，仅微生物或植物具有可专利性。在动物作为专利保护客体后，关于生物材料可专利性的基本讨论渐兴——特别是在欧洲。在加拿大，该件专利被最高法院撤销，理由是高等生命形式不能被视为发明。

7.1.6　美国、欧洲和日本的不同观点[2]

在1980年之前，植物以外的生物物质在美国不可申请专利。1980年，美国最高法院的一项裁决将这一观点抛诸脑后，使专利性基本上扩展到任何人造生物材料（"太阳下由人类制造的任何东西"）。在美国专利法中，对公共秩序或道德没有任何一般性保留——欧洲、瑞士以及日本在某种程度上也是如此。在美国，对人类的治疗、诊断和外科手术方法也可申请专利，但在欧洲、瑞士和日本则被排除在专利之外。《欧洲专利公约》规定了不可申请专利的生物技术发明的例外情况，如克隆人类的过程或将人类胚胎用于工业或商业目的。美国专利法或日本专利法均未列出此类特殊例外。

7.1.7　规律间隔成簇短回文重复序列/Cas9（CRISPR－Cas9）专利纠纷

规律间隔成簇短回文重复序列（CRISPR）相关蛋白9（Cas9）[3]是一种酶，它使用CRISPR基因序列在特定点切割DNA（脱氧核糖核酸）。该系统来自原核细菌对病毒（virii）和质粒受核酸攻击后的免疫反应。免疫反应机制让外来试剂将序列整合到自己的序列中，然后Cas9酶切割随后的RNA（核糖核酸）——破坏病毒或质粒。

目前，这一难以说清楚的生物机制是自PCR扩增DNA技术问世以来生物技术最大进步的中心机制，因为它允许科学家定制CRISPR序列插入另一序列的方式和位置，然后以精确的方式切割DNA。

伯克利和维也纳的大学在2012年获得了一件专利，Jennifer Doudna和

---

[1] US4736866（"Harvard－Maus"／"Oncomouse"）。

[2] Stiftung Science et Cité（2004）。

[3] CRISPR是指规律间隔成簇短回文重复序列。

Emmanuelle Charpentier 在该专利中致力于发现自然发生的生物机制应用。申请专利 US201261652086P“提供了调节靶细胞中靶核酸转录的方法，通常涉及将靶核酸与酶失活的 Cas9 多肽和 DNA 靶向 RNA 接触，还提供了用于实施该方法的试剂盒和组合物。所述公开文本提供了产生 Cas9 的基因修饰细胞以及 Cas9 转基因非人类多细胞生物。”

几个月后，由麻省理工学院（MIT）张锋领导的一个竞争团队获得了一件类似的专利——这触发了干扰程序。伯克利 - 维也纳小组展示了 CRISPR 如何在体外实验系统中用于改变 DNA（Jinek et al.，2012）；剑桥小组（麻省理工学院和哈佛大学）在大约一年后的美国专利 US8697359 中展示了它如何用于在人类中发现的真核细胞型。相比之下，伯克利 - 维也纳研究小组展示了基于在细菌中发现的原核细胞型，但专利权利要求中对细胞类型的定义含糊不清。

伯克利 - 维也纳小组随后向美国专利商标局提起干涉，声称他们的专利涵盖了剑桥小组所声称的内容。在当时，美国发明法案将专利权授予第一个发明人——当然该发明人实际上不一定是第一个发明的人。因此，有一段时间，发明人可以提出证据来证明是哪一方先发明的。

7.1.8 干涉程序

在美国专利商标局，干涉程序由行政专利法官组成的准司法小组主持以确定哪个申请人对专利拥有合法权利要求：

（a）2 件或多件待审专利申请；或

（b）至少一件待审专利申请和至少一件在待审申请提交日一年内发布的专利。

上诉由美国联邦巡回上诉法院或美国哥伦比亚特区地方法院审理。

剑桥小组要求消除这种干扰，他们认为本领域普通技术人员在将 CRISPR - Cas9 系统应用于真核生物时不会抱有成功的合理预期，要维护这两件专利，主题必须“在专利上是不同的”。美国专利商标局专家组有一个双向测试标准——他们通过询问以下问题来应用该测试标准：“本领域普通技术人员是否会被启示修改或合并现有技术中的教导，以及是否会有成功的合理预期”；参见 *In re Stepan Co.*，868 F. 3d 1342，1345 - 46（Fed. Cir.，2017）。

专家证词和专家组得出的结论认为：真核生物系统和原核生物系统是不同的，在其中一种细胞中应用并不能表明在另一种细胞类型中也必然能应用。具有讽刺意味的是，伯克利 - 维也纳小组的主要发明人之一 Jennifer Doudna 在将 CRISPR - Cas9 应用在人类细胞时经历了许多“挫折”。出于这些原因，美国联邦巡回上诉法院认为伯克利－维也纳小组的专利并不必然预期得到剑桥小组的 CRISPR 专利。

在这场长期角逐中，科学界是幸运的，因为这两项突破都是在公共资助的实验室中取得的。从那时起，所有相关领域的大学都获得了这项技术的许可，促进了基因工程和生物技术的发展。如果这样一项进步被私人实验室发现并获得专利，那么这项技术突破可能会被收取高额的许可费，则这项推动医学和作物学的惊人技术的故事可能会大不相同。

在 CRISPR 这个重要故事的最新冲突中，其中一件欧洲专利 EP2771468 被宣布无效——在法律上的原因是高度技术性的。在国外申请的专利依赖于所谓的优先权文件，即某项发明的第一个专利申请文件。EP2771468 引用美国申请 US201261736527P 作为其优先权文件。优先权发明作为独立的法律权利存在，但发明人除外。《欧洲专利公约》第 87（1）条规定：

在（a）《保护工业产权巴黎公约》任何缔约国或（b）世界贸易组织任何成员正式提出专利、实用新型或实用证书（utility certificate）申请的任何人或其所有权继承人，应享有与同一发明有关的欧洲专利申请自首次申请之日起 12 个月内的优先权。

EP2771468 引用了 12 个优先权文件，其最早的文件是必不可少的，因一些研究在不久后发表而导致该发明丧失新颖性。在这些情况下，最初的 US201261736527P 的申请人必须在该期限内将权利合法转让给随后的 EP2771468 申请人——这一转让并不在当年窗口期内完成，从法律上看，这意味着 EP2771468 当时是无效的。在其他许多案例中，这种法律技术性可能没有被注意到，但在这一案件中，科学和商业上都存在很多利害关系，因此该专利在欧洲专利局受到了 9 个不同的反对者的挑战。在审查该案后，欧洲专利局的异议委员会（Opposition Board）裁定该专利无效，申请人于 2020 年 1 月上诉失败，该发明现在可以在欧洲免费使用（另见：IPStudies，2019；Ledford，2019；ScienceMag，2017；Sherkow，2015）。

除了与生物技术高度相关外，该案例是专利管理糟糕的一个例子——漏掉这样一个法律技术性问题而导致损失数百万美元的潜在收入。这是一个关于细节的典型案例，如果一家公司没有良好的专利管理体系，就可能错过这些细节。此外，随着专利价值的上升，它将受到越来越多的法律审查和挑战。这就是为什么管理层必须从战略上来权衡特定知识产权的风险和回报。图 7.1 直观地描述了围绕 CRISPR* 技术发生的交叉许可活动的活跃度。

---

* 原书为 CRISP，应为 CRISPR。——编辑注

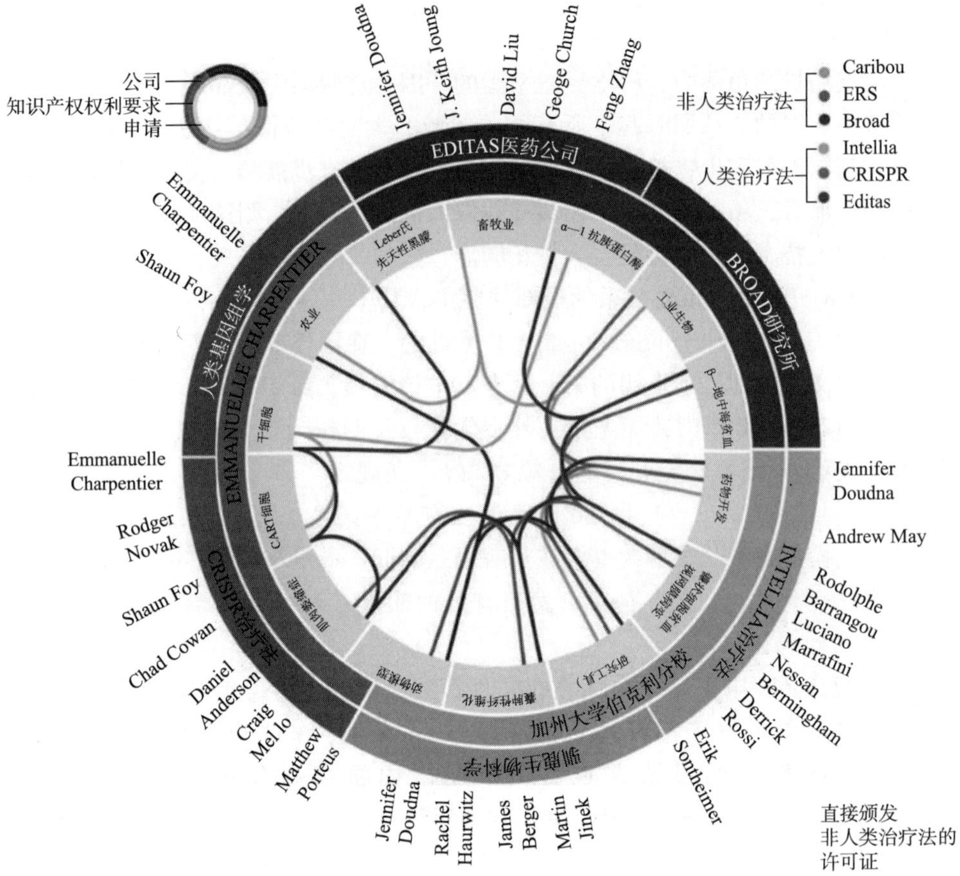

图 7.1 “CRISPR 的诞生”（Cohen，2017）

基因敲除技术 CRISPR－Cas9

CRISPR/Cas9 有望成为现代史上最重要的科学和医学突破之一：

- 其精确性和相对易用性已经改变了科学家研究疾病和人类基因组的方式。
- 用于治疗和诊断，植物和动物育种。
- 在动物和人类细胞中使用 CRISPR/Cas 复合物的概念在专利（申请）中表达并存在争议。

CRISPR 知识产权之战主要分为两个阵营：加州大学伯克利分校，以及哈佛大学、麻省理工学院组成的 BROAD 研究所（见图 7.1）。

- 在2012年首次发现CRISPR技术后不久，双方都声称拥有该技术的知识产权。
- CRISPR技术产生了5000多个专利系列以及140份许可协议（IPStudies，2019）。
- 欧洲专利同族在2020年因权利的法律技术性而被无效。

对于许可方（专利所有者）：

- 谁对我的技术感兴趣？
- 我是否授予许可？
- 我如何获得许可协议的付款（例如加密货币）？
- 知识产权有关的变化是否会通知我？
- 我如何告知其他方和竞争对手的其他相关项目，以避免重复工作和未来知识产权风险？

对于被许可方（研究者、大学、企业）：

- 我需要获得许可吗？
- 我获得许可了吗？
- 我如何为许可协议付款（例如加密货币）？
- 知识产权有关的变化是否会通知我？
- 我的项目是匿名的吗？
- 我如何将我的项目告知其他研究者以避免重复工作和未来知识产权风险？
- 有意合作的人士如何与我联络？

来源：BGW（2019）。

7.2 纳米技术

纳米技术是物质尺寸结构小于百万分之一米的工程领域。这是一个快速发展的领域，被视为21世纪的关键技术之一。与其他领域相比，该领域大部分研究和开发都由国家政策资助。在为世界知识产权组织编写的一篇哈佛法律评论（*Harvard Law Review*）中，Lisa Ouellete声称纳米技术属于知识产权的“负空间”（negative space），即在这一领域中，创新的发生并非因为知识产权，其与知识产权无关（Ouellete，2015）。这一领域涉及大量必要的技术包括基础研究和物理学，因此，这与其他领域是一个有趣的对比点——在其他领域中专利是主要的政策工具和创新激励手段。

鉴于纳米技术通常依赖于发现其背后的物质，一些法律学者开始质疑纳米技术的哪些部分实际上可以获得专利。Smalley（2014）写道："*Prometheus* 案和 *Myriad* 案（美国最高法院案例）中阐述的规则可最终应用于纳米技术。属于纳米技术范畴的物质成分可能已经存在于自然界中，或者是自然界中已经存在的某种物质的小尺寸版本。例如，碳纳米管是在煤烟中自然生成的，但却成为数千件专利的主题。此外，纳米技术发明的实用性通常来自纳米级物质的独特性质，如磁性、导电性、反应性或反射能力的增加等。*Prometheus* 案和 *Myriad* 案所阐述的"自然产物"（product of nature）理论可能对纳米技术相关的发明专利申请产生实质性影响，因为许多此类发明涉及发现和利用纳米级材料的特性或涉及使用纳米级材料的过程。作为一个具体的例子，物理学家 Wang 等（2008）已经证明量子隧道效应可以用来驱动碳原子的排列，从而制造纳米马达（nanomotor），而他们的发现引出了一个问题，即这是一项发明、自然法则还是发现——从而提出了一个关于可专利性的基本问题。此外，这还提出了另一个问题，即一个在本领域受过充分训练的人是否能够创造这样一个马达，因为据推测，任何量子物理学家都能够/应该能够使用众所周知的量子和物理方程预测原子排列的行为，就像他们使用计算机建模一样。这些法律论据可能被用来攻击纳米技术领域的许多活跃专利。

即便不考虑国家资助的研发和合法的专利，许多专家也认为纳米技术是继生物技术之后的主要增长市场，预计 2020 年将超过 750 亿美元。* 在这种背景下，纳米技术相关的专利申请以高于国际平均水平的速度增长也就不足为奇了。韩国以超过 70% 的增长率领先；印度、波兰和中国紧随其后，增长率超过 40%（OECD，2009）。1990 ~ 2016 年，纳米技术发表的文章数量出现了真正的爆炸式增长。申请人数最多的公司包括 IBM、柯达、美光（Micron）、惠普、施乐和 3M，还有欧莱雅、巴斯夫、三星以及日本科学技术厅（Japan Science and Technology Agency）和松下（Matsushita）（Chen et al.，2008）。欧洲专利局的检索数据库已经对全球 90000 多个可归因于纳米技术的专利文件进行了分类。

图 7.2 显示了科学网（Web of Science）中纳米技术出版物的增长情况，科学网是汤森路透知识产权和科学业务之前的产品。

* 此为原著成稿时的预测。——编辑注

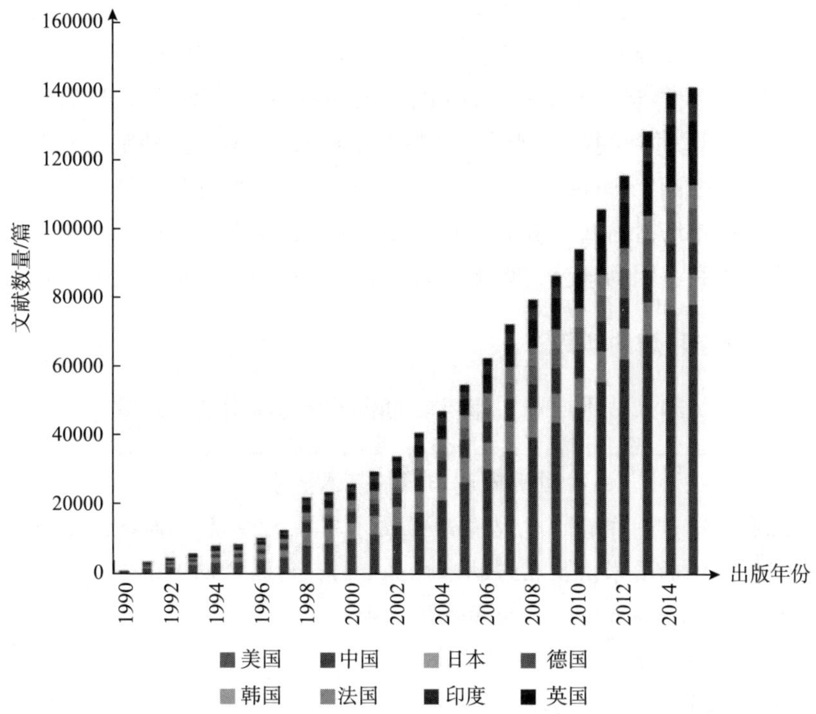

图 7.2　科学网纳米技术出版物增长率（基于：Youtie et al.，2016）

与所有新技术一样，申请专利的过程通常首先需要开发和适应（Miller et al.，2005；Huebner，2008）。关于纳米技术可专利性的核心问题之一是一个已知装置的小型化是否可以被视为新的——一般来说，这是要被驳回的。然而，如果小型化增强了技术效果，则欧洲专利局的做法认为数量级的选择构成了明确选择的路径，因此，新颖性通常是得到肯定的。如果选择较大区域的子区域，则必须满足三个标准以满足新颖性要求（Kallinger et al.，2008）：

- 与已知范围相比，定义的范围/尺寸必须较窄。
- 定义的范围必须充分远离现有技术中已知的实例及已知的范围/尺寸。
- 单纯随机选择的分量表是不够的；更确切地讲，分量表中的选择必须出现一种新的技术效果，且这种效果只出现在分量表的范围内。

如果小型化产生的特定或附加技术效果不明显，则创造性有必要得到证实。此外重要的是，专利申请人必须充分、详细和清楚地描述发明，以满足可专利性要求。

尽管关于该领域的新的案例法正在兴起，但专利纠纷也已经出现。成立于 2001 年的美国纳米技术公司 Nanosys 在 2009 年初对英国公司 Nanoco 提起了专利侵权诉讼——这是曼彻斯特大学诉讼案的衍生诉讼。Nanosys 声称在无机高技术性能纳米结构领域拥有超过 500 件专利和专利申请，其中包括 5 件美国专利。Nanosys 此前已获得麻省理工学院的独家许可（Nanosys，2009），授权专利涉及发光量子点纳米晶体（基于 CdSe/ZnS 核心结构），可用于多种领域如平板显示器等。2009 年中期，Nanosys 和 Nanoco 作了在没有赔偿情况下的比较，前提是 Nanoco 从美国市场撤出基于重金属的量子点纳米晶体领域。Nanoco 在美国的专利纠纷成本太高，因为该公司将重点放在了不含重金属的量子点纳米晶体上。

7.2.1 欧洲专利局的实践*

以下是有关纳米技术专利法律要求的欧洲专利局摘录（EPO，2013）：

欧洲专利申请的基本要求

所有欧洲专利申请，包括与纳米技术有关的申请，都必须符合《欧洲专利公约》的要求。要获得纳米技术专利，请满足以下条件：

- 发明必须是新的（“新颖性”原则）。
- 发明必须包含创造性的步骤。
- 发明必须易于工业应用。

此外，该发明必须被充分公开，并且该申请的权利要求必须清楚、简要、由说明书支持。

当试图确定您的发明是否是新的时，查看目录和商业期刊以了解市场上已经有什么是有用的途径。

然而，了解哪些发明已经存在的唯一且最重要的信息来源是描述相关技术状态的大量已公开的专利申请文件。使用如 Espacenet 等检索专利文献将有助于您了解该发明是否是新的（参见本书第 8.5 节）。

7.2.1.1 新颖性和尺寸

对于被视为可申请专利的发明，它必须是新的，即必须没有证据表明以前曾有过相同的发明。

关于纳米技术的问题在于“使已知的装置更小”这本身是否具备新颖性——一般来说并非如此。针对实体规模缩小的专利申请，如果要符合新颖性要求，则必须满足其他标准。

如果已知装置的小号版本与大号版本相比取得了更好的效果，则认为该小

* 原著只有 7.2.1，无后续。为保持原著层级，特此保留。——编辑注

号版本是新的，因此有理由假设该尺寸是被故意选择的。

一般来说，如果在选定的子范围中存在增强的技术效果，则该装置是新的，而不仅仅是现有技术的一部分。

7.2.1.2　新颖性实例

在纳米技术中，发明通常由参数范围界定。例如，颗粒 A 的直径在 20nm ~ 30nm 范围内，如果相同材料的粒子 B 已知且直径小于 1μm 怎么办？乍一看，粒子 A 似乎并不具备新颖性，因为声称的 20nm ~ 30nm 范围已经包含在小于 1μm 的粒子 B 范围内。然而，如果与已知范围相比，所选子范围较窄且充分远离现有技术中公开的任何特定示例和已知范围的端点，而不是已知粒子的任意小型化，则 A 将被视为是新的。

7.2.1.3　创造性

要获得专利权，发明还必须具备创造性。

新颖性和创造性是两个不同的标准。如果发明与现有技术之间存在任何差异，则该发明基本上具备新颖性。“是否具备创造性？”这一问题只有在有新颖性的情况下才会被提出。如果发明的本领域技术人员和熟悉现有技术的人员不会得出该发明提供的解决方案，则该问题的答案是肯定的。

在评估纳米技术发明是否涉及创造性时，关键问题通常是已知装置的小型化是否具备创造性。这只是一个随机选择，还是缩小的选择会带来新的技术优势？

如果发明人简单地采用已知的现有技术并使其缩小，而没有显示出使本发明具有这种特定尺寸的任何特定技术优势，则其不具备创造性。换言之，当仅仅缩小尺寸而没有显示出额外的或令人惊讶的技术效果，且该效果是任意实现时，不存在创造性判断的步骤。

然而，如果本发明提供了在现有技术中没有发现的、新的技术优势，且对于具有完备的现有技术知识的技术人员来说并不是显而易见时，则小型化可以被认为是具备创造性的。

7.2.1.4　创造性实例

与场效应晶体管相关的发明的一个特点是具有厚度为 3nm ~ 18nm 的绝缘层。

在评估该特征是否涉及创造性时，需要确定介质膜的厚度范围是否仅遵循半导体领域器件小型化的趋势。

在申请人也未能证明具有该特定厚度的介质膜会产生任何特殊效果时，该厚度被视为任意选择，不能被授予专利权。

7.2.1.5　公　开

在许多情况下，纳米技术是在纳米甚至分子范围内处理材料的高度复杂的制备方法和工具的产物。其中一些方法在应用于高度特定的问题时超出了该领域普通技术人员的知识范围，甚至超出了专家的知识范围。

因此，充分公开，即向技术人员提供关于如何实施本发明的充分信息，是纳米技术应用的一个非常重要的要求。所述应用必须使技术人员能在整个（广泛的）领域内实施本发明。为此，技术人员需要发明所使用的过程和工具等详细信息。

7.2.1.6 公开实例

仅说明“直径为5nm的纳米电极沉积在衬底上”是不够的，因为这不能用公知的方法来完成；必须描述实施该方法的精确条件。

纳米技术专利申请要点

- 在纳米技术应用中，清楚说明可能是一个问题，尤其是在使用相关术语或不寻常术语时。重要的是使用具有公认含义的术语，或更准确地描述应用。
- 整个申请必须以本领域技术人员能够实施的方式公开。
- 使某件东西变小并不会自动使其成为新的或具备创造性的。基于小型化的发明应始终表现出尺寸选择带来的增强技术效果。

7.3 工业4.0和物联网

第四次工业革命，或在某些地区称为工业4.0（4IR）或工业物联网（物联网），涉及以下三类领域的发明：

- 核心技术（硬件、软件和互联），可将任何对象转换为通过互联网连接的智能设备。
- 与互联对象结合使用的使能技术（解析学、安全、人工智能、定位、电源、3D系统、用户界面）。
- 可利用互联对象的潜在应用领域（家庭、个人、企业、制造、基础设施、车辆）。

7.3.1 工业物联网创新渐兴

仅在2016年，欧洲专利局就受理了5000多件与自主对象相关的发明专利申请。在过去3年中，工业物联网专利申请的增长率为54%（见图7.3），超过了过去3年7.65%的专利申请总体增长率。到目前为止，个人和企业的连通性和应用领域吸引了最多的此类专利申请，而增长最快的领域是 3D 系统、人工智能和用户界面。

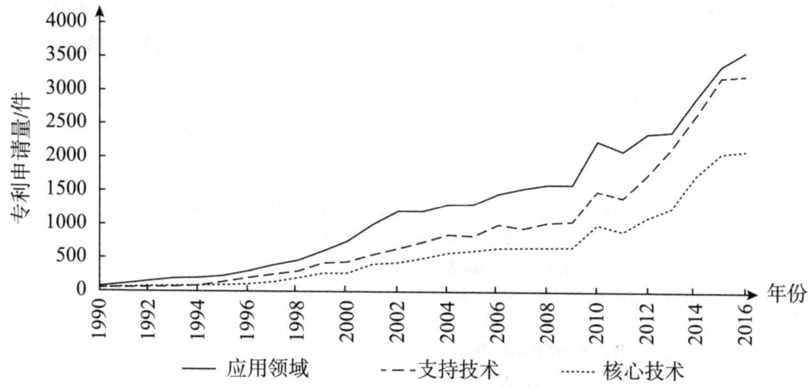

图 7.3　按技术领域划分的欧洲专利局 4IR 专利申请量（基于：EPO，2017b）

物联网发明的增长跨越了所有三个主要子领域。然而，发明的实际数量因部门的子部门而异。应用领域和核心技术占据了发明的更大份额，与支持技术（enabling technologies）相关的发明数量明显减少。近年来，涉及核心技术的发明数量以更快的速度增长，几乎赶上了应用领域。

7.3.2　活跃于不同行业的 4IR 申请人

2011 ~2016 年，20 家公司（其中大部分位于亚洲）在欧洲专利局受理的所有工业物联网专利申请中占 42%。核心技术创新主要由少数专注于信息和通信技术的大公司主导（见本书第 6.9 节）。支持技术和应用领域的发明较少集中——这些领域的顶级申请人来自更多的行业（见图 7.4）。

自 20 世纪 90 年代中期以来，欧洲、美国和日本一直是工业物联网技术创新的主要中心。来自美国、欧洲、日本不同行业领域的大型公司是物联网支持技术的主要申请人。物联网创新在中国和韩国起步较晚，由少数信息与通信技术公司主导。LG 和三星控制了韩国 90% 的物联网应用；华为和中兴控制着中国 70% 的与 4IR 有关的专利。

在欧洲，4IR 创新往往集中在慕尼黑和巴黎。法国和德国是 4IR 技术发展的代表。自 20 世纪 90 年代末以来，德国一直处于领先地位，在制造业、车辆和基础设施领域表现出色。法国的技术公司以及比荷卢三国和北欧国家更专注于人工智能、用户界面、3D 处理和安全。飞利浦、诺基亚和爱立信是这些地区的关键创新企业。一些人预测物联网的发展将加速第四次工业革命的到来。

如果有的话，底层技术软件和有关社会组织已经在这些地区和组织中发展。技术正在超越法律范式的应对能力。例如，它提出了需要什么样的法律和责任变化以允许自动驾驶汽车。从统计上讲，自动驾驶汽车已经比人类司机更安全，但在法律上尚未明确界定罪责和责任划分。进一步讲，社会必须从法律层面考虑何时软件和网络设备可以允许每个人使用分布式账本技术［如 IOTA 基金会的 IOTA 协议（EPO，2017b）］成为自己的经济代理人（economic agent）。

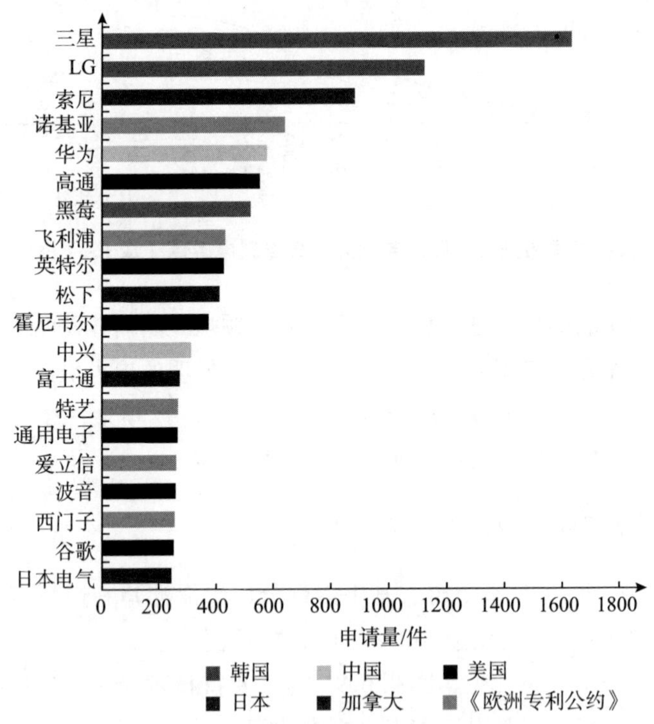

图 7.4 2011～2016 年欧洲专利局工业物联网专利申请人前 20 名（基于：EPO，2017b）

第四次工业革命

所谓的第四次工业革命[1]描述了在整个技术领域中观察到的主要技术趋势。这一趋势主要是由物联网或工业物联网（接近工业 4.0 概念）的出现推动的。它还包括许多其他技术，如云计算和人工智能；这些技术使充分开发利用几乎所有经济领域智能互联对象的潜力成为可能。

---

[1] 第四次工业革命是世界经济论坛创始人兼执行主席 Klaus Schwab 在他最近出版的有关这一主题的书中使用的术语（Schwab，2017）。

"工业革命"一词反映了最新技术发展的普遍性和颠覆性潜力。虽然之前的工业革命导致了重复性体力劳动的自动化程度不断提高，但4IR更进一步：它导致了整个任务组的大规模自动化，包括以前由人类执行的重复性智力任务。4IR可以显著提高生产流程的效率和灵活性并增加产品和服务的价值（MGI 2015）。向自主运营的"智能"工厂过渡已经被欧洲[1]及其他地区的行业和政策制定者视为一项重大挑战。同样，交通（自动车辆）、能源（智能电网）、城市、医疗保健和农业中的互联对象的部署也深刻改变了这些部门的组织方式。

与以往的工业革命一样，4IR提出了重大的经济和社会问题（OECD，2017）。日常智力任务的自动化程度的提高改变了人类工作的性质，从而改变了劳动力市场的平衡。这迫使公司重新思考其商业方法模式并适应新的竞争形式。除了投资培训4IR劳动力外，决策者还面临支持和监管新的数字基础设施以及创建适当的法律框架以保障数字时代的竞争、网络安全和消费者权利的挑战。

来源：摘自EPO（2017b）。

7.4　软件和商业方法

自21世纪初以来，90%的开发都与软件相关（EPO，2007）。所谓计算机实现的发明已经无处不在，几乎可以在所有技术领域找到。这也反映在专利申请中发明的份额越来越多地基于软件的开发上。

软件的发展可以追溯到20世纪60年代（Boehm，1976）。过去，软件开发主要集中于大型和小型计算机计算，而现在个人的、普及的和嵌入式的计算机软件开发已经和过去有所区别。过去，软件的法律保护主要是版权保护，但在现在的实践中，许多公司正努力通过专利保护软件创新（见表7.2）。有趣的是，思爱普直到1998年才开始设立自己的专利部门，2001年5月才拥有4件与软件相关的专利。设立专利部门的原因是国际竞争日益激烈，专利在其中发挥着越来越重要的作用。

---

[1] 例如，参见"Industry 4.0"（德国）、"Nouvelle France Industrielle"（法国）、"Fabricca Intelligente"（意大利）、"Industria Conectada 4.0"（西班牙）、"Made Different"（比利时）、"Prumysl 4.0"（捷克）、"Smart Industry"（斯洛伐克）、"Production 2014"（瑞典）、"MADE"（丹麦）、"Produktion der Zukunft"（奥地利）和"Smart Industry"（荷兰）。

表 7.2 软件的四种保护类型

软件开发的成果	权利类型
文档、界面、代码	著作权/外观设计专利/商业外观
流程、算法	专利
品牌	商标

“软件专利繁荣”的触发因素是一项开创性的法院判决，该判决于 1992 年引起了被称为 Freeman - Walter - Abele 的测试标准，在实践中该测试标准的使用使应用的算法以及软件可以在美国获得专利。1998 年这项测试标准被美国道富银行案的法院判决所取代，并且这一取代在 1999 年得到确认。因此，如果发明能带来具体的和有形的结果，数学算法就可以获得专利——这预示着美国商业方法专利时代的开始。因此，国际上软件领域的专利申请量和授权量在千年之交飙升（Hall et al.，2010），以至于公众对这一领域可专利性的批评越来越多（Coriat et al.，2002）。最著名的专利之一是亚马逊所谓的“一次点击”专利，该专利涉及一种可以通过鼠标点击进行在线购买的技术。亚马逊的专利于 1999 年在美国获得授权，但在 2010 年 3 月经过美国专利商标局的复审程序后受到了一些限制。然而，在欧洲，来自同一专利家族的申请却并未获得欧洲专利局的授权。欧洲专利局关于计算机实现发明领域的程序实践在 20 世纪 90 年代中期的一些混乱之后基本上得到了巩固。2010 年中期，欧洲专利局扩大上诉委员会再次确认了这一做法。

在第一批专利侵权诉讼之后，日渐增多的专利与软件行业产生了相当大的相关性。最初受影响的主要是大公司，这些公司通过一些产品变体（如苹果、eBay、谷歌、微软、思爱普和甲骨文）产生了大量销售额和利润。2003 年，在一场专利侵权诉讼之后，互联网拍卖公司 eBay 不得不向商业交易所（MerceExchange）支付 2950 万美元的赔偿金，因为商业交易所的专利专有拍卖技术也涵盖了 eBay 的“立即购买”功能；此次损失是当时 eBay 商誉的 30%。2009 年底，总部位于沃尔多夫（Walldorf）的软件集团思爱普被责令在持续两年的专利侵权诉讼后向美国竞争对手 Versata 支付近 1.4 亿美元的赔偿金。

除此之外，越来越明显的是，软件作为一种跨领域技术已成为技术融合的核心因素：在微软指控安卓操作系统（现在属于谷歌）在用户界面和底层系统侵犯了多件专利后，智能手机制造商 HTC 从微软获得了许可。微软和 HTC 达成许可协议的背景是，两家公司的主要竞争对手苹果在 2010 年初也曾起诉 HTC 侵犯了谷歌基于 Linux 的开源操作系统安卓的 20 件专利。因此，即使是开源软件的用户也不能免于专利侵权指控。微软特别指责Linux操作系统核心侵犯了其230多件专利，并已与苹果、惠普、Novell和亚马逊签订了许可协议。在与亚马逊的纠纷中，微软还获得了亚马逊专利的许可作为回报，使得其更容易进入平板电脑市场。这其中还包括亚马逊等公司提供的电子书店解决方案。

欧洲专利局的计算机实施发明（CII）

世界不同地区的专利审查机构对计算机实施发明的处理方式不同（见表7.3）。在欧洲，《欧洲专利公约》第52条将计算机程序“本身”排除在专利保护之外。这种排除并不意味着所有涉及软件的发明都被排除在专利之外，而是意味着需要对这些发明的技术特征进行更严格的审查。

多年来，欧洲专利局上诉委员会的判例法明确了《欧洲专利公约》第52条的含义，为涉及计算机程序发明的可专利性建立了一个稳定和可预测的框架。

与所有其他发明一样，为了获得专利，计算机实施发明必须满足新颖性、创造性和工业实用性的基本法律要求。此外，必须确定它们具有与计算机程序“本身”不同的技术特征。换句话说，它们必须以新颖的和不易获得启示的方式解决技术问题。

程序执行的正常物理效果（例如电流）本身不足以赋予计算机程序技术特性，还需要产生进一步的技术效应。例如，进一步的技术效果可能来自工业过程的控制或机器的工作或来自计算机程序影响下的计算机本身的内部功能（例如内存、程序执行控制）。

因此，《欧洲专利公约》确保欧洲专利局能为计算机程序作出技术贡献的许多技术领域的发明授予专利。这些领域包括医疗设备、汽车行业、航空航天、工业控制、通信/媒体技术，还包括自动自然语言翻译、语音识别和视频压缩，以及计算机/处理器本身。

来源：摘自EPO（2017b）。

7.4.1　欧洲专利局的实践

以下节选自欧洲专利局有关实践，展示了计算机实施发明和所谓的软件专利（EPO，2019）：

术语“软件”被认为是不明确的，因为它可能是指用编程语言编写的用于实现算法的程序列表，但也可能是指加载在基于计算机的设备中的二进制代码；它也可能包含随附文档。因此，代替这个模糊的术语，引入了计算机实施发明的概念。

计算机实施发明涉及使用计算机、计算机网络或其他可编程设备，其中一个或多个技术特征全部或部分地通过计算机程序实现。

根据《欧洲专利公约》，“如此”的计算机程序不是可申请专利的发明[《欧洲专利公约》第52（2）（c）条和第52（3）条]。授予专利不仅仅是为了程序，程序列表受版权保护。对计算机实施发明授予专利，必须以新颖的和不容易想到的方式解决技术问题（见表7.3）。

表7.3　欧洲专利局/中国国家知识产权局/日本特许厅中“发明”一词的比较（EPO et al.，2018；EPO et al.，2019）

欧洲专利局
根据《欧洲专利公约》第52（2）条和第52（3）条的规定，以下不被视为“发明”： 发现、科学理论和数学方法； 美感上的创造； 执行心理行为、玩游戏或做生意的计划、规则和方法，以及计算机程序； 信息介绍。
日本特许厅
以下是与JPGL第三部分第1章第2.1节所述法定“发明”不对应的主题： 自然法则； 仅仅是发现，而不是创造； 那些违反自然规律的； 那些不利用自然法则的，例如： （i）自然法以外的任何法律（如经济法）， （ii）任意安排（例如，游戏规则）， （iii）数学公式， （iv）人类的精神活动，或 （v）仅利用（i）的， （vi）（例如，开展业务的方法）； 那些不被视为技术思想的，例如个人技能、仅仅是信息的呈现或仅仅是美学创作； 那些显然不可能通过权利要求中提出的任何方式解决相关问题的。
中国国家知识产权局
根据中国《专利法》第25条第1款，下列任何一项不得授予专利权： 科学发现； 智力活动的规则和方法； 疾病的诊断和治疗方法； 动物和植物品种； 原子核变换方法以及用原子核变换方法获得的物质； 对平面印刷品的图案、色彩或二者的结合作出的主要起标识作用的设计。

评估计算机实现发明的可专利性的出发点是一项基本规定，即应为任何技术领域的任何发明授予专利，前提是该发明是新的、涉及创造性、易于工业应用且未被明确排除在专利保护之外（《欧洲专利公约》第52条）。

7.4.1.1 技术创新的专利保护

虽然《欧洲专利公约》详细规定了新颖性、创造性和工业应用的可专利性要求（《欧洲专利公约》第54条、第56条、第57条），但并未包含“发明”一词的法律定义。然而自专利制度设置以来，它就是欧洲法律传统的一部分，即专利应保护技术创新。因此，寻求保护的主题必须具有“技术性质”，或者更准确地说，涉及“技术教导”，即向技术熟练人员提供如何使用特定技术手段解决特定技术问题的教导。因此，本发明所解决的问题必须是技术性的，例如需要与纯金融、商业或数学性的问题形成对比——为了使本发明不被排除在专利性之外，必须满足这一要求（见图7.5）。

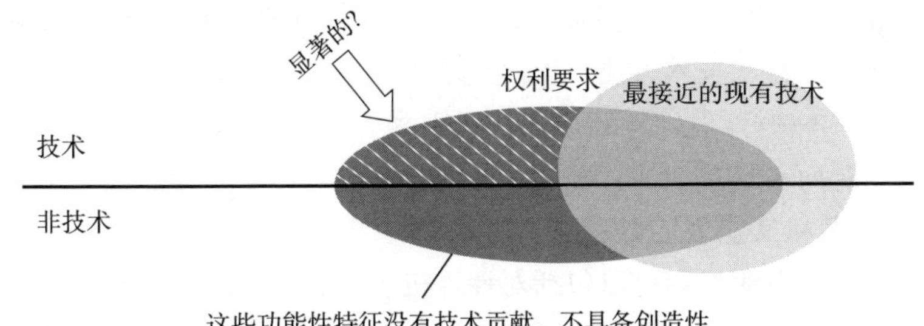

图7.5 欧洲专利局如何评估组合发明的创造性（基于：EPO et al.，2019）

虽然法律没有定义“发明”一词，但它确实包含了一个不被视为“发明”的主题或活动列表。该列表中提到的具体例子包括“计算机程序”。“应该强调的是，只有当欧洲专利申请或专利与之相关时，清单上的主题或活动才被排除在外。”因此，具有技术特征的发明，如果是或可能是由计算机程序实现的，则不被排除在可专利性之外。

7.4.1.2 欧洲专利局上诉委员会判例法

在计算机实施发明领域，许多判决发展了《欧洲专利公约》对“发明”这一术语的解释，提供了关于哪些可申请专利和哪些不可申请专利的指导。

欧洲专利局判例法规定：控制或实施一项技术的过程不被排除在可专利性之外，无论其是通过硬件还是软件实现的。该过程是通过特殊电路还是通过计算机程序进行，取决于经济和技术因素；不应以涉及计算机程序为由拒绝授予专利权。

“计算机程序/计算机程序产品”是保护涉及计算机程序发明的一种特殊

的权利要求形式。它的引入是为了给分布在数据载体上且不构成计算机系统一部分的计算机程序提供更好的法律保护。这一权利要求撰写形式不应与作为指令列表的“计算机程序”一词混淆。如果实施相应方法所产生的计算机程序能够在计算机上运行或加载到计算机中时，“进一步的技术效果”就超出了计算机程序和运行它的计算机硬件之间的“正常”物理交互。

程序实施的常规物理效应（例如电流本身）不足以赋予计算机程序技术特性，还需要产生进一步的技术效果。进一步的技术效果可能来自工业过程的控制或机器的工作，也可能来自计算机程序影响下的计算机本身的内部功能（例如内存组织、程序执行控制）。

例如，在通信系统中编码音频信息的方法可以减少由信道噪声引起的失真。虽然这种方法的基本思想可以被视为一种数学方法，但编码方法作为一个整体并不是一种“如此”的数学方法，因此不被《欧洲专利公约》第 52（2）（a）条和第 52（3）条排除在可专利性之外。类似地，加密/解密或签署电子通信的方法可被视为技术方法，即使其基本上也是基于数学方法。

另外，“（……）做生意的计划、规则和方法”不可申请专利，但是一种解决技术问题而不是单纯的管理问题的新方法是可以申请专利的。

7.4.1.3 计算机实施发明专利

计算机实施发明专利可以包括对计算机、计算机网络或其他可编程设备的权利要求，其中至少一个特征是通过计算机程序实现的。如果该发明涉及的软件可以加载到存储器中、通过网络传输或分布在数据载体上，则除了计算机程序实现的方法之外，还可以有对“计算机程序”或“计算机程序产品”的权利要求。然而，在这样的发明中，虽然存在不同的权利要求结构，但权利要求通常从方法权利要求开始，定义由计算机或其他能够运行软件的数据处理装置执行的步骤，以实现期望的技术效果（见图 7.6）。

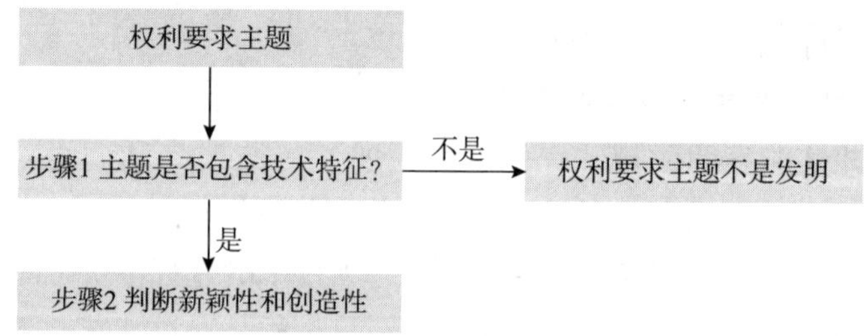

图 7.6 欧洲专利局评估计算机实施发明应用的两步法（基于：EPO et al.，2019）

计算机实施发明专利一种常见的主题类型是所述方法步骤都可以通过计算机上的程序指令来完成，例如在个人计算机、智能手机或打印机中的处理器上运行。其他类型是：其中一些方法步骤在计算机外部执行并且需要特定的如传感器等技术手段。例如，在自动驾驶车辆中自动制动的方法中，传感器测量到与前方车辆的距离并由传感器接收和产生的信号控制制动过程。像传感器这样的物理设备为该发明提供输入和输出，但是关于设备如何操作的决定由计算机根据参数和指令（即软件）作出。这种发明的任何专利都将保护实施这种新方法的设备和计算机的组合。

虽然机械发明在专利中以技术图纸表示，但对于计算机实施发明专利通常以方法流程图为特征，显示过程中涉及决策步骤以及与设备和外部输入、输出相关的任何交互。

7.4.2　商业方法在美国的可专利性

1997 年，Bernard L. Bilski 和 Rand A. Warsaw 这两位申请人在美国就关于商品交易中的风险对冲方法的商业方法申请专利保护。在专利申请先后分别被专利上诉和抵触审查委员会（Board of Patent Appeals and Interferences）、美国联邦巡回上诉法院驳回后，美国最高法院开始处理商业方法索赔的可专利性问题，其中特别包括商业方法和软件。美国最高法院支持下级法院的裁决，即“具体的和有形的结果”不一定是商业方法可专利性的有效标准。美国联邦巡回上诉法院引入的所谓机器或转换测试标准并没有被美国最高法院确认为唯一的可专利性测试标准，而只是作为“有用的调查工具”之一。

在 *Bilski* 案之前，商业方法的可专利性是基于道富银行案的决定（由美国联邦巡回上诉法院发布），如果实施的程序导致可用的、具体的和有形的结果，则可获得专利。因此，美国授予了大量纯商业方法的专利。美国联邦巡回上诉法院现在不仅质疑这些早期的标准，而且质疑 Freeman - Walter - Abele 测试标准［由海关和专利上诉法院（美国联邦巡回上诉法院的前身）提出］，而在这之前该测试标准已被应用于软件专利以检查数学原理和算法的可专利性。[1]

因此，商业方法和基于软件流程专利的法律效力在美国原则上不再受到质疑，但后来出现了被称为 *Alice* 案的决定，再次改变了一切。

---

[1] 来源：*In re Bernard L. Bilski and Rand A. Warsawk*, 545 F. 3d 943, 88 U. S. P. Q. 2d 1385；*Mayo v. Prometheus and Funk Bros. Seed Co. v. Kalo Inoculant Co.*。

7.4.2.1 2014 年 *Alice* 案*

几年后，在 *Alice v. CLS Bank* 案（以下简称“*Alice* 案”）中，美国最高法院重新审议了商业方法的专利资格，认为一种通过电子代管的方式确保中间结算的方法专利不具备资格。在宣告 Alice 专利无效时，法院宣布了一项基于法院先前在 *Mayo v. Prometheus* 案和 *Funk Bros. Seed Co. v. Kalo Inogulant Co.* 案判决中的两步测试法。该测试标准首先确定所要求的发明是否指向抽象概念、自然法则、数学公式或类似的抽象法则；如果是，法院将进入第二步，确定所要求保护的发明实现抽象法则的方式是否包含创造性概念而不是传统和常规。根据 Alice 测试标准，要求保护的发明只有在包含发明概念的情况下才具有可专利资格。

美国专利商标局商业方法审查工作组对 *Alice* 案的决定作出了迅速反应。与融资相关的专利月度津贴下降到了其上市前价值的 10%。专利审判和上诉委员会也以类似方式作出了反应——只有大约 20% 被专利审查员驳回的商业方法被该委员会撤销（见图 7.7）。

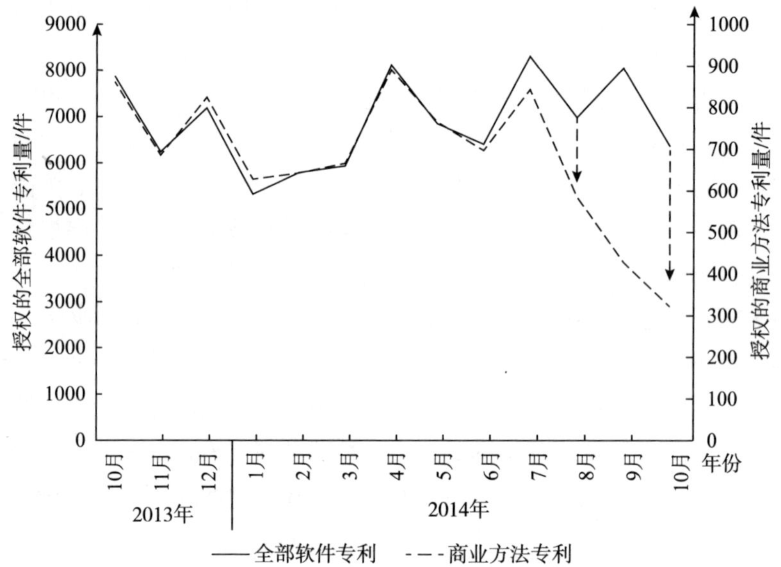

图 7.7 与软件相比，*Alice* 案判决后商业方法相关专利的下降情况
（基于：Stellbrink，2016）

* 原著只有 7.4.2.1，无后续。为保持原著层级，特此保留。——编辑注

7.5　基于人工智能的商业方法

考虑到开放式创新方法带来的挑战，正式和非正式的知识产权保护策略在基于人工智能的商业方法中也发挥着重要作用。现有文献已经区分了正式和非正式的保护策略，并试图了解它们对不同商业方法模式的价值获取的影响。然而，它们在人工智能新领域的应用仍然是一个空白。因此，该研究旨在研究正式和非正式的保护策略如何应用于基于人工智能的商业方法，同时综合考虑与人工智能创新制度相关的开放式创新环境和当前实践情况。管理方面的影响还包括如何平衡开放和自主创新，重点关注创业企业和创业环境。方法：基于自身经验资源和经验报告分析的定性研究（另见：Bader et al.，2019）。

保护这类知识产权已与以下方面密切相关，即正在运行的商业方法应保护价值创造的哪些要素以获得高价值的创造杠杆。最近一项基于对不同商业方法类型评估的研究中强调：不同商业方法模式需要对正式和非正式知识产权保护策略进行不同的优化和完善（Bonakdar et al.，2017）。

7.5.1　将正式知识产权策略应用于人工智能的挑战

当申请基于人工智能的发明专利时，将常规的知识产权策略应用于基于人工智能的创新还面临着挑战。两个主要原因是：一方面，算法在设计人工智能概念时起着重要作用，但由于算法“本身”被视为数学方法，它们本身被排除在主要专利立法制度下的可专利性之外；另一方面，人工智能概念通常旨在自动实施或实施目前由人类大脑执行的任务和活动，而这或者仅仅被认为是一个理论概念，或者被认为缺乏新颖性——这也是专利不适格的一个原因。

然而，当前许多基于人工智能的发明都是基于软件实现的，其他快速发展的技术领域也是如此。例如，信息与通信技术领域 80% 以上的附加值基于软件和相关服务（OECD，2017）。因此，与此相关的专利立法和实践在过去几十年中已经建立起来，这与如何处理基于软件的发明专利有关。

在欧洲，根据《欧洲专利公约》，人工智能作为一种数学定义方法被排除在可专利性之外。然而如果该方法涉及技术手段（例如计算机）或设备，从整体上看其主题可能具有技术特征，因此不被排除在可专利性之外（即所谓的计算机实施发明）：“技术中具备新颖性的和创造性的元素实际上是一种经过改变的计算机算法或控制机制，带来改进的技术效果。”（EPO，2013，2017a，2017b；另见计算机实施发明术语表）。在评估可专利性时，欧洲专利局对“混合型发明”采用了所谓的双障碍方法并检查“人工智能方法（步骤）

是否对发明的技术特征有贡献”（EPO，2018a）。在这种情况下，欧洲专利局最近还更新了其审查指南，其中有一节专门介绍了“人工智能和机器学习”，为评估人工智能和机器学习的发明是否基于可申请专利的必要“技术特征”提供了指导，并提供了与人工智能相关的示例以及详细的基于欧洲专利局上诉委员会决定的计算机实施发明技术性信息（EPO，2018b）。

到目前为止，由于法律理念不同，相关领域能否在美国获得专利资格也是一个挑战——这是因为在美国，抽象概念不被考虑可申请专利。此外，仅仅使用计算机实现抽象概念并不足以获得专利资格（EPO，2018a）。

正如 Baker McKenzie 律师事务所阐述的（Flaim et al.，2019）：在美国，获得人工智能发明专利的最大法律障碍是：

美国专利法第 101 条将符合专利资格的标的物限制为“过程、机器、制造或物质组成”，并被法院解释为排除抽象思想、自然规律和自然现象。随着美国最高法院 2014 年在 *Alice* 案中作出判决，专利主题资格对软件和计算机实施发明的要求标准变得更加严格；该标准采用了强化的两步法：

1. 确定本发明是否涉及不适格专利概念，例如抽象概念；如果是的话，
2. 确定所要求保护的元素是否提供了将抽象概念转化为“适格专利申请”的任何“创造性概念”。

审判 *Alice* 案的法院认为：基于“中间结算”的专利要求是针对缺乏任何创造性的抽象概念，因为它们每一个要素都是“被容易理解的、常规的、传统的”，除了“需要一台通用计算机来执行通用计算机功能”之外，无法做更多的事情。下级法院的判决，如 *DDR Holdings*，*LLC vs Hotels. com*，*LP*、*Enfish*，*LLC vs Microsoft Corp*、*BASCOM Global Internet Services Inc. vs AT&T Mobility LLC*、*Berkheimer vs HP Inc.* 等，为 *Alice* 案两步法和美国专利商标局指南的应用提供了有意义的见解，特别是“2019 年修订的专利主题适格指南”可以进一步明确主题的适格性（USPTO，2019）。

美国判例中的“抽象概念”：根据 *Alice* 案，法院对专利权利要求的无效判决是因为权利要求的内容涵盖可通过“人类思维”中的“普通心理过程”或“使用笔和纸的人”来完成——这给人工智能发明专利申请带来了压力，因为人工智能的目标通常是自动化或更好地执行人类任务和活动。

其他司法管辖区在专利适格方面有不同的标准，如 2017 年 7 月发布的美国专利商标局“专利适格主题：公众意见和建议报告”中所述：

- 在日本，如果软件发明的信息处理要求“通过使用硬件资源具体实施”，则软件发明可获得专利。许多人认为软件发明符合专利资格，只要其声称的发明步骤明确与硬件相关即可。

• 在中国，根据 2017 年 4 月修订的《专利审查指南 2010》，与计算机程序相关的发明和技术特征不会被排除在可专利性之外。许多人认为这一修订扩大了符合专利适格主题的范围。

• 韩国知识产权局指南指出：计算机程序本身不符合专利资格，但它们也说明，“如果计算机软件与硬件一起被要求保护，则该组合、组合的操作方法以及包含涉及该组合的软件的计算机可读介质具有专利资格。”韩国最近对人工智能和其他特定新兴技术领域的专利申请加速了审查。

一般来说，如果软件发明使用硬件或与硬件充分结合，则可以在这些非美国专利主管机关获得专利。因此，一些人认为美国以外的专利适格标准可能不如 Alice 框架严格，尽管其他人认为最近的发展表明 Alice 框架与欧洲实践趋同，特别是在第二方面。

7.5.2　人工智能相关创新专利现状

如前所述，人工智能相关创新通常分别基于软件和计算机实施发明——它们可能指向一个或多个特定的人工智能应用领域。根据早期和当前立法，各公司和研究机构也开始在人工智能领域申请专利。如图 7.8 所示（人工智能相关专利族和最早出版年份的科学出版物），自 20 世纪 60 年代以来，近 340000 个专利族❶已被定义和出版。我们还可以看到，人工智能已成为科学领域的一个主要领域，截至 2018 年年中，共发表了 150 多万篇论文。尽管科学出版物的数量在 21 世纪初显著增加（2002～2007 年，平均年增长率几乎翻了一番，达到 18%），但专利出版物又花了 10 年时间（2012～2017 年的平均年增长率为 28%）。合理的解释是：基础研究首先产生于科学出版物，而与工业应用相关的开发工作还需要一些时间产生专利出版物。

自 20 世纪 90 年代中期以来，针对特定应用领域的专利申请不断涌现（见图 7.9）。❷ 主要寻求专利保护的应用领域是运输和电信。请注意，人工智能相关发明通常针对多个应用领域。

---

❶ 术语“专利族”“专利申请”“专利文件”或“发明”可以互换使用，指的是具有代表性的专利族成员和相应的发明。专利族可以包括已授权专利、未授权专利或仍在审查中的专利，还包括所有在不同领域中涉及相同或类似技术内容的专利。专利族中最早的申请具有所谓的优先权号，而专利族中的其他申请共享一个或多个优先权，以保证新颖性和创造性。专利族有不同的定义，所显示的数据和图表使用了将同一发明分在一起的专利族，共享在不同司法管辖区寻求专利保护的优先权信息。（WIPO，2019）

❷ 注意：一件专利可以涉及一个以上的类别。

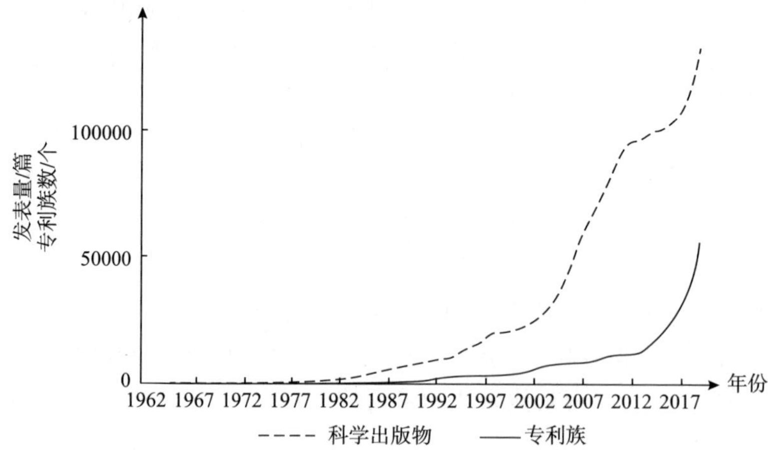

图 7.8 按最早发表年份划分的人工智能专利族、科学出版物情况（基于：WIPO，2019）

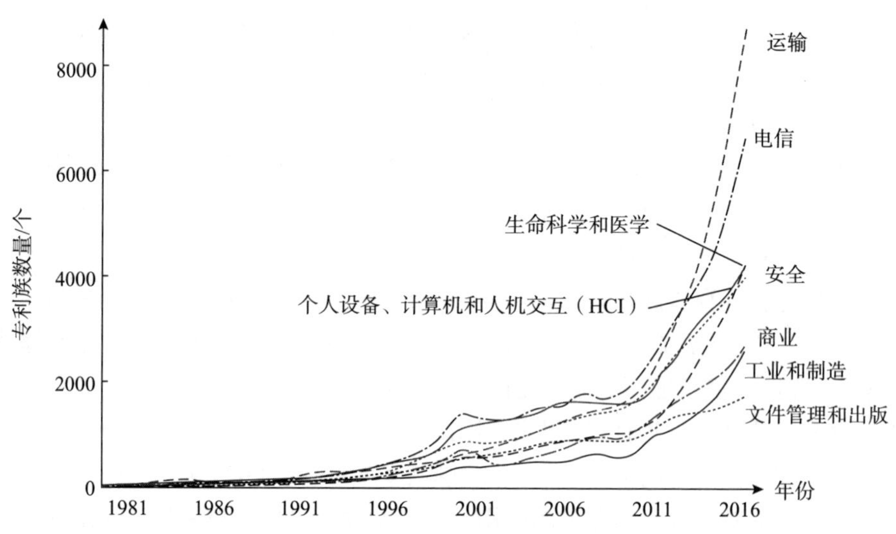

图 7.9 按最早优先权年份划分的专利族应用领域分类（基于：WIPO，2019）

7.5.3 基于人工智能的商业方法模式知识产权保护策略

当前的人工智能研究和创新基于大量资金的投入。仅欧盟就希望在 2020 年后将欧盟地区人工智能的总体投资（公共和私营部门）增加到每年至少 200 亿欧元（European Commission，2018）。

根据世界知识产权组织数据，近 3000 家活跃于人工智能领域的公司获得了约 460 亿美元的资金（几乎占所有活跃在人工智能领域公司的一半）。此外，并购已成为获取人工智能技术、数据访问和相关专利组合的一种手段。已有近 500 家公司被收购，其中超过一半的收购是发生在 2016 年之后——这为初创企业提供了良好的退出机制和共同融资环境。鉴于人工智能技术及其应用的高投资性，公司和投资者明显地在试图保护其投资并将其货币化。尽管在研究中出现了 160 多万份公开的科学出版物，但自 20 世纪 60 年代出现人工智能以来，已有 340000 件人工智能相关发明申请获得专利保护。专利执法也在人工智能领域取得了进展，诉讼案件中提到了数千个人工智能相关专利族（WIPO，2019）。

此外，人工智能知识产权保护领域使用并实施了确保投资安全和货币化的机制。下面介绍一些正式和非正式的应用知识产权保护人工智能关键技术的相关策略。

1. 基于人工智能的发明和创新通过正式知识产权策略的可保护性：

（1）人工智能算法→专利：通常有三种类型人工智能相关发明（EPO，2018a）有资格获得专利保护（前提是可以满足软件可专利性的一般法律要求，例如在欧洲专利局之前赋予主题技术特征的双障碍方法，或通过 *Alice* 案测试标准）：

人工智能核心包括算法本身，面临可能无法获得专利这一挑战（例如如果不在应用领域实施，则被视为不符合专利条件的数学方法）。

经过培训的模型/机器学习，面临包括权利要求多样性和范围的挑战。

人工智能作为应用领域的工具，通过技术效果定义。

（2）人工智能代码→版权：人工智能软件程序代码通常被视为不符合专利条件的主题，但符合版权保护条件。

2. 基于人工智能的发明和创新的非正规知识产权保护意味着：

人工智能数据→商业秘密：

数据集（例如用于监督学习的训练数据可能被分类并保密）。

数据保护规则［例如欧盟的一般数据保护条例（GDPR）可能限制数据的交换或访问］。

与上述旨在通过获得排他性来获得差异化的知识产权保护策略不同，还有第二种应用方法，其基于通过公共领域访问和标准化实现。在最近的创新管理模式中，创新冠军们在优化创新速度和获得标准的同时也在实践这两种方法，同时仍然将自己的研发投资货币化（Bader，2007；Gassmann et al.，2017）。

然而，在开发人工智能技术时，存在两大挑战：从技术角度开发人工智能系统和算法；访问合格数据集（例如优化人工智能算法或培训人工智能系统）。数据集的获取已经被视为法律体系之间的主要竞争优势（例如，与美国相比的中国)，但对于投资初创企业的投资者来说也是如此：哪些数据集可用？为了验证原始数据，首先需要消耗多少投资？对于公共研究组织而言，由于有限的财政预算或数据保护规则（如生命科学领域），获取数据访问可能更加困难。

在公共领域内可能会开放访问算法和软件代码（例如 TensorFlow 和 scikit learn，可在协作开发平台 GitHub 上获得）（Stone et al. ，2016），但也可以访问数据集（例如用于培训目的）。此外，公共研究组织可能会将其成果用于公共领域（例如基础研究，麻省理工学院 - IBM 沃森人工智能实验室 2017 年的 2.4 亿美元资金；或慈善方法，如 MILA——2016 年字母表/Google 的 340 万美元资金）。

因此，对于创业型公司来说，在人工智能领域进行研究和/或创新时的一种比较优势是在开源公共领域进行标准化（例如加快开发、集中收集或扩大数据）和采用正式和非正式知识产权保护策略以获取价值的排他性差异化（例如利用竞争优势或获得风险投资）。

7.5.4 管理启示

人工智能已不再是单一的技术，而是多套技术组合。如基于多层神经元网络的机器学习或深度学习在特定应用领域中得到了具体应用；如语音处理、计算机视觉或机器人技术。

尽管基础研究仍在进行中，科学出版物自 21 世纪初以来显著增加，但专利申请数据清楚表明自 2012 年以来，特定的行业领域和跨行业的人工智能应用越来越普遍。人工智能越来越多地被用于商业方法模式，从用于有限任务的弱人工智能和狭义人工智能到（可能在不久的将来）强人工智能。

各种研究和实践证据表明：互补的正式和非正式知识产权保护策略对于商业方法模式创新中的有效价值捕获是必要的，对于基于人工智能的商业方法模式，特别是正式的知识产权保护手段［专利（例如应用人工智能算法）、版权（例如人工智能代码）］和非正式知识产权保护手段［商业秘密（例如用于人工智能数据集）］起着重要作用。由于当前的系统主要阐明了人工智能如何被视为应用人工智能算法的软件而获得专利，因此仍然需要立法和专业人士来解决其他的法律、实践和道德挑战，特别是在涉及基于人工智能的方法和系统的专利保护时。

从创新者的角度看，主要的挑战是如何平衡公共资源（例如获取特定数据集和/或特定人工智能算法）。创新者的基本问题是如何以及在何处获取价值、比较差异。图 7.10 总结了我们的发现，包括从研发合作、合作模式到实践以及上述正式和非正式的补充保护策略。

自主式创新

- 独家所有权
- 谁付费谁拥有该案
- 所有者可以许可、出售、起诉、使用等
- 没有共享收入

购回控制模式

- 无论支付多少都不会失去所有权
- 完全的使用权、许可等
- 没有会计问题
- 降低管理开销

→ 区别化

开放式创新

- 共有
- 谁付费谁控制该案
- 全部所有权人：免费向公众开放许可

对公众免费的公共模式

- 所有权支持共享
- 完全地使用、许可等
- 没有会计问题
- 学术和商业用途

→ 标准化

具体到人工智能

意味着

- 专有数据集合，和/或
- 专有的算法策略，和/或
- 专有的源代码和库，和/或

效果

+ 专有地位，例如独家的数据集，作为获得资助的基础
+ 应用特定知识产权的可能
+ 有竞争力优势的财务杠杆基础
- 可能限制创新进展
- 可能有不明确的道德标准

适用于（不限于）

- 想将具体创新与商业方法模式捆绑的公司，保持排他性
- 需要额外投资的初创企业

意味着

- 增加对公共数据集或数据池的访问来校正学习偏差，和/或
- 算法策略的发布，和/或
- 源代码和库的发布，和/或

效果

+ 加速创新进程
+ 信息自由流动
+ 公开讨论
+ 促进出版
- 获得内在研发、公共基金或慈善投资的压力

适用于（不限于）

- 公共机构和研究机构，例如MILA Montréal
- 需要访问数据库（也是特定的）或加速创新进程的公司和机构

→ 人工智能先锋企业平行使用两种模式

图 7.10　平衡自主创新和开放创新（Bader et al.，2019）

对于创业者和初创企业，人工智能技术的加速发展使其有必要应对商业发展中新的更高水平的加速变化，而这需要大量的活动——吸引资金，以前所未有的速度吸引人工智能软件工程师。然而大公司仍然采用相对缓慢的传统决策程序，并不心甘情愿作出改变（Šrámek，2019）。特别是在资金或直接投资方面，如何处理公共贡献和价值获取等关键问题已成为确定正式和非正式保护策略实施速度和平衡这些策略的重要前提。

引用美国硅谷私人风险投资公司 Andreessen Horowitz 的表述（Chen，2019）："在投资初创公司时，我们会考虑在巨头（如亚马逊、谷歌、微软和 Facebook）的阴影下，哪些口袋可以赚钱。这些大公司在人工智能领域投入了大量资金，因此初创公司需要考虑如何在巨头中脱颖而出。例如，当我们在人工智能领域寻找一家公司时，我们会寻找以下初创公司：

1. 拥有聪明的、雄心勃勃的团队，随时准备跳出条条框框思考；

2. 能够访问巨头们不访问的数据集（即与可能不想向谷歌提供商业交易数据的公司合作）；和

3. 没有在人工智能领域过度纠缠。

在计算机行业，我们有几十家价值数十亿美元的公司，未来还有很多机会。人工智能不是灵丹妙药。"

基于已经开始影响城市生活的人工智能技术，潜在的人工智能支持系统即将出现，其中自动驾驶是目前最明显的人工智能应用（Grosz et al.，2018）。斯坦福大学关于人工智能的百年研究——通常称为"AI100"，致力于评估人工智能对人、社区和社会的影响——最近发表了他们对 2030 年生活的第一份前瞻性评估：从长远来看，人工智能可能挑战人类的认知，同时提高拥有智力资本的效益（Stone et al.，2016）。

因此，基于人工智能的商业方法模式创新与基于正式和非正式的知识产权保护策略的价值捕获相结合仍然具有相关性。然而，这种方法可能受到公众对公共产品和公共资源的公平性和对公平性认识的挑战，以及创新者对可分配性追求的挑战。

7.5.5 人工智能作为发明者——统一感知自动引导设备（DABUS）

人工智能的未来用途之一可能是创造知识产权本身！长期以来，公司一直使用遗传算法优化技术参数，从而提出更好的新发明和创新，但最终形式由计算机决定。人工智能的未来已经在这里：已经有一项由"DABUS"（统一感知自动引导设备）提出的荧光抓取系统的发明。这引发了大量的法律问题，因为如果有人发明了人工智能系统，那么所有后续的发明是否都属于系统开发者？此外，人工智能系统可以自己使用文件应用程序并向整个系统发送垃圾邮件。例如，让人工智能系统松散地填补普通专利记录挖掘未发现或未利用的技术差距，可能会为后续公司创造不可逾越的法律障碍。诺华已经在检索活性化合物时使用了机器学习和人工智能（“人工智能系统能否获得专利”，《华尔街日报》，2019 年 10 月 11 日）。. DABUS 的发明权被英国知识产权局和欧洲专利局驳回——两者均声明只有自然人才能成为发明人（关于 DABUS 专利申请，参见本书第 8. 2 节中的示例）。

7. 6　区块链和分布式账本技术

社会通常需要所有权、法律和行政交易的规范记录。过去，这一职能通常由受信任方承担，如（中央）银行或政府土地登记处。在该系统中，每个状态或所有权的变化都由受信任方记录并执行，受信任方维护所有这些规范记录。这一体系的优点是技术上不复杂，因为在世界某些地区，土地登记处仍然保留简单的纸质记录。不需要外部验证，只要注册中心或受信任方更改集中分类账，交易就可以很快进行。在最近的技术发展之前，这种可信方体系是唯一真正实用的系统。

廉价的计算能力和软件使分布式账本变得可行。分布式账本技术通常是多个参与者可以访问其各自位置记录的数据库。它们与集中分类账的区别在于每个参与者都有一份记录副本或记录的唯一散列。所有参与者通常都可以查看所有记录并观察对注册表所作的所有更改。这些代理还可以通过加密或保管链算法充当登记处完整性的担保人。目前，有许多技术能在集体分布式账本未来竞争中争夺一席之地。“区块链”只是分布式账本系统的一个子类型。图 7. 11 概述了新分布式账本技术的一些关键功能。

	区块链	有向无环图（DAG）	哈希图（hashgraph）	全链NFT协议（holograph）
挖矿	权益证明创造的共识（consensus token creation）	工作量证明（proof of work）发送数据	通过虚拟投票达成共识	变量分布式哈希表
速度/能力	受限于吞吐量和体积	理论上讲是光速	受限于带宽	受限于计算上的子链
数据	被矿工证实链接在区块链上	使用哈希完整性共享“TANGLE”	共享图形结构	代理商持有自己的哈希链
验证	被矿工证实链接在区块链上	先传输再验证	数据网络Gossip协议	“DNA”、Gossip协议、私用密钥
实例	bitcoin	IOTA	Hedera	Holochain

图 7. 11　分布式账本技术示例

这里没有详细解释分布式账本技术，但探讨了很多它对知识产权的影响。在知识产权领域，世界知识产权组织认识到这项技术的巨大潜力并于2019年主办了为期两天的会议，以环视探索这项技术对知识产权的意义。在本节中，首先将分布式账本技术视为知识产权的对象，然后将其用于确保创新，最后将其用于从根本上改变全球专利管理和市场结构。

7.6.1 作为知识产权保护客体的区块链

区块链和知识产权最明显的交叉点是区块链和分布式账本技术本身的专利。从2013年开始，区块链和分布式账本专利开始出现在专利记录中；目前已经公布了约2500个此类专利系列，其中约500个已被授权。许多常见的被怀疑的公司（suspects）例如高盛、高通和英特尔，都是这些专利的受让人。面对专利数量的增长和技术的新颖性，已有许多平庸的法律文章写了关于区块链的可专利性的内容。

但是，在其核心，区块链、分布式账本技术与任何其他程序一样，都是具有源代码基础的软件；它定义了一个协议。因此，它是软件，受版权保护。这种技术的可专利性并不神秘：适用于软件和商业方法的规则同样适用于这些专利，如上文所述（参见本书第7.4节）。

区块链专利的实际底线是将该技术申请专利通常与该技术的免费使用存在根本分歧（Yanisky - Ravid et al.，2019）。由于网络经济和社会价值与连接到网络的节点数量成正比，因此分布式账本技术在大多数情况下受益于使用网络、系统的更多的设备和代理。在任一商业参与者使用该系统时，它们通常需要保证不会受到许可费或诉讼的影响，因此通常需要免费使用分布式账本技术以实现广泛传播的网络效果。出于此种考虑和意识形态原因，大多数主要的分布式账本技术项目都是开源项目或由公共基金会控制。由IBM或亚马逊提供的适当区块链系统类似于更传统的软件即服务于商业方法模式——即便它们依赖的是区块链或分布式账本技术。

7.6.2 使用区块链技术保护创新

也许比区块链作为知识产权保护对象更令人兴奋的是它可以作为知识产权的担保人或补充。欧洲知识产权侵权观察组织报告显示：每年知识产权侵权假冒损失至少在300亿美元左右（EUIPO，2018）。因此，Clark等（2018）阐述的一个想法是利用区块链技术防止制药行业中的假冒药物；他们的观点是包装和编码可以被不可篡改地嵌入区块链中。经认证的参与者可以存在于供应链的每个阶段和每个注册事件中。例如，当药物化合物离开生产设施进行包装时，包装商可以认证监管链并将自己接收到的信息记录到包装设施中。类似地，当药物离开包装设施并到达发货人时，可以在区块链中进行另一项记录。同样类似地，当确定包裹在另一个收件人处收到时，发货人记录自己的条目，因此供应链通过分销商和药店继续进行。监管链的记录将一直传递给消费者。理论上，消费者可以阅读区块链中的所有事件。由于所有事件都有记录，因此由不道德的分销商引入供应链的假药将因不属于这系统而被冷落。除了收入损失外，过期和批次信息还可以促使公共卫生部门采取行动，防止不良药物进入供应链。

截至2019年2月，欧洲已通过授权药品的唯一标识（二维条码）和防篡改设备要求解决了这一问题。当然，这种区域性解决方案不一定是最先进的技术或全球监管设计，但当2011年初的指令出台时，区块链才刚刚起步。目前，由于行业的严格监管性质，区块链不太可能在保护药品方面取得更多进展。此外，所涉金额意味着制药公司每年要花费1亿～1.65亿美元游说美国国会和欧盟，迫使各国政府和国际组织动用公共资源强制执行其私人知识产权。全球假药每年价值可能高达1000亿美元，所以这似乎也是一笔划算的交易。尽管估计数值各不相同，但各透明度监督组织报告称美国国会每年收到1亿～2亿美元——具体取决于选举周期和立法日程。游说欧盟采取行动所花费的金额也差不多。根据欧盟透明度登记，主要制药商拜耳公司已在布鲁塞尔花费420万美元进行游说（lobbyfacts. eu，2020年1月26日访问）。根据OpenSecrets的数据，每年的支出达到了惊人的2.72亿美元，其中“游说工作集中在专利制度、研究资金和医疗保险上”（OpenSecret. org，2020年1月26日访问）。

尽管传统的保护机制（边境执法、警察执法行动和阻截，以及诉讼）在制药行业占主导地位，但区块链仍然可以在某些创新产品中发挥至关重要的、参与度更高的和更有趣的作用。例如，一个拥有创新产品或设计的奢侈品牌可能会以同样的方式使用区块链来保护产品的原创性和嵌入式的设计——如展示用于生产产品的精细材料供应链或手工制造商。更普遍且重要的产品，如被模仿的备件，可以与其服务历史进行类似的跟踪和验证——这可以在保护知识产权的同时保证质量和服务。总而言之，分布式账本技术既具有知识产权保护的前景，又具有创造客户价值的潜力。良好的知识产权管理的标志是为创新者提供价值，同时为客户创造附加价值。我们相信这类策略的原因不仅仅是因为它是一种良好的商业实践，更是因为它在最终用户中创造了分散的既得利益以帮助加强知识产权保护并减少对侵权产品的需求，正如前一章中拜耳种子技术的案例所显示的那样。

除了专利和实物之外，区块链还有一些假定的版权用途与专利保护类似。

音乐作者、作曲家和出版商协会（Society of Music Authors, Composers, and Publishers, SACEM）和 IBM 一直在合作，使用分布式账本技术和超级账本追踪保障创作者的权利（SACEM, 2019）。分布式账本技术非常适合微权利和微剩余支付；该平台提供了收集用户额外创新点的可能性。

除了这些更直接的用途之外，区块链还被认为是摄影师或图形艺术家追踪小额支付（tracking micropayments）的一种方式。也许更进一步的是使用该技术记录谁有创新的想法，以确定跨组织的协作池中的现有技术或所有权。虽然获得专利的门槛相当高，但通过降低知识产权体系的障碍，可以使用分布式账本技术和区块链更好地记录和追踪发明人。

7.6.3　区块链作为知识产权解决方案

这为我们带来了分布式账本技术对知识产权最终的、也许也是最突出的和最现实的用途——这是将该技术作为发布和记录管理程序方式之一的初步尝试。以下是美国国家标准与技术研究所（NIST）发布的区块链技术概述使用白皮书（Yaga et al., 2018）中公开的决策流程——这是一项经常被引用的关于这项新技术的良好应用参考。

下文提供了 NIST 构建的模板，用以理解专利局探索使用区块链的决定，同时也提供了一个良好的管理清单（见图 7.12）：

1. 共享和一致性是否必要？需要一致并可共享的数据存储。知识产权记录必须一致才能理解所有权。系统中的所有经济主体都需要能方便地访问数据存储，以便作出知情的决策。

2. 是否有多个作者？是否需要一个以上的实体参与有些值得怀疑。就专利而言，法院偶尔会发布无效裁决，然后将这些裁决传递给审查专利申请的专利局。银行偶尔会对专利设置留置权，同样需要证明该财产是抵押品。

3. 是否需要记录修改？专利申请相关事件永远不会被删除。从这个意义上讲，区块链是非常合适的。虽然我们已经看到对整个交易历史的限制，阻止了区块链成为支付系统真正可行的解决方案，但这种不可篡改、删除的历史记录非常适合记录法律事件和授权——这是专利系统运作的一个组成部分。

4. 是否涉及敏感信息？除某些分类中的军事技术外，大部分（如果不是全部）专利记录都是和/或应该是公开的。从这个意义上讲，专利记录中几乎没有敏感的识别者。

5. 是否存在控制的问题？一般来说，全球各地的知识产权和专利机构都是值得信赖的。它们往往不参与主要政治斗争，配备了高度专业化的技术和法律人员。从这个意义上讲，不一定存在信任或控制问题——这可能是知识产权机构不必放弃对其自身数据控制的原因之一。

6. 是否需要审计？不需要大量审计知识产权注册表数据。一些知识产权机构保存记录的时间甚至超过了土地登记处。因对注册条目的完整性没有太大的担忧而消除了区块链技术的一个主要好处。

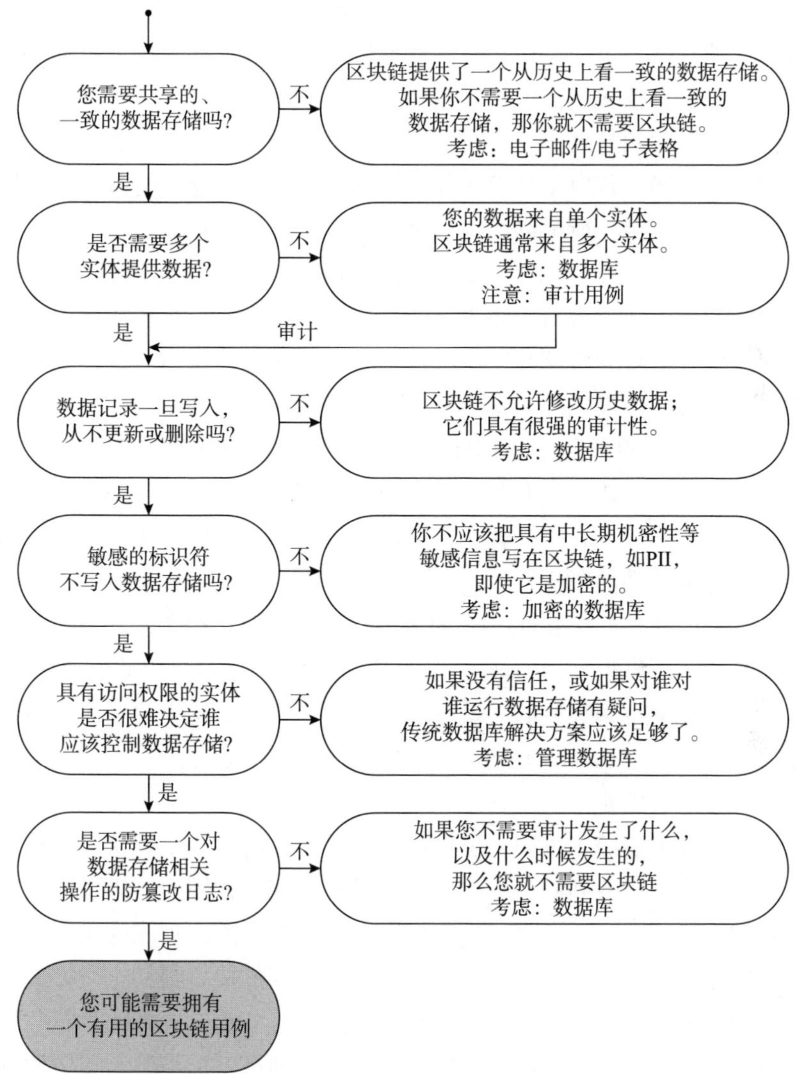

图 7.12　确定区块链的使用是否合适的流程（Yaga et al.，2018）

尽管有最后两个可疑的原因，但在进行此类评估后，世界知识产权组织和一些机构，特别是俄罗斯联邦知识产权局和澳大利亚知识产权局，正在推进分布式账本技术。俄罗斯正在充分利用它们著名的网络技能，并已经建立了知识产权链（IPchain）——这是一个由俄罗斯政府机构组成的联盟，它负责维护一个原型系统。俄罗斯联邦知识产权局一直在试验区块链中镜像的专利记录，其想法是：记录申请以及授权和审查的数据，使商业交易能在流程的后端进行。自2019年10月起，该国已拥有专利区块链公报服务；2018年11月拥有商标管理原型系统。俄罗斯IPchain建立在超级账本上。[1] 俄罗斯在法律方面进展迅速，俄罗斯知识产权法院也支持政府应用分布式账本技术的迅速行动。

虽然俄罗斯在技术方面取得了进展，但澳大利亚知识产权局作为CWS区块链工作组的共同领导人，一直在努力规划世界知识产权组织成员的需求。澳大利亚知识产权局还致力于开发一种共同的语言来讨论这一问题并带头努力实现一个标准，以便俄罗斯可以围绕这个标准建立技术平台。

这样一个如此全面的解决方案绝对没有理由由私人经营。理论上可能有一些授权立法，允许在没有对专利进行监管的情况下将专利系统转移到“链”上，但如果没有认真的协调和支持，这项工作能否启动也还值得怀疑。

除了这些公共倡议之外，一项基于分布式账本技术的私营、有远见的技术来自IPwe——它们的平台基于IBM的超级账本区块链技术。它们的价值主张是大幅降低专利交易成本。专利和其他商品之间的主要区别之一是知识产权的销售和许可的价格以及合同条款会根据购买人和许可人的变化而变化，因为通常需要进行权利平衡的考虑。

除了促进交易外，IPwe的技术还提供了一个集体法律保护的可能性。平台上的专利所有者可以通过技术立即召集大量专利组合以阻止其他法律侵略者。这必定会改变专利领域的力量平衡，特别是如果系统中的任何代理通过使用人工智能和智能合约可以动态调用大规模知识产权保护作为对诉讼的回应时，那么这可能会阻止专利流氓。

由于所有权被追踪，发明人还可以通过链追踪的特殊途径快速合法地质押专利。这也可能解决专利的另一个关于流动性的问题，因为作为发明人，要找到投资者和/或贷款人为发明融资需要漫长的搜索过程，而一旦找到，仍有复杂的法律安排来确定双方同意的条款。所有这一切的成本都禁止交易最有价值的发明。利用IPwe的技术，可以安全地记录每个许可，并通过智能合同自动支付——这将使税务机关能够对此类资产进行全面有效的控制和尽职调查。

让专利更具流动性、行政可处理性和透明度无疑符合公众的经济利益。这

---

[1] https：//www. hyperledger. org。这一努力是俄罗斯推动区块链技术的更广泛倡议的一部分，该倡议由IPchain协会（https：//ipchain. global/association/）牵头。这个系统可以通过区块链节点访问：peer－1. ipchain. ipchain. ru（需要专门的软件）。

是否符合专利领域的主要参与者的经济利益还有待观察，而这些参与者也基本决定了专利政策的政治经济。

参考文献

[1] Bader M. A. (2007). Managing intellectual property in a collaborative environment: Learning from IBM. International Journal of Intellectual Property Management, 1 (3), 206 - 225.

[2] Bader M. A., Stummeyer C. (2019). The role of innovation and IP in AI - based business models. In R. Baierl J. Behrens, A. Brem (Eds.), Digital entrepreneurship - interfaces between digital technologies and entrepreneurship (pp. 23 - 56). Heidelberg: Springer.

[3] BGW. (2019). IP management in distributed ledger technology and infood technology. St. Gallen: BGW.

[4] Boehm B. W. (1976). Software engineering. IEEE Transactions on Computers, C - 25 (12), 1226 - 1241.

[5] Bonakdar A., Frankenberger K., Bader M. A., Gassmann O. (2017). Capturing value from business models: The role of formal and informal protection strategies. International Journal of Technology Management, 73 (4), 151 - 175.

[6] Chen F. (2019). The investors' view. In WIPO (2019) WIPO technology trends 2019: Artificial intelligence. Geneva: World Intellectual Property Organization, p. 105.

[7] Chen H., Roco M. C., Li X., Lin Y. (2008). Trends in nanotechnology patents. Nature Nanotechnology, 3 (3), 123 - 125.

[8] Clark B., Burstall R. (2018). Blockchain, IP and the pharma industry—how distributed ledger technologies can help secure the pharma supply chain. Journal of Intellectual Property Law and Practice, 13 (7), 531 - 533.

[9] Cohen J. (2017). The birth of CRISPR. The American Association for the Advancement of Science, License Number 4803211490911. Science, 355 (6326), 680 - 684. https://doi.org/10.1126/science.355.6326.680.

[10] Coriat B., Orsi F. (2002). Establishing a new intellectual property rights regime in the United States: Origins, content and problems. Research Policy, 31 (8 - 9), 1491 - 1507.

[11] Dutfield G. (2003). Intellectual property rights and the life science industries. A twentieth century history. Hampshire: Ashgate.

[12] EPO. (2007). Scenarios for the future. How might IP regimes evolve by 2025? What global legitimacy might such regimes have? Munich: European Patent Office.

[13] EPO. (2013). Nanotechnology and patents. Munich: European Patent Office.

[14] EPO. (2017a). Biotechnology patents at the EPO. Munich: European Patent Office. https://www.epo.org/news - issues/issues/biotechnology - patents.html.

[15] EPO. (2017b). Patents and the fourth industrial revolution. The inventions behind digital transfor - mation. Munich: European Patent Office.

[16] EPO. (2018a). Patenting artificial intelligence. Conference summary. Munich: European Patent Office.

[17] EPO. (2018b). Guidelines for examination: Artificial intelligence and machine learning (G - II 3. 3. 1). Munich: European Patent Office.

[18] EPO. (2019). Patents for software? European law and practice. Munich: European Patent Office. Accessed December 28, 2019, from https://www.epo.org/news - issues/issues/ict/hardware - and - software. html#tab1.

[19] EPO. (2020). Patent Index 2019. In Statistics at a glance. Munich: European Patent Office.

[20] EPO and CNIPA. (2019). Comparative study on computer implemented inventions/software related inventions - Report 2019 I EPO and CNIPA. Munich: European Patent Office. Accessed December 28, 2019, from http://documents.epo.org/projects/babylon/eponot.nsf/0/979CF38758D25C2 CC12584AC004618D9/ $ File/comparative_study_on_computer_implemented_inventions_software_related_inventions_EPO_CNIPA_en. pdf.

[21] EPO and JPO. (2018). Comparative study on computer implemented inventions/software related inventions - Report 2018 I EPO and JPO. Munich: European Patent Office. Accessed December 28, 2019, from http://documents.epo.org/projects/babylon/eponet.nsf/0/346e6018b0445380 c12583cb002fdb34/ $ FILE/comparative_study_on_computer_implemented_inventions_software_related_inventions_EPO_JPO_en. pdf.

[22] EUIPO. (2018). 2017 situation report on counterfeiting and piracy in the European Union. Alicante: European observatory on infringements of intellectual property rights. from https://euipo.europa.eu/ohimportal/en/web/observatory/observatory - publications.

[23] European Commission. (2018). Artificial intelligence: European strategy. Brussels: European Commission. Accessed March 1, 2019, from https://ec.europa.eu/jrc/sites/jrcsh/files/23112018 - artificial_intelligence - huet_en. pdf.

[24] Flaim J. G., Chae, Y. (2019). Subject - matter eligibility in the United States, Europe, Japan, China and Korea. In: WIPO Technology Trends 2019: Artificial Intelligence, p. 96. Geneva: World Intellectual Property Organization.

[25] Gassmann O., Bader M. A. (2017). Patentmanagement: Innovationen erfolgreich nutzen und schützen (4th ed.). Berlin: Springer.

[26] Grosz B. J., Stone P. (2018). A century long commitment to assessing artificial intelligence and its impact on society. December 2018. Communications of the ACM (CACM).

[27] Hall B. H., MacGarvie M. (2010). The private value of software patents. Research Policy, 39 (7), 994 - 1009.

[28] Huebner S. R. (2008). The validity of European nanotechnology patents in Germany. Nanotech - nology Law and Business, 5 (3), 353 - 357.

[29] IPStudies. (2019). CRISPR patent landscape. In Les Paccots. https://www. ipstudies. ch/.

[30] Jinek M., Chylinski K., Fonfara I., et al. (2012). A programmable dual - RNA —guided DNA endonuclease in adaptive bacterial immunity. Science, 337 (6096), 816 - 821.

[31] Kallinger C., Veefkind V., Michalitsch R., et al. (2008). Patenting nanotechnology: A European patent office perspective. Nanotechnology Law and Business, 5 (1), 95.

[32] Ledford H. (2019). Bitter fight over CRISPR patent heats up: Unusual battle among academic institutions holds key to gene - editing tool's future use. Nature, 529 (7586), 265. Gale OneFile: Health and Medicine, Accessed December 26, 2019.

[33] MGI (McKinsey Global Institute). (2015). The internet of things: Mapping the value beyond the Hype.

[34] Miller C., Serrato R. M., Repressas - Cardenas J. M., Griffith A. K. (2005). The handbook of nanotechnology: Business, policy, and intellectual property law. Hoboken: Wiley.

[35] Nanosys. (2009). Nanoco Settles Patent Infringement Lawsuit with Nanosys, Inc. for Quantum Dot Technology. Manchester: Nanosys. http://www. nanocotechnologies. com/media/press - releases/nanoco - settles - patent - infringement - lawsuit - nanosys - inc - quantum - dot - technology.

[36] OECD. (2003). Genetic inventions, IPRs and licensing practices: Evidence and policies. Paris: OECD.

[37] OECD. (2009). Nanotechnology: An overview. Paris: OECD.

[38] OECD. (2017). Key issues for digital transformation in the G20. Report prepared for a joint G20 German Presidency/OECD conference. Paris: OECD.

[39] Ouellette L. L. (2015). Nanotechnology and innovation policy. Harvard Journal of Law and Technology, 29 (1), Fall.

[40] Sacem. (2019) Ascap, Sacem, and PRS for Music Initiate Blockchain Project to Improve Data Accuracy for Rightsholders, press release dated 2019 - 03 - 12.

[41] Schwab K. (2017). The Fourth Industrial Revolution, 1st edition, New York Crowne Business (2017). Originally published by World Economic Forum, Geneva, Switzerland 2016.

[42] ScienceMag. (2017). How the battle lines over CRISPR were drawn. Accessed December 27, 2019, from https://www. sciencemag. org/news/2017/02/how - battlelines - over - crispr - were - drawn.

[43] Sherkow J. S. (2015). Law, history and lessons in the CRISPR patent conflict. Nature Biotechnology, 33, 256 - 257.

[44] Smalley L. W. (2014). Will nanotechnology products be impacted by the federal courts' Product of nature exception to subject - matter eligibility under 35 U. S. C. 101? Marshall Review of Intellectual Property Law, 397.

[45] Šrámek P. (2019). AI startups in Europe. In: WIPO technology trends 2019: Artificial intelligence, p. 108. Geneva: World Intellectual Property Organization.

[46] Stellbrink. (2016). Life after Alice. Stellbrink & Partner on Twitter: Accessed on December 28, 2019, from https://twitter.com/sp_patent/status/742705881851252737.

[47] Stiftung Science et Cité. (2004). Streitfall biotechpatente. Bern: Stiftung Science et Cité.

[48] Stone P., Brooks R., Brynjolfsson E., et al. (2016). Artificial intelligence and life in 2030. One hundred year study on artificial intelligence: Report of the 2015 - 2016 study panel. Stanford, CA: Stanford University, September 2016. Accessed September 6, 2016, from http://ai100.stanford.edu/2016 - report.

[49] Straus J. (2003). An updating concerning the protection of biotechnological inventions including the scope of patents for genes. Munich: Special edition of the Official Journal of the European Patent Office on Gene Patenting.

[50] Thumm N. (2001). Management of intellectual property rights in European biotechnology firms. Technological Forecasting and Social Change, 67, 259 - 272.

[51] Thumm N. (2003). Research and patenting in biotechnology—A survey in Switzerland. Swiss Federal Institute of Intellectual Property: Bern.

[52] USPTO. (2019). 2019 Revised patent subject matter eligibility guidance. Alexandria, VA: United States Patent and Trademark Office.

[53] Wang B., Vukovic L., Král P. (2008). Nanoscale rotary motors driven by electron tunneling. Physical Review Letters, 101, 186808.

[54] WIPO. (2019). WIPO technology trends 2019: Artificial intelligence. Geneva: World Intellectual Property Organization. (The user is allowed to reproduce, distribute, adapt, translate and publicly perform this publication, including for commercial purposes, without explicit permission, provided that the content is accompanied by an acknowledgement that WIPO is the source and that it is clearly indicated if changes were made to the original content.)

[55] Yaga D., Mell P., Roby N., Scarfoneet K. (2018). Blockchain technology overview. National Institute of Standards and Technology, U. S. Department of Commerce. https://doi.org/10.6028/NIST.IR.8202.

[56] Yanisky - Ravid, S., & Kim, E. (May 2019). Patenting blockchain: Mitigating the patent infringement war, Albany Law Review.

[57] Youtie J., Porter A., Shapira P., Newman N. (2016). Lessonsfrom ten years of nanotechnology bibliometric analysis. Paris: OECD. http://www.oecd.org/sti/080%20 - %20Blue%20Sky%20STIP%20final%20submission.pdf.

第 8 章 面向从业者的实用信息

以下是一些对从业者有用的信息、事实和趋势：

1. 全球专利增长情况；
2. 专利文件的结构；
3. 专利文献代码；
4. 专利分类；
5. 专利检索的注意事项；
6. 欧洲专利组织成员国；
7. 欧盟知识产权局/单一专利/统一专利法院；
8. 知识产权税收制度；
9. 专利立法的简要比较；
10. 世界知识产权日。

8.1 全球专利增长情况

在过去的 20 年中，企业对商业知识产权的需求急剧增加。越来越多的公司认识到正式的知识产权可以带来的优势。五大知识产权局——欧洲专利局、日本特许厅、韩国知识产权局、中国国家知识产权局和美国专利商标局统计了以下数据（Five IP Offices，2019a）：

- 截至 2017 年底，全球共有 1360 万件专利生效（+15.9%）。
- 其中 91% 的专利在五大知识产权局之一有效。
- 2017 年，全球范围内有 280 万件专利申请，无论是直接提交国家的、区域的申请，亦或是国际阶段的 PCT 申请，其中 94% 来自五大知识产权五局。
- 2017 年，全球 89% 的专利申请被认定为直接提交国家的申请。通过 PCT 提交的申请比例保持稳定。

- 2018 年，280 万项专利申请在五大知识产权局提交申请（+6.0%）。
- 2018 年，五大知识产权局共授予专利 120 万件（+1.4%）。

2009 年经济衰退之后，全球专利申请数量大幅下降。然而这一趋势已逆转为持续增长。特别值得注意的是，中国和韩国已跻身五个最大的申请国家之列（Five IP Offices，2019b）；中国现在发现自己处于申请量高峰位置（见图 8.1）。

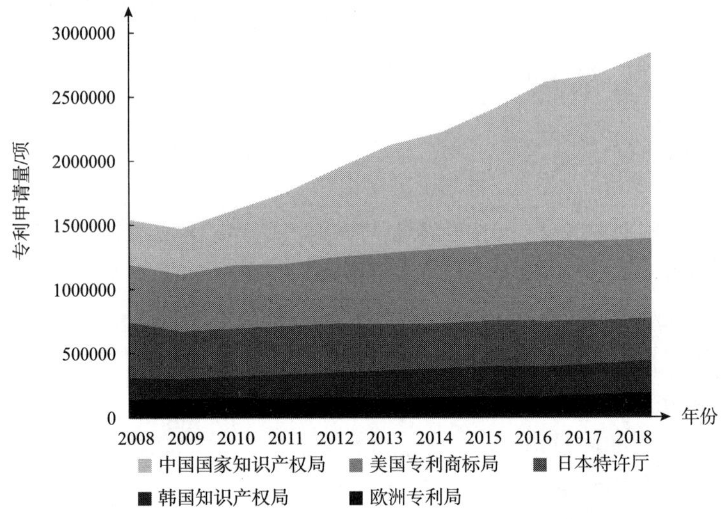

图 8.1　提交中美欧日韩知识产权五局的专利申请（Five IP Offices，2019a，2019b）

8.2　专利文件的结构

专利文件通常具有以下结构和内容。

1. 标题页（举例，见图 8.2）

- 国家
- 公开号
- IPC 分类
- 著录项目（优先权日期、申请日期、出版日期、授权日期、评估的最新状态）
- 申请人、发明人、代理人/代理机构
- 标题/说明
- 摘要

2. 说明书

- 技术领域的范围

- 关于最新技术及其缺点的讨论
- 任务
- 本发明的介绍（一般为第一项权利要求），包括对优点的描述；各种解决方案
- 附图标题
- 参考附图对发明的说明

3. 独立和从属权利要求[❶]，以单一或两部分[❷]权利要求形式书写（“特征是”或“以……为特征”）

4. 附图

专利文件的标题页示例如下（见图8.2）。

- 国家、公开号
  (19)，(10)
- IPC分类
  (51)
- 优先权日期
  (30)
- 申请日期
  (22)
- 公开日期/授权日期
  (43)，(45)
- 申请人、发明人、代理
  (71)，(72)，(74)
- 标题/说明
  (54)
- 摘要
  (57)
- 附图

---

❶ “独立权利要求：在其内容、结构或有效性方面不依赖于任何其他权利要求的权利要求，通常被单独考虑以确定其有效性或是否侵权。相反类型的权利要求是从属权利要求。评估独立权利要求与其他权利要求相关联的一个因素是权利要求区分原则。”（来源：www. ipglossary. com）

❷ “两部分权利要求书：在欧洲常见的一种专利权利要求，其中权利要求的第一部分描述现有技术中公认存在的或显而易见的东西，第二部分使用‘特征是’或‘以……为特征’的技术术语来构成申请的发明。在美国，这种权利要求被称为杰普森权利要求（Jepson Claim）。”（来源：www. ipglossary. com）

(19) 

(11) EP 3 564 144 A1

(12) EUROPEAN PATENT APPLICATION

(43) Date of publication:
06.11.2019 Bulletin 2019/45

(21)Application number: 18275163.6

(22) Date of filing: 17.10.2018

(51) Int Cl:
B65D 6/02 (2006.01) B65D 8/00 (2006.01)
B65D 6/00 (2006.01) B65D 13/02 (2006.01)
B65D 21/02 (2006.01) B65D 1/02 (2006.01)

(84) Designated Contracting States:
AL AT BE BG CH CY CZ DE DK EE ES FIFR GBGR HR HU IE IS IT LILT LU LV MC MK MT NL NOPL PT RO RS SE SI SK SM TR
Designated Extension States:
BA ME
Designated Validation States:
KH MA MD TN

(71)Applicant: Thaler, Stephen L.
St.Charles MO 63303(US)

(72) Inventor:The designation of the inventor has not yet been filed

(74) Representative: Williams Powell
11 Staple Inn
London WC1V 7QH (GB)

Remarks:
· The designation of inventor does not meet the requirements laid down in Article 81 and Rule19 EPC.
· Amended claims in accordance with Rule 137(2) EPC.

(54) FOOD CONTAINER

(57) Acontainer (10) for use, for example, for beverages, has a wall (12) with and external surface (14) and an internal wall(16) of substantially uniform thickness.The wall (12) has a fractal profile which provides a series of fractal elements (18-28) on the interior and exterior surfaces(14-16), forming pits(40) and bulges (42) in the profile of the wall and in which a pit (40) as seen from one of the exterior or interior surfaces (12,14) forms a bulge (42) on the other of the exterior or interior surfaces(12,14). The prafile enables multiple containers to becoupled together by inter-engagement of pits and bulges on corresponding ones of the containers.The profile also improves grip, as well as heat transfer into and out of the container.

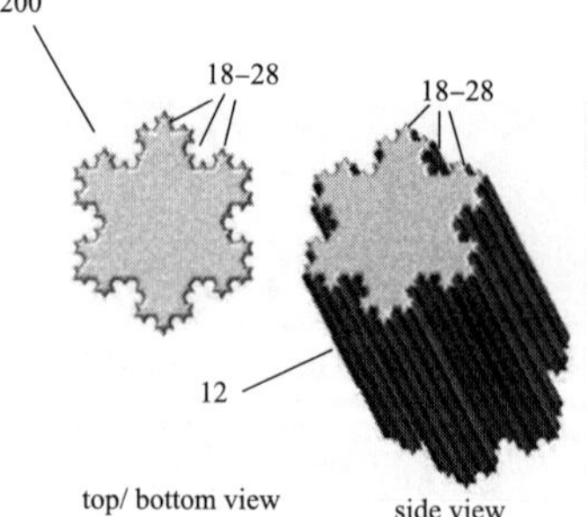

EP 3 564 144 A1

图 8.2　专利申请扉页示例（EP3564144）

“欧洲专利局拒绝统一感知自动引导设备（DABUS）指定机器为发明人的专利申请。欧洲专利局拒绝了两件指定机器为发明者的欧洲专利申请。两件专利申请都表明‘DABUS’是发明者，它被描述为‘一种连接的人工智能’。申请人说，他们从发明人那里获得了欧洲专利的权利，因为他们是发明者的第一位继承人。11 月 25 日，在听取了申请人非公开口头审理程序中的论点后，欧洲专利局拒绝了 EP18275163（公布号为 EP3564144）和 EP18275174，理由是它们不符合《欧洲专利公约》的要求，即申请中指定的发明人必须是人，而不能是机器。”（EPO，2019）

8.3 专利文献代码

示例：(11) EP 3 564 144 A1。

为了对不同类型的专利文献（如出版物、发明专利、实用新型）进行独特识别，世界知识产权组织制定了一种标准（第 16 条）对此类文件进行分类。[1] 代码由字母和数字组成，通常与文件编号一起打印。不幸的是，并非所有国家都遵守这一标准，而随着时间的推移，这些代码在不同国家发生了变化。重要的是每个管辖区都采用自己的标准变体。以下是一些更常见的代码：

- A1：有检索报告的专利申请（欧洲专利局）
- A2：无检索报告的专利申请（欧洲专利局）
- A3：检索报告（欧洲专利局）
- B1：授权专利（欧洲专利局）
- B2：授权专利（美国专利商标局）
- B2：修改专利，通常在异议之后（欧洲专利局）
- C：复审文件（美国专利商标局）
- E、F、G：其他特殊权利和文件（罕见）
- M：医疗权利要求和专利文件
- L：书目、图表、图纸、索赔等（罕见）
- N：非专利文献文件
- H、I：特殊要求文件（罕见）
- P：植物育种者的权利和专利
- R：单独发布的检索报告
- S：设计类专利文件
- T：申请、授权专利等的翻译文件。
- U、W、Y、Z：实用新型文件
- X：限制文件、国家特定用途文件

8.4 专利分类

全世界专利文献包括由 60 多个专利发布机构发布的 1.15 亿份文件。文件

---

[1] 世界知识产权组织标准第 16 页和第 50 条参见 www. wipo. int/standards/en/part_03_standards. html。

的结构化分类会简化检索。为此，国际专利分类（IPC）已根据发明专利和实用新型的应用领域建立了自己的分类体系——它被100多个国家的专利机构使用。美国专利商标局和欧洲专利局制定了一个更为明确的分类，称为联合专利分类（CPC），但它保留了IPC的结构。专利分类（如国际专利分类IPC/欧洲专利分类ECLA/联合专利分类CPC/美国专利分类USPC）按层次组织如表8.1和表8.2所示。

表8.1 CPC部类❶

部类	说　明
A部	人类生活必需品
B部	作业；运输
C部	化学；冶金
D部	纺织；造纸
E部	固定结构
F部	机械工程；照明；加热；武器；爆破
G部	物理
H部	电学
Y部	新技术发展的通用标签；涉及IPC多个部的代表性技术的通用标签；包含在美国专利分类的交叉参考技术文献小类（XRACs）和暂时性分类标记的科技主题

表8.2 B65D1/0223（EP）（B65D1/02—IPC）CPC分类实例

部类	项目	字母/数字	描　述
部	字母	B	运输
小部	号（2 - digit）	65	包装；贮存
类	字母	D	用于物件或物料贮存或运输的容器
小类	号	1	主体一体成型的容器
大组	号	/02	…带有为倾注装入物设计的颈部或类似限制孔口的瓶或类似容器
小组	号	23	…以形状为特征的

8.5 专利检索的注意事项

部分相关网络资源如表8.3和表8.4所示。

---

❶ https：//www. wipo. int/classifications/ipc/ipcpub.

什么时候可以使用互联网进行专利检索?

- 查找单个文件。
- 查找特定信息。这份文件是什么时候公开的?
- 回答简单的问题，例如，该美国专利是否有日本申请?

什么时候建议专业人士进行专利检索?

- 当您需要确保操作自由时。
- 当专利技术包括多个子领域时。
- 当不知道特定竞争对手或技术时。

表8.3　免费互联网检索网址概览

提供方	网址
加拿大专利数据库	https：//www. ic. gc. ca/opic – cipo/cpd/eng/search/number. html
奥地利（see. ip）	seeip. patentamt. at
澳大利亚（AusPat）	pericles. ipaustralia. gov. au
瑞士（Swissreg）	https：//www swissreg ch/
德国（DEPATISnet）	https：//depatisnet. dpma. de/
德国（DPINFO）	register. dpma. de
欧洲专利局（esp@ cenet）	https：//worldwide. espacenet. com/
欧洲专利局提供的亚洲专利信息（包括中国、海湾合作委员会（Gulf Cooperation Council）、印度、日本、韩国、俄罗斯）	https：//www. epo. org/searching – for – patents/helpful – resources/asian/china/search. html
美国专利商标局（PatFT/AppFT）	patft. uspto. gov
谷歌专利检索	google. com/patents

注：最后更新时间为2020年1月。

表8.4　其他有用的知识产权链接

主题	地址
知识产权术语（世界知识产权组织）	https：//www. wipo. int/tk/en/resources/glossary. html#p
知识产权术语	http：//www. ipglossary. com/
世界知识产权组织知识产权门户网站	ipportal. wipo. int
IPI中小企业门户网站（E、DE、FR、IT）	https：//www. ige. ch/en/intellectual – property/sme – portal. html
知识产权管理咨询	https：//www. bgw – sg. com/

esp@ cenet 优势：

- CPC 分类→也可以通过互联网。
- 最全面的收集（包括技术和非专利文献）。
- 文件发布后不久（通常是下一个工作日）即可获得。
- 有利于监测权利。
- 使用关键字或词干进行简单检索。
- PDF 文档下载，方便且快捷。
- 可以同时检索三种官方语言的全文。
- 从单独文件到同族专利、法律阶段、机器翻译、引用和引用文件的直接链接。

缺点：

- 有限的统计评价。
- 每个查询最多有 20 个检索项，同一检索字段中有 10 个术语。
- 有些国家既没有全文，也没有摘要。

DEPATISnet 优势：

- 出版后 1 周内提供的文件。
- 监控的理想选择。
- 第二大收藏（约 2800 万份文件）。
- 将布尔检索（Boolean search）与 40 多个检索字段相结合，包括全文。
- 可按词干检索。
- 检索结果列表可自由排列（例如申请人和 IPC）。
- 可进行多语言检索。
- 保存和打印完整的 PDF 文件。

缺点：

- 检索词关系没有 Espacenet 那么广泛，有时仅限于（标题、摘要或 IPC）。
- 使用高级或 Ikofax 模式时使用复杂查询语言。

8.6 欧洲专利组织成员国

欧洲专利在欧洲专利组织的 38 个成员国内提供保护，但也在两个扩展国家和四个验证国家提供保护。这代表了一个拥有约 7 亿人居民的地区（截至 2019 年 11 月 1 日）。

8.7　欧盟知识产权局/单一专利/统一专利法院

8.7.1　欧盟知识产权局

欧盟知识产权局在 2016 年 3 月 23 日之前一直被称为欧盟内部市场协调局（OHIM），是欧盟的一个分散机构，为欧盟 28 个成员国的企业和创新者提供知识产权保护。自 1994 年成立以来，它一直位于西班牙的阿利坎特，负责欧盟商标（EUTM）的注册——以前称为欧洲共同体商标（CTM）和欧洲共同体注册式外观设计（RCD）。欧盟知识产权局每年注册约有 135000 个欧盟商标和近 100000 个设计（EUIPO，2020）。

8.7.2　单一专利

"具有单一效力的欧洲专利"（EPUE），更通常被称为"单一专利"，通过向欧洲专利局提交一份申请，最多可在 26 个欧盟成员国获得专利保护。它们将建立在欧洲专利局根据《欧洲专利公约》规则授予的欧洲专利的基础上，因此在授权前不会发生任何变化，相同的高质量的检索和审查标准也将适用。授予欧洲专利后，专利所有人将能够请求单一效力，从而获得单一专利。该专利在摩洛哥、摩尔多瓦、突尼斯、柬埔寨和格鲁吉亚以及 26 个欧盟成员国提供统一的专利保护——前述五个国家是"验证国"（即专利在该五国具有效力，但该五国不属于欧洲专利局）。

今天，发明人可以通过国家专利或欧洲专利在欧洲保护发明。欧洲专利局集中审查欧洲专利申请，为发明人节省平行申请的成本，同时确保授予专利的高质量。

然而，授予的欧洲专利必须在其生效的每个国家单独验证和维护——这可能是一个复杂且非常昂贵的过程：各国的验证要求各不相同并可能导致较高的直接和间接成本，包括翻译成本、验证费（即某些成员国应支付的翻译费）和相关的代理成本，例如为管理专利而收取的律师费（即支付国家更新费）。这些成本可能相当大——这也取决于专利所有人希望验证欧洲专利的国家数量（摘自：EPO，2020b）。

8.7.3 统一专利法院

统一专利法院[1]是由 25 个参与成员国设立的国际法院，负责处理单一专利和欧洲专利的侵权和有效性问题。其裁决将适用于所有对统一专利法院协议进行批准的成员国（摘自：EPO，2020c）。

一审法院将有三个地点（巴黎、伦敦和慕尼黑），另有一个普通上诉法院（卢森堡）和两个专利调解仲裁中心（里斯本和卢布尔雅那），此外，还有几个地方和地区一审法院。由于英国已经退出欧盟，它也决定退出统一专利法院——其中一部分原因可能是保持英国作为国际专利诉讼和仲裁中心的地位。

8.8 知识产权税收制度（IP regimes）

知识产权税收制度也被称为“专利盒”“知识产权盒”或“创新盒”——允许以低于法定税率标准的税率征收知识产权开发所得税。知识产权税收制度可以是专门调节从知识产权获取收益的机制，也可以将其归类为“双重类别”机制。这些机制还为其他地域转移活动的收入提供收益，或为范围更广泛的活动提供收益——不一定排除知识产权收入。所谓的“关联法”（Nexus Approach）是为知识产权税收制度政策制定的实质性活动要求。关联法要求将知识产权税收制度的收益与纳税人承担的产生知识产权资产的基础研发的程度联系起来（OECD，2020）。

知识产权税收制度通过对专利收入征收不同于其他商业收入的税收来激励研发。然而，它们也被用作所谓的税基侵蚀（base erosion）和利润转移（profit shifting）（BEPS）工具，以避免公司税（Wikipedia，2020），因此经济合作与发展组织（OECD，2017）对其进行了调查。表 8.5 概述了欧洲目前建立的不同专利盒。

表 8.5 欧洲专利盒

国家	专利盒税率（标准法定税率）	注释（知识产权类型）
瑞士	截至 9%	自 2020 年起，各州特有的（专利盒的最大税收优惠限制在 70% 以内）

[1] 包括德国、法国和英国在内的 13 个国家批准该协议后，该协议将生效——前述三个国家是有效专利最多的三个国家。

续表

国家	专利盒税率 (标准法定税率)	注释（知识产权类型）
法国	10%（33%）	知识产权收入；知识产权：专利、补充保护证书、植物品种、拓扑图（自 2020 年起）
比利时	3.8%（25%）	知识产权收入；知识产权：软件版权、专利、补充保护证书、植物品种（自 2020 年起）
荷兰	7%（25%）	知识产权收入；知识产权：软件、专利、补充保护证书、植物品种、实用新型……（自 2019 年起）
卢森堡	5.2%（26%）	知识产权收入；知识产权：软件版权、专利、补充保护证书、植物品种（自 2019 年起）
葡萄牙	10.5%（21%）	自 2019 年起
西班牙	10%（25%）	自 2019 年起
英国	10%（19%）	知识产权收入；知识产权：专利、补充保护证书、植物品种（自 2013 年起）
爱尔兰	6.25%	自 2016 年起
匈牙利	4.5%（9%）	自 2019 年起

注：最后更新时间为 2020 年 1 月（King et al.，2019；Botschaft STAF et al.，2018）。

8.9 专利立法的简要比较

对不同专利管辖权的比较如表 8.6 所示。

表 8.6 不同专利管辖权的比较

项目	欧洲（欧洲专利局）	美国
优先权	第一次申请	第一次申请/第一次发明——莱希－史密斯美国发明法案（AIA）： 自 2013 年 3 月 16 日起，美国经历了一次全面的专利改革。这导致了以下变化：(a) 改为先申请的方案，(b) 改变 1952 年以来实行的公开条件宽限期，(c) 反对意见（新：多方复审程序/授权后审查/涵盖的商业方法；新的和旧的：单方复审）
宽限期	无例外：在滥用或正式认可的展览的情况下，最多在国家申请日之前 6 个月（《欧洲专利条约》第 55 条）	在提交国家申请之前，最长可达一年

续表

项目	欧洲（欧洲专利局）	美国
公开出版	从优先权日起18个月	从优先权日起18个月——对于1999年11月28日之后提交的美国专利申请，如果没有提交外国申请，申请人可以选择提交不公开申请（1999年美国发明家保护法案）
保护时间	自申请日起最多20年	自1995年6月8日或之后提交的专利申请，最多20年；在此日期之前提交的申请有效期为17年
审查请求	检索报告公布后最多6个月	不允许有单独的请求（在提交申请时已包含）
语言	德语、英语、法语——欧洲专利局的官方语言。专利可以用成员国的官方语言提交，但必须在申请完成后提交译文［《欧洲专利条约》第14（2）条］	英语
项目	澳大利亚	加拿大
优先权	第一次对权利要求作出真实、合理、清楚的说明	第一次申请
宽限期	2002年4月前的申请，为期12个月	一年，从加拿大或PCT（指定加拿大）申请日起算
公开出版	自优先权日起18个月	自优先权日期起计18个月后，向公众公开
保护时间	自申请日起最多20年	自申请日起20年
审查请求	自申请起5年内	是的，自申请起4年
语言	英语	英语和法语
项目	日本	韩国
优先权	第一次申请	第一次申请
宽限期	最多在国家申请前6个月	申请前6个月
公开出版	自优先权日起18个月	自优先权日起18个月
保护时间	自申请日起最多20年	自申请日起最多20年
审查请求	自2001年10月1日起的所有的日本专利申请为3年；早期的申请期限为7年	自申请日起3年
语言	日语、英语	韩语

续表

项目	俄罗斯	欧亚（欧亚专利局）
优先权	第一次申请	第一次申请
宽限期	申请日前 6 个月	优先权日前 12 个月
公开出版	自申请日起 18 个月	自申请日起 18 个月
保护时间	自申请日起最多 20 年	自申请日起最多 20 年
审查请求	自申请日起最多 3 年	检索后最多 6 个月
语言	俄语	俄语
项目	中国	
优先权	第一次申请	
宽限期	无	
公开出版	自优先权日起 18 个月	
保护时间	自申请日起最多 20 年	
审查请求	自优先权日起最多 3 年	
语言	简体中文、繁体（可有限制地使用）	

来源：Gassmann 等（2017）、BCF（2020）、Slater 等（2020）。

8.10　世界知识产权日

每年 4 月 26 日，世界知识产权组织会庆祝世界知识产权日，以促进公众了解知识产权在鼓励创新创造方面的作用（见图 8.3）：

图 8.3　世界知识产权日：4 月 26 日（WIPO，2020）

参考文献

[1] BCF. (2020). Montréal: BCF Business Law.

[2] Botschaft STAF. (2018). Botschaft zum Bundesgesetz über die Steuervorlage 17 (SV17). Schweizerische Eidgenossenschaft.

[3] EPO. (2019). EPO refuses DABUS patent applications designating a machine inventor. News, 20 December 2019. Munich: European Patent Office. Accessed January 3, 2020, from https://www.epo.org/news-issues/news/2019/20191220.html.

[4] EPO. (2020a). The EPO at a glance. Accessed January 7, 2020, from https://www.epo.org/about-us/at-a-glance.html.

[5] EPO. (2020b). Unitary patent. Accessed January 7, 2020, from https://www.epo.org/law-practice/unitary/unitary-patent.html.

[6] EPO. (2020c). Unified patent court. Accessed January 7, 2020, from https://www.epo.org/law-practice/unitary/upc.html#tab1.

[7] EUIPO. (2020). About EUIPO. Accessed January 7, 2020, from https://euipo.europa.eu/ohimportal/en/the-office.

[8] Five IP Offices. (2019a). IP5 statistics report 2018 edition. Daejeon: Five IP Offices.

[9] Five IP Offices. (2019b). Key IP5 statistical indicators 2018. Daejeon: Five IP Offices.

[10] Gassmann O., Bader M. A. (2017). Patentmanagement: Innovationen erfolgreich nutzen und schützen (4th ed.). Berlin: Springer.

[11] King C. C., Zhu S. (2019). Patentboxen im Europäischen Vergleich und steuerliche Forschungsförderung in Deutschland. In: VPP-Rundbrief No. 4/2019. Frankfurt/Main and Ludwigshafen: VCI und BASF.

[12] OECD. (2017). Harmful Tax Practices-2017 Progress Report on Preferential Regimes. In: OECD/G20 Base Erosion and Profit Shifting Project. Paris: OECD.

[13] OECD. (2020). Intellectual property regimes. Accessed January 7, 2020, from https://qdd.oecd.org/subject.aspx?Subject=IP_Regimes.

[14] Slater & Matsil. (2020). Dallas: Slater and Matsil.

[15] Wikipedia. (2020). Patent box. Accessed January 7, 2020, from https://en.wikipedia.org/wiki/Patent_box.

[16] WIPO. (2020). World intellectual property day. Accessed April 26, 2020, from https://www.wipo.int/ip-outreach/en/ipday/.

缩略词表

AIA	Leahy – Smith America Invents Act	《莱希 – 史密斯美国发明法案》
CNIPA	China National Intellectual Property Administration	中国国家知识产权局
CPC	Cooperative Patent Classification	联合专利分类
CTM	Community Trade Mark	欧洲共同体商标
ECLA	European Patent Classification	欧洲专利分类
EPC	European Patent Convention	欧洲专利公约
EPO	European Patent Office	欧洲专利局
EU	European Union	欧盟
EUIPO	European Union Intellectual Property Office	欧盟知识产权局
EUTM	EU Trade Mark	欧盟商标
IGE/IPI	Swiss Federal Institute of Intellectual Property	瑞士知识产权联邦机构
IPC	International Patent Classification	国际专利分类
JPO	Japan Patent Office	日本特许厅
KIPO	Korean Intellectual Property Office	韩国知识产权局
OHIM	Office for Harmonization in the Internal Market	欧盟内部市场协调局
R&D	Research and Development	研发
RCD	Registered Community Design	欧洲共同体注册式外观设计
SMEs	Small and Medium Enterprises	中小型企业
SPCs	Supplementary Protection Certificates	补充保护证书
UPC	Unified Patent Court	统一专利法院
USPC	United States Patent Classification	美国专利分类
USPTO	United States Patent and Trademark Office	美国专利商标局
WIPO	World Intellectual Property Organization	世界知识产权组织
XRAC	Cross – Reference Art Collection	交叉引用分类文献集

原书索引

说明：本索引的编制格式为：原版词汇 + 中文译文 + 原版页码

D

E

F

G

H

I

Q

R

S

T

U